JN115736

奉祝　御登座十五周年

御法主日如上人猊下御説法

立正安国論

論』に終わると言われています。また、その御(み)教えと御(おん)振る舞いは、御開山日興上人以来、御歴代上人によって脈々と受け継がれ、七百三十余年を経た今日まで厳然と伝えられています。

御法主上人猊下には、この『立正安国論』の御説法において、本宗僧俗一同に対し、血脈相伝に基づき、種々御教導あそばされています。

今、宗門は目睫(もくしょう)の間に迫った宗祖日蓮大聖人御聖誕八百年の大佳節を迎えるため、また未来広布に向けた大前進を期すため、僧俗一致・異体同心して

発刊の辞

御法主日如上人猊下の御登座十五周年に当たり、弊社より『御法主日如上人猊下御説法　立正安国論』を発刊することといたしました。本書には、平成十八年四月六日の御代替奉告法要における初転法輪と、末寺における『立正安国論』の御説法が収録されています。

古来、宗祖日蓮大聖人の御化導は、『立正安国論』に始まり『立正安国

初 転 法 輪　　平成18年4月6日

折伏に邁進しています。この時に当たり、一人でも多くの方が本書を熟読され、もって広布の大願に向かって一層、精進されることを心から願い、発刊の辞といたします。

令和二年十二月十五日

大日蓮出版

目次

凡　例

一、本書は、平成十八年四月六日の御代替奉告法要における初転法輪と、平成十八年から同二十九年までに全国十八カ寺において御親修なされた、総本山第六十八世日如上人猊下の『立正安国論』の御説法を収録したものである。

一、各御説法の末尾に、『大日蓮』の掲載号を記した。

一、本文中に引用した書名の略称は次の通りである。

御　　書――平成新編日蓮大聖人御書（大石寺版）
法 華 経――新編妙法蓮華経並開結（大石寺版）
御書文段――日寛上人御書文段（大石寺版）
玄義会本――訓読法華玄義釈籤会本（富士学林版）

御法主日如上人猊下御説法

立正安国論

初転法輪

平成十八年四月六日
御代替奉告法要の砌
於　総本山御影堂

広く衆経を披きたるに専ら謗法を重んず。悲しいかな、皆正法の門を出でて深く邪法の獄に入る。愚かなるかな各悪教の綱に懸かりて鎮に謗教の網に纏はる。此の朦霧の迷ひ彼の盛焔の底に沈む。豈愁へざらんや、豈苦しまざらんや。汝早く信仰の寸心を改めて速やかに実乗の一善に帰せよ。然れば則ち三界は皆仏国なり、仏国其れ衰へんや。十方は悉く宝土なり、宝土何ぞ壊れんや。国に衰微無く土に破壊無くんば、身は是安全にして心は是禅定ならん。此の詞此の言信ずべく崇むべし。

客の曰く、今生後生誰か慎まざらん誰か和はざらん。此の経文を披きて具に仏語を承るに、誹謗の科至って重く毀法の罪誠に深し。我一仏を信じて諸仏を抛ち、三部経を仰ぎて諸経を閣きしは是私曲の思ひに非ず、則ち先達の詞に随ひしなり。十方の諸人も亦復是くの如くなるべし。今世には性心を労し来生には阿鼻に堕せんこと文明らかに理詳らかなり疑ふべからず。弥貴公の慈誨を仰ぎ、益愚客の癡心を開き、速やかに対治を廻らして早く泰平を致し、先づ生前を安んじ更に没後を扶けん。唯我が信ずるのみに非ず、又他の誤りをも誡めんのみ。

（御書二五〇㌻二行目～同㌻一一行目）

本日は、このたびの代替（だいがわり）法要に当たり、宗内僧俗代表の皆様には諸事御繁忙のところをわざわざ御参詣いただき、まことに有り難く厚く御礼（おんれい）を申し上げます。今夕は、ただいま拝読申し上げました『立正安国論』の御文について少々、申し上げたいと思います。

今回、『立正安国論』を拝読させていただきましたのは、皆様方には既に御承知の通り、今宗門はいよいよ三年後に迫った「平成二十一年・『立正安国論』正義顕揚七百五十年」の大佳節における御命題、すなわち「地涌倍増」と「大結集」の達成へ向けて真の僧俗一致を図り、異体同心・一致団結して前進すべき、まことに大事な時を迎えております。かねがね申し上げておりますように、「地涌倍増」と「大結集」は、日顕上人より賜った御命題であり、広布の途上において、私どもが必ず達成しなければならない、まことに重大なる目標であります。

なかんずく「地涌倍増」は、今日の如き頻発する地震や地球全体を覆う異常気象をはじめ、内戦や暴動やテロ、そのほか国内外の悲惨な事件や事故など、混沌とした状況を見る時、これら混迷の原因がすべて間違った思想・考え、つまり謗法の害毒にあることを知り、今こそ『立正安国論』の原理に基づき、一人ひとりの幸せと平和な仏国土実現を目指して、宗門僧俗が総力を挙げて推進していかなければならない、最も重要なる課題であります。

かかる時に当たり、このたびの機会を得て『立正安国論』の御意を拝し奉り、もって御命題の達成を誓い、万分の一なりとも仏祖三宝尊の御恩徳に報い奉ることができればと思量し、『立正安国論』を拝読申し上げた次第であります。

さて、『立正安国論』は今を去る七百四十六年前、文応元（一二六〇）年七月十六日、宗祖日蓮大聖人御年三十九歳の時、宿屋左衛門入道を介して、時の最高権力者・北条時頼に提出された国主諫暁書であります。

大聖人は『撰時抄』に、

「余に三度のかうみゃうあり」（御書八六七ページ）

と仰せのように、御一代中に三たび天下国家を諫暁あそばされましたが、最初の国家諫暁の時に提出されたのが『立正安国論』であります。

御述作の動機について、第二十六世日寛上人は、

「正嘉元の初め、大地太だ震い彗星丈に余り、風雨・飢饉年を累ね月を積む。師此の変動の洪基を勘えたもうに、此れ偏に国中の謗法に由る。王臣之を覚らず。夫れ謗法を見て責めざるは仏子に非ず、其の不義を見て之を諫めざるは忠臣に非ず、故に此の論を作り以て時頼に献ずるなり」（御書文段四ページ）

と仰せであります。

すなわち『立正安国論』は大聖人が、日本国の上下万民が謗法の重科によって、今生には天変・地夭・飢饉・疫癘をはじめ自界叛逆難・他国侵逼難等の重苦に責められ、未来には無間大城に堕ちて、永劫にわたって阿鼻の炎にむせぶことを悲嘆せられ、一往は和光同塵して仏の弟子として、再往は末法の御本仏としての大慈大悲をもって、身命を賭して北条時頼ならびに万民をお諫めあそばされたところの折伏

諫暁書であります。

この『立正安国論』は、全体が客と主人との十問九答の形式から成っており、客の最後の問いはそのまま主人の答えとなっております。

今その大要を申せば、初めに正嘉元年八月二十三日の大地震をはじめ、近年より近日に至るまで頻発する天変・地夭・飢饉・疫癘等の惨状を見て、その原因は世の中の人々が皆、正法に背き悪法を信じていることにより、国土万民を守護すべきところの諸天善神が去って、悪鬼・魔神が便りを得て住みついているためであるとし、金光明経・大集経等を引かれて、正法を信ぜず謗法を犯すことによって三災七難等の災難が起こると、経証を挙げてその理由を述べられ、これら不幸と混乱と苦悩を招いている一凶は、ひとえに法然の念仏であると断ぜられ、この一凶を断ち、謗法を対治して正善の妙法を立つる時、国中に並び起きるところの三災七難等の災難は消え失せ、積み重なる国家の危機も消滅して、安寧にして盤石なる仏国土が出現すると仰せられ、しかし、もし正法に帰依しなければ、七難のうちまだ起きていない自界叛逆難と他国侵逼難の二難が競い起こると予言され、そして速やかに実乗の一善に帰依するよう結んでおられます。

すなわち、『立正安国論』は国家の治乱興亡を透視し、兼知し給う明鏡にして、過去・現在・未来の三世を照らして曇りなく、まさしく、

「白楽天が楽府（がふ）にも越へ、仏の未来記にもをとら（劣）」（御書一〇五五ページ）

ざる書であります。

『立正安国論』は、その対告衆（たいごうしゅ）は北条時頼であり、予言の大要は自界叛逆難・他国侵逼難の二難でありますが、実には一切衆生に与えられた諫言書であります。また、

「如（し）かず彼（か）の万祈（ばんき）を修せんよりは此の一凶を禁ぜんには」（同二四一ページ）

と仰せのように、一往はもっぱら法然の謗法を破折しておりますが、再往元意の辺は広く諸宗を破折しておられるのであります。

したがって、一往は念仏破折であり、権実相対の上から破折されていることになりますが、「立正」の意義から拝せば、一重立ち入って天台過時の迹を破し、法華本門を立てて正とする故に本迹相対となります。

さらにまた一歩深く立ち入って拝せば、久遠下種の正法すなわち末法弘通の三大秘法の妙法蓮華経を立てて、本果脱益（だっちゃく）の釈尊の法華経を破するが故に種脱相対となるのであります。つまり、「立正」の「正」とは下種の本尊と三大秘法がその正体であります。

また「安国」の両字について、日寛上人は、

「文は唯（ただ）日本及び現在に在り、意は閻浮（えんぶ）及び未来に通ずべし」

（御書文段五ページ）

と仰せられています。つまり、国とは一往は日本国を指すも、再往は全世界・一閻浮提を指しているのであります。

また「立正」の両字については、

「立正の両字は三箇の秘法を含むなり」（同六ページ）

と仰せであります。すなわち、「立正」とは末法万年の闇を照らし、弘通するところの本門の本尊と戒壇と題目の三大秘法を立つることであり、正法治国・国土安穏のためには、この本門の本尊と戒壇と題目の三大秘法の正法を立つることこそ肝要

初転法輪（御書二五〇ページ二行目～同ページ一一行目）

である旨を仰せられているのであります。

以上、概略ではありますが『立正安国論』の梗概および大要についてほぼ申し上げましたが、次に、ただいま拝読申し上げた御文について申し上げたいと存じます。

まず、ただいま拝読申し上げました御文は、『立正安国論』の第九段目の途中から最後第十段の終わりまでであります。

『立正安国論』は「第一に災難の来由」から始まり、「第二に災難の証拠」「第三に誹謗正法の由」「第四に正しく一凶の所帰を明かす」「第五に和漢の例を出だす」「第六に勘状の奏否」「第七に施を止めて命を絶つ」「第八に斬罪の用否」「第九に疑いを断じて信を生ず」「第十に正に帰して領納す」までの十段で構成されております。

このうち、この第九段目は初めに、

「客則ち席を避け襟を刷ひて曰く」（御書二四八ジ゙ペー）

とあるように、第一段目の「災難の来由」から始まって、主客の問答が繰り返されてきましたが、ここへきて客は態度を改め、主人の言葉に承伏して主人を敬い、座を正し、身繕いを改めて主人に問い、主人の破邪顕正によって国を安(やす)んずることができる旨を聞き、「疑いを断じて信を生ずる」すなわち「断疑生信」に及ぶところの段であります。

そこで、この九段目の初めから、今日拝読したところまでの内容について簡単に申し上げますと、初めに客が主人に対して、「仏教はまちまちにして多く分かれ、その趣旨は極め難く、不審も多く、理非を明らかにすることは困難である。ただし主人の導きにより、法然の『選択集(せんちゃくしゅう)』の謗法によって、聖人は国を去り、善神は国を捨て、これにより三災が興起する旨を経文を挙げて教えてくださされた。故に、今までの妄執を翻(ひるがえ)し耳目(じもく)が明らかになりました。詮ずるところは、天下泰平・国土安穏は万民の願うところであり、早く一闡提への施を止め、仏海法山の賊徒を対治せば、世は義農(ぎのう)の世となり、国は唐虞(とうぐ)の国の如くなるとのことであるので、これからは法水の浅深をくみ取り、仏家の棟梁(とうりょう)たる正法を崇(あが)めてまいります」との申し出に対し、主人はこれを聞いて喜び、

「主人悦(よろこ)んで曰く、鳩化(け)して鷹と為(な)り、雀(すずめ)変じて蛤(はまぐり)と為る。悦ばしいかな、汝(なんじ)蘭室(らんしつ)の友に交はりて麻畝(まほ)の性(しょう)と成る」（同ページ）

との主人の答えに入るのであります。

この主人の答えは、「客が心を翻し正法を崇めんと申し出られたことを喜ぶとともに、さらに客の決意を促し、もし国土を安んじ現当二世にわたって自分の幸せを祈ろうとするのであれば、まず急いで謗法に対治を加えなければならない。もし今、謗法を対治しなければ、まだ起きていない自界叛逆難と他国侵逼難の二難が起きてくるであろう。あなたが一身の安堵を願い、一国の静謐(せいひつ)・平和を願うならば、すべからく国中の謗法を断たなければならない。もし法然などの邪法に対する執着の心を翻すことができずにいれば、早くこの世を去り、後生は必ず無間地獄に堕ちるであろう」と客を諭(さと)し、大集経の文によって王の福運が尽きる姿を示し、仁王経の文を挙げて、現世には六親不和となり、死しては三悪道に堕ち、たとえ人間と生まれても兵奴(ひょうぬ)の果報を受けるであろうと説き、法華経、涅槃経の文を引いて、たとえ正法を聞いても邪法への執着を断たず、なお謗法を信じていれば無間地獄に堕ちるであろうと仰せられ、謗法の果報の恐ろしさ、なかんずく念仏無間の恐ろしさを示された上で、今日拝読した御文に入るのであります。

以上、第九段目の初めから、今日拝読申し上げました御文の前までの概略を申し上げましたが、次に本文に入ります。

まず**「広く衆経を披きたるに専ら謗法を重んず。悲しいかな、皆正法の門を出でて深く邪法の獄に入る」**と仰せであります。「衆経」とは、すなわち大集経、仁王経、法華経、涅槃経等の多くの経々のことで、「広くこれらの経々を見ると、いずれの経も謗法が重罪であると説かれている。しかるに、悲しいことに人々は皆、法華経が最も勝れた教えであり、他経はその法華経の門から出たところの方便・権教であるにもかかわらず、正法の門を出て、深く邪法の獄すなわち邪義邪法の牢獄に入って苦しんでいる」と仰せられているのであります。

次に**「愚かなるかな各悪教の綱に懸かりて鎮に謗教の網に纏はる」**と仰せであります。「悪教の綱」「謗教の網」とは、大綱と網目の意で、「愚かにも多くの人は法然などの悪教の綱にかかって、いつまでも謗教の網すなわち正法を誹謗する教え

初転法輪　（御書二五〇㌻一二行目～同㌻一一行目）

に纏わりつかれて苦しんでいる」と仰せであります。

次に**「此の朦霧の迷ひ彼の盛焔の底に沈む。豈愁へざらんや、豈苦しまざらんや」**と仰せであります。「朦霧」とは、もうもうと立ちこめる霧、邪宗教に迷っている様子を霧でものがよく見えない姿に譬えたものであります。「盛焔の底」とは、無間地獄のことであります。つまり「現世には邪教の朦霧に迷い、死後は盛焔の底、無間地獄に沈むことを見て、どうして愁えずにおられようか。どうして苦しまずにおられようか」と申されているのであります。

次に**「汝早く信仰の寸心を改めて速やかに実乗の一善に帰せよ。然れば則ち三界は皆仏国なり、仏国其れ衰へんや。十方は悉く宝土なり、宝土何ぞ壊れんや」**と仰せであります。ここから先の御文が『立正安国論』の肝要なるところであります。

「寸心」とは、わずかな志、小さな志という意味で、「信仰の寸心」とは、小さな信仰心、狭い信仰心を言います。その「信仰の寸心を改めて速やかに実乗の一善に帰せよ」と仰せられているのであります。

日寛上人は、

「当(まさ)に知るべし、『寸心を改めて』とは即ち是(こ)れ破邪なり。『実乗に帰せよ』とは即ち是れ立正なり。『然れば則ち三界』の下は安国なり」

（御書文段四九ページ）

と仰せであります。つまり「実乗」とは権大乗に対しての実大乗、「一善」とは最高の善、唯一の善の意で、すなわち法華経のことでありますが、ただし再往、大聖人の御正意は文上の法華経ではなく、法華経文底独一本門の妙法蓮華経にして、三大秘法の随一・大御本尊に帰命することが「実乗の一善に帰する」ことであります。

　そもそも大聖人が末法に御出現されて一切衆生を救済あそばされることは、既に釈尊が法華経神力品において予証されているところであります。

　神力品には、

「日月の光明の　能(よ)く諸(もろもろ)の幽冥を除くが如く　斯(こ)の人世間に行じて　能く衆生の闇を滅す」（法華経五一六ページ）

と仰せられておりますが、この御文について、大聖人は『寂日房御書』に、

「経に云はく『日月の光明の能く諸の幽冥を除くが如く、斯の人世間に行じて能く衆生の闇を滅す』と此の文の心よくよく案じさせ給へ。『斯人行世間』の五つの文字は、上行菩薩末法の始めの五百年に出現して、南無妙法蓮華経の五字の光明をさしいだして、無明煩悩の闇をてらすべしと云ふ事なり。日蓮等此の上行菩薩の御使ひとして、日本国の一切衆生に法華経をうけたもてと勧めしは是なり」（御書一三九三ページ）

と仰せであります。

この神力品の「日月の光明の　能く諸の幽冥を除くが如く　斯の人世間に行じて　能く衆生の闇を滅す」との御文は、末法に上行菩薩すなわち日蓮大聖人が出現されることを釈尊が予証された御文であります。

つまり、釈尊は涌出品において大地より上行菩薩を上首とする本化地涌の菩薩を呼び出し、寿量品を説いたのち如来神力品において文殊・薬王等の法華弘通の申し出を制止して、この本化地涌の菩薩に対して、

「要を以て之を言わば、如来の一切の所有の法、如来の一切の自在の神力、如

来の一切の秘要の蔵、如来の一切の甚深の事、皆此の経に於て宣示顕説す」（法華経五一三ページ）

と、法華経の肝要・妙法蓮華経を四句の要法に括って付嘱し、末法流布を託されたのであります。

大聖人はその上行菩薩の再誕として末法に御出現あそばされたのでありますが、しかし、上行菩薩としてのお立場はあくまでも外用のお姿であって、内証深秘の辺から拝すれば、大聖人は久遠元初自受用報身如来の再誕であります。故に、日寛上人が、

「若し外用の浅近に拠れば上行の再誕日蓮なり。若し内証の深秘に拠れば本地自受用の再誕日蓮なり。故に知んぬ、本地は自受用身、垂迹は上行菩薩、顕本は日蓮なり」（六巻抄四九ページ）

と仰せられているのであります。すなわち法華経に現れた上行菩薩は仮りの姿であり、久遠の御本仏大聖人が、仏法付嘱の上から、また釈尊の久遠開顕を助けるために、過去に上行菩薩として御出現あそばされたということであります。

今末法は、釈尊の説かれた文上の法華経では既に一切衆生の良薬とはならず、久遠元初の御本仏が御出現あそばされ、その御本仏の説かれる教法によって、本未有(う)善(ぜん)の衆生の成仏得道が初めてかなえられるのであります。

故に『高橋入道殿御返事』には、

「末法に入りなば迦葉(かしょう)・阿難等、文殊・弥勒(みろく)菩薩等、薬王・観音等のゆづられしところの小乗経・大乗経並びに法華経は、文字はありとも衆生の病の薬とはなるべからず。所謂(いわゆる)病は重し薬はあさし。其(そ)の時上行菩薩出現して妙法蓮華経の五字を一閻浮提の一切衆生にさづくべし」（御書八八七ページ）

と仰せられているのであります。すなわち釈尊より付嘱を受け今、大聖人が御所持あそばされるところの妙法は、法華経の題号としての妙法五字ではなくして、久遠の本法たる妙法五字であり、まさしく三大秘法の随一・本門の本尊であります。この妙法五字は、釈尊をはじめ三世諸仏の成仏得道の根本の法であり、三世にわたって一切衆生を救済する根源の法であります。

よって、ここで「実乗の一善に帰せよ」と仰せられた元意は、まさしく三大秘法の随一・本門の本尊に帰せよと仰せられているのであります。
したがって「一刻も早く信仰の寸心を改めて、実乗の一善たる三大秘法の随一・本門の本尊に帰依すれば、この三界は皆、仏国となる。仏国であるならば、どうして衰微（すいび）することがあろうか。十方の国土はことごとく宝土である。宝土であるならば、どうして壊れることがあろうか」と仰せられているのであります。

すなわち『当体義抄』に、

「正直に方便を捨て但（ただ）法華経を信じ、南無妙法蓮華経と唱ふる人は、煩悩・業（ごう）・苦の三道、法身・般若・解脱の三徳と転じて、三観・三諦即一心に顕はれ、其の人の所住の処（ところ）は常寂光土なり。能居（のうご）・所居、身土・色心、倶体（くたい）倶用の無作三身、本門寿量の当体蓮華の仏とは、日蓮が弟子檀那等の中の事なり」

（同六九四ページ）

と仰せでありますが、この文のなかの「其の人の所住の処は常寂光土なり」の御文について、日寛上人は「当体義抄文段」において、

「此の下（しも）は依正不二を明かすなり。『其の人』とは即ち是（こ）れ三道即三徳の妙

人、是れ正報なり。『所住の処』等とは依報なり。中に於て『所住之処』の四字は依報の中の因なり。『常寂光土』の四字は依報の中の果なり。当に知るべし、依正不二なる故に、依報の因果も亦是れ倶時なり。是れ正報の因果倶時なるに由る故なり。当に知るべし、依正の因果は悉く是れ蓮華の法なり」

（御書文段六二二ページ）

と御指南あそばされております。すなわち依正不二の原理によって、実乗の一善たる三大秘法の随一・本門の本尊に帰依すれば、その不可思議無辺なる功徳によって、その人の所住の処が仏国土となると仰せられているのであります。

次に**「国に衰微無く土に破壊無くんば、身は是安全にして心は是禅定ならん。此の詞此の言信ずべく崇むべし」**と仰せであります。すなわち「国に衰微なく、そして国土が破壊されることがなくなれば、その身は安全になり、『心は是禅定ならん』心身ともに安定して動揺することがなくなるようになる。この言葉は心から信ずべきであり、崇むべきである」と仰せられているのであります。

次に**「客の曰く、今生後生誰か慎まざらん誰か和はざらん。此の経文を披きて具**

に仏語を承るに、誹謗の科至って重く毀法の罪誠に深し」と仰せでありますが、ここからが主人の言葉を兼ねた客の領解の言葉であります。

すなわち「客のいわく、今生・後生共、人生の不幸の原因を明らかに示された以上は、だれ人が心の底から慎まないでいられようか、したがわないでいられようか。今お示しいただいた経文を開いて、つぶさに仏の御金言を仰いでみると、正法を誹謗する科はいたって重く、正法を破る罪はまことに深いことが解った」と懺悔の言葉を述べたのち、**「我一仏を信じて諸仏を抛ち、三部経を仰ぎて諸経を閣きしは是私曲の思ひに非ず、則ち先達の詞に随ひしなり。十方の諸人も亦復是くの如くなるべし。今世には性心を労し来生には阿鼻に堕せんこと文明らかに理詳らかなり疑ふべからず」**と仰せられているのであります。「自分が弥陀一仏を信じて、諸仏を抛ち、浄土の三部経を仰いで諸経を閣いたのは、自分が勝手にそうしたのではなく、ひとえに念仏の開祖達の言葉に従ったものであった。国中の諸人もまた同じであろう。そのため今生には『性心を労し』すなわち念仏の害毒によって絶え間ない苦悩に心をわずらわし、来世には阿鼻地獄に堕ちることは経文に明らかであり、その理もはっきりしていて、少しも疑う余地がない」と、客が主人の言葉を聞いて領解した旨を述べるのであります。

次が客の誓いの言葉であります。すなわち**「弥貴公の慈誨を仰ぎ、益愚客の癡心を開き、速やかに対治を廻らして早く泰平を致し、先づ生前を安んじ更に没後を扶けん。唯我が信ずるのみに非ず、又他の誤りをも誡めんのみ」**と述べ、「いよいよ『貴公の慈誨』慈悲溢れる教訓を仰ぎ、ますます愚かな自分の迷いを悟ることができた。この上は、速やかに謗法を対治して、早く天下泰平を実現し、まず今世における幸せを確立し、さらに後世もまた幸せとなるように現当二世にわたる信心を励んでいきたいと思う。そして、そのためには、ただ自分一人が信ずるだけではなく、謗法の害毒によって蝕まれた他の人達の誤りも誡めて折伏していきたいと思う」と決意を述べるのであります。

この最後の第十段は、客の問いがそのまま主人の答えであり、ここに『立正安国論』の結論が出ているのであります。すなわち、この最後の御文こそ立正安国の原理を実践に移し、もって謗法の害毒に蝕まれている多くの人々を救い、仏国土実現へ向けて慈悲の折伏を行じていくことこそ肝要であると示された、最も重要なる御教示なのであります。

今、世間の多くの人々は、今日(こんにち)の荒廃した国内外の惨憺(さんたん)たる状況を見て、だれもがこの惨状を憂(うれ)い悲しみ、様々な分野の人達が平和を願い、安穏な生活を願い、救済の道を模索しておりますが、真の解決策を見出(いだ)せずにいるのが現状であります。この時に当たり、『立正安国論』にお示しの如く正中の正たる御本仏大聖人の御建立せられた三大秘法の仏法を立ててこそ、国を安んずることができる真の解決策であることを我々は折伏の実践の上に示し、もって一人ひとりの幸せはもとより、真の世界平和の実現を目指していくことが最も肝要であります。そのためには、我々は漠然と遠くを見つめているだけではなく、我らに与えられた眼前の課題、すなわち日顕上人より賜った『立正安国論』正義顕揚七百五十年の御命題、「地涌倍増」と「大結集」を総力を結集して達成していくことこそ、今最も大事であると存じます。

大聖人は、

初転法輪　（御書二五〇ページ二行目～同ページ一一行目）

「早く天下の静謐を思はゞ須く国中の謗法を断つべし」（御書二四七ジペー）

と仰せであります。

世間には、池田創価学会や様々な邪宗教がはびこっており、その邪義に惑わされた人達や、そうした邪宗教に浸りきっている人達が大勢おります。特に池田創価学会に対しては、日顕上人は「現代の一凶」と断ぜられております。こうした人達に対して、不幸の根源は謗法にあることを知らしめ、謗法を責め、謗法を破折し、その謗法から救っていくことが大事であり、これが我々の自行化他にわたる信心であります。

御命題達成まであと残り三年、宗内僧俗の一致団結・異体同心をもって、見事「地涌倍増」と「大結集」の御命題を果たして、『立正安国論』正義顕揚七百五十年の佳節をお迎えしたいと心より念ずる次第であります。

皆様方には、何とぞ微意をくみ取られ、さらなる精進と異体同心の団結をもって、「平成二十一年・『立正安国論』正義顕揚七百五十年」の御命題、「地涌倍増」と「大結集」の達成へ向けて、いよいよ御精進くださることを心から念じ、本日の話を終えます。

宗祖日蓮大聖人『観心本尊抄』にのたまわく、

「釈尊の因行果徳の二法は妙法蓮華経の五字に具足す。我等此の五字を受持すれば自然（じねん）に彼の因果の功徳を譲り与へたまふ。四大声聞の領解に云はく『無上宝聚（ほうじゅ）、不求（ふぐ）自得』云云」（同六五三㌻）

（大日蓮　平成十八年五月号）

初転法輪　（御書一二五〇㌻二行目〜同㌻一一行目）

立正安国論（一）

平成十八年四月二十二日
妙重寺本堂・庫裡移転新築落慶法要の砌
於　浜松市浜北区

旅客来たりて嘆いて曰く、近年より近日に至るまで、天変・地夭・飢饉・疫癘遍く天下に満ち、広く地上に迸る。牛馬巷に斃れ、骸骨路に充てり。死を招くの輩既に大半に超え、之を悲しまざるの族敢へて一人も無し。然る間、或は利剣即是の文を専らにして西土教主の名を唱へ、或は衆病悉除の願を持ちて東方如来の経を誦し、或は病即消滅不老不死の詞を仰いで法華真実の妙文を崇め、或は七難即滅七福即生の句を信じて百座百講の儀を調へ、有るは秘密真言の教に因って五瓶の水を灑ぎ、有るは坐禅入定の儀を全うして空観の月を澄まし、若しくは七鬼神の号を書して千門に押し、若しくは五大力の形を図して万戸に懸け、若しくは天神地祇を拝して四角四堺の祭祀を企て、若しくは万民百姓を哀れみて国主国宰の徳政を行なふ。然りと雖も唯肝胆を摧くのみにして弥飢疫に逼り、乞客目に溢れ死人眼に満てり。臥せる屍を観と為し、並べる尸を橋と作す。観れば夫二離璧を合はせ、五緯珠を連ぬ。三宝世に在し、百王未だ窮まらざるに、此の世早く衰へ、其の法何ぞ廃れたるや。是何なる禍に依り、是何なる誤りに由るや。

主人の曰く、独り此の事を愁ひて胸臆に憤悱す。客来たりて共に嘆く、屢談話を致さん。夫出家して道に入る者は法に依って仏を期するなり。而るに今神術も協はず、仏威も験無し。具に当世の体を覿るに、愚かにして後生の疑ひを発こす。然れば則ち円覆を仰いで恨みを呑み、方載に俯して慮りを深くす。倩微管を傾け聊経文を披きたるに、世皆正に背き人悉く悪に帰す。故に善神国を捨てゝ相去り、聖人所を辞して還らず。是を以て魔来たり鬼来たり、災起こり難起こる。言はずんばあるべからず。恐れずんばあるべからず。

（御書二三四㌻二行目～同㌻一六行目）

本日は、妙重寺の移転新築落慶法要にお招きをいただきまして、先程、法要を奉修させていただきました。続いて、これから親教をさせていただくわけでありますが、本日は『立正安国論』を拝読申し上げ、少々お話をさせていただきます。

先般の御代替(だいがわり)法要の初転法輪の時にも、同じく『立正安国論』の末文を挙げさせていただき、少々お話をさせていただきました。思うに今、宗門は平成二十一年の『立正安国論』正義顕揚七百五十年の大佳節の御命題である「地涌倍増」と「大結集」に向かって、皆で異体同心の前進をしているところであります。そこで本日も『立正安国論』の正義顕揚の意義にちなみまして、この御書の冒頭の部分を拝読させていただき、それについて少しお話を申し上げたいと考えた次第でございます。

また今日は、本当に立派な妙重寺の本堂・庫裡が完成されまして、皆様方にもこれほどの喜びはないものと、お祝いを申し上げる次第であります。住職の丹誠と御信徒各位の赤誠によって、このような立派な本堂・庫裡が出来ましたことを、宗門といたしましても心から喜んでいる次第であります。どうぞこのあとも、この建物にふさわしい立派な信心を貫いて、是非とも平成二十一年の地涌倍増・大結集の御命題を果たしていっていただきたいと存ずる次第でございます。

さて、ただいま拝読申し上げました御文について申し上げる前に、少し『立正安国論』についてお話をしたいと思います。

この『立正安国論』という御書は、大聖人様が文応元（一二六〇）年七月十六日に、国主諫暁（かんぎょう）のために御提出せられたところの諫暁書でございます。つまりその当時、大聖人様は三十九歳でありますが、宿屋左衛門入道を介（かい）しまして、時の幕府の最高権力者であった北条時頼にこの書を提出して国主諫暁をせられたのであります。

大聖人は、『撰時抄』のなかにも仰せでございますが、

「外典に云はく、未萌をしるを聖人という。内典に云はく、三世を知るを聖人という。余に三度のかうみゃうあり」（御書八六七ページ）

とおっしゃっておられまして、御一代のなかにおいて三度にわたり天下万民を諫暁せられたのであります。すなわち、文応元年の『立正安国論』の提出が第一回目でありまして、第二回目というのは、同じく『撰時抄』に、

「二つには去にし文永八年九月十二日申の時に平左衛門尉に向かって云はく、日蓮は日本国の棟梁なり。予を失ふは日本国の柱橦を倒すなり」（同ページ）

とありますように、まさに竜口の法難の直前、平左衛門に向かって諫暁せられたことであり、これが第二回目に当たります。

第三回目は、文永十一（一二七四）年四月八日でありますが、これは佐渡配流の赦免直後に、同じ平左衛門に鎌倉の殿中で会います。その時に、平左衛門は大聖人

に「蒙古の来襲はいつごろであるか」ということを尋ねたのでありますが、それに対して大聖人は、

「予言はく、経文にはいつとはみへ候はねども、天の御気色いかりすくなからず、きうに見へて候。よも今年はすごし候はじ」（同ページ）

とお答えになられたのです。「よも今年はすごし候はじ」ということは、「おそらく今年中には襲ってくるであろう」という予言をせられたわけです。しかして大聖人様の予言どおり、この文永十一年の十月には文永の役が起きたのであります。

このように大聖人様は、三度、国主諫暁をせられたのでありますが、『立正安国論』は、今申し上げました通り、その第一回目の時に提出された諫暁書であります。

さて、『立正安国論』を御述作あそばされ、そして国主諫暁をせられた所以につきましては、『安国論御勘由来』のなかに、

「正嘉元年太歳丁巳八月廿三日戌亥の時、前代に超えたる大地振。同二年戊午八月一日大風。同三年己未大飢饉。正元元年己未大疫病。同二年庚申四季に亘りて大疫已まず。

万民既に大半に超えて死を招き了んぬ。而る間国主之に驚き、内外典に仰せ付けて種々の御祈祷有り。爾りと雖も一分の験も無く、還りて飢疫等を増長す。日蓮世間の体を見て粗一切経を勘ふるに、御祈請験無く還りて凶悪を増長するの由、道理文証之を得了んぬ。終に止むこと無く勘文一通を造り作し其の名を立正安国論と号す。文応元年庚申七月十六日辰時、屋戸野入道に付し故最明寺入道殿に奏進し了んぬ。此偏に国土の恩を報ぜんが為なり（中略）日蓮正嘉の大地震、同じく大風、同じく飢饉、正元元年の大疫等を見て記して云はく、他国より此の国を破るべき先相なりと。自讃に似たりと雖も、若し此の国土を毀壊せば復仏法の破滅疑ひ無き者なり」（同三六七ページ）

とおっしゃっておられます。つまり、この天変地異、飢饉、疫癘が遍く天下に満ちた、混沌とした末法濁悪の世相を深く憂えられて、国土の退廃、混乱、不幸といったすべての根本原因は邪義邪宗の謗法の害毒にあると断ぜられ、邪義邪宗への帰依をやめなければ自界叛逆難、他国侵逼難の二難が必ず起きてくると仰せられました。さらに、この災難を防ぐためには、

立正安国論（一）（御書一二三四ページ二行目〜同ページ一六行目）

「汝早く信仰の寸心を改めて速やかに実乗の一善に帰せよ。然れば則ち三界は皆仏国なり、仏国其れ衰へんや。十方は悉く宝土なり、宝土何ぞ壊れんや。国に衰微無く土に破壊無くんば、身は是安全にして心は是禅定ならん。此の詞此の言信ずべく崇むべし」（同二五〇ページ）

とおっしゃったのであります。つまり仏国土を建設するためには、一刻も早く謗法の念慮を断ち、「実乗の一善に帰」さなければならないと仰せあそばされたのであります。

この「実乗の一善」というのは、大聖人の元意は文上の法華経ではなくして、法華経の文底独一本門の南無妙法蓮華経であり、三大秘法の随一たる大御本尊のことでありまして、この大御本尊に帰命することが国を安んずる最善の方途であると、このように仰せられているのであります。

したがって、日寛上人様は「立正」の両字について、

「立正の両字は三箇の秘法を含むなり」（御書文段六ページ）

と仰せであります。つまり「立正」の「正」とは、末法万年の闇を照らすところの

本門の本尊と戒壇と題目の三大秘法のことであり、これを立てることによって正法治国、国土安穏を図るのであるとおっしゃっているのです。

そして「安国」については、

「文は唯日本及び現在に在り、意は閻浮及び未来に通ずべし」（同五ページ）

とおっしゃっております。つまり「安国」の「国」というのは、一往は日本の国を指しますが、再往は全世界、一閻浮提を指しているのであるということであります。

もともと、この『立正安国論』の対告衆は北条時頼でございます。しかし実には一切衆生に与えられたところの諫言・折伏の書であります。また、一往は専ら法然の謗法を破折しておりますけれども、これも再往元意の辺は広く諸宗を破折しているのであります。

ところで『立正安国論』は、御承知の通り問答形式になっております。つまり十問九答の形式を採っており、最後の、いわゆる十問目がその答えともなっているのです。つまり十問九答の最後の第十問が即、答えであるところに、先程も言いました「汝早く信仰の寸心を改めて速やかに実乗の一善に帰せよ」と仰せられた、『安国論』の大事な意義が存しているのであります。

しかし『安国論』を提出されたあと、大聖人様には様々な災難が降りかかってきたのであります。大聖人様が『安国論』を提出したことにより、時の幕府のなかに透徹した見識を持った者がいれば、大聖人様の『安国論』を見て何かをしなければならない、大聖人様の御意（ぎょい）に従わなければならないと思うところでありますけれども、残念ながら時の幕府の為政（いせい）者は謗法の者と結託して、大聖人様を亡き者にしようとしたのです。本宗におきましては「大聖人様の一生は『立正安国論』に始まって『立正安国論』に終わる」と言いますけれども、まさにこの『立正安国論』を提出してから様々な困難に値（あ）われるのであります。

まず一つには、松葉ヶ谷（まつばがやつ）の法難がありますけれども、『安国論』を提出してから四十日後の八月二十七日に大聖人様に対する迫害が起こってきたのであります。つまり松葉ヶ谷に在った大聖人様の草庵（そうあん）に大勢の者が押し寄せて、大聖人様を亡き者にしようとしたのです。なぜ、そのようになったのかと言いますと、『下山御消

息』に、

「国主の御用（もち）ひなき法師なればあやまちたりとも科（とが）あらじとやおもひけん。念仏者並びに檀那等、又さるべき人々も同意したるぞと聞こへし。夜中に日蓮が小庵に数千人押し寄せて殺害せんとせしかども、如何（いかん）がしたりけん、其の夜の害も脱（まぬか）れぬ」（御書一一五〇ページ）

とおっしゃっておられます。つまり、大聖人様が『立正安国論』を提出したが、幕府がそれを無視した。だから、国主が用いない坊主であるならば、殺してもかまわないのだということで、念仏者達が結託をして大聖人の草庵を襲ったのです。しかも「さるべき人々も同意した」とありますが、この「さるべき人々」というのは当時の執権である北条長時の父、北条重時（しげとき）らであります。この北条重時が念仏者と結託をして、松葉ヶ谷の草庵を襲うことを許したのです。

実はこの北条重時という人は、「連署」と言いまして、行政・司法を管領し、公文書に執権と共に署判するという重職にあり、たいへん力があったのです。したがって、自分の子供が執権であり、自分はそういう地位にいたので、念仏者と結託して大聖人を亡き者にしようとしたのです。しかし、彼らにとっては残念ながら、大聖人様はその難から逃れられたのであります。

そこで、さらに追い打ちをかけるように、翌年の弘長元（一二六一）年五月十二日には、大聖人様は伊豆の伊東に配流せられるのです。では、なぜ流されたのか。これについても、御書のなかに、

「日蓮が生きたる不思議なりとて伊豆国へ流しぬ」（同ジペ一）

とおっしゃっております。松葉ヶ谷の草庵を襲って大聖人を亡き者にしようとしたのですが、大聖人は難を逃れて生き延びた。しかるに生きていることが不思議だと言って国家権力を使い、大聖人様を伊豆の伊東に流したということなのです。このような傍若無人なことがまかりとおったのであり、それだけ邪義邪宗の者達や幕府の者達が、大聖人様に対して迫害を加えてきたということです。

また『妙法比丘尼御返事』には、

「念仏者等此の由を聞きて、上下の諸人をかたらひ打ち殺さんとせし程にかな（叶）はざりしかば、長時武蔵守殿は極楽寺殿の御子なりし故に、親の御心を知りて

理不尽に伊豆国へ流し給ひぬ。されば極楽寺殿と長時と彼の一門皆ほろぶるを各御覧あるべし」（同一二六三㌻）

とお示しです。執権・長時が国家権力を用いて大聖人様を伊豆の伊東に流した。それはなぜかというと、親父である北条重時の機嫌を取って伊豆の国に流したのだとおっしゃっているのです。ところが「されば極楽寺殿と長時と彼の一門皆ほろぶるを各御覧あるべし」と仰せのように、これは『吾妻鏡』のなかにも書いてありますけれども、大聖人様を亡き者にしようとした北条重時は、夜中に起きてお手洗いに行き、そこで物怪を見たのです。今でも古い家はそうなっているかも知れませんが、昔はお手洗いというのは母屋でなくて外にあった。そのお手洗いに行く時に重時は、法華経の行者・大聖人様を迫害した現罰で化け物を見て狂い死んでしまったということです。

大聖人様に対して迫害を加えた者の末路というのは、まさにこのようなものなのです。重時が伊豆配流の弘長元年十一月に死去したあと、重時の長男の長時も、その三年後の文永元（一二六四）年八月に三十五歳の若さで死んでしまうのですが、親子二代が短期間に続けて、重時は狂い死にしてしまい、長時は若くして病死してしまったのであります。

ところで、伊豆の伊東の配流にお供されたのが日興上人様で、常に大聖人様のおそばを離れずに、常随給仕あそばされていたということです。また、佐渡へ供奉(ぐぶ)されたのも日興上人様です。ですから大聖人様に様々な御難が来ても、必ず日興上人様がそばにおられたということなのです。そして伊豆の国に流された時は、まさに船守弥三郎が大聖人様をお助け申し上げるのであります。船守弥三郎につきましては、

「過去に法華経の行者にてわたらせ給へるが、今末法にふなもりの弥三郎と生まれかはりて日蓮をあわれ(憐)み給ふか」（同二六一㌻）

と、大聖人様をお守りしたことを愛(め)でておられるのであります。ですから先程の北条重時親子の現罰というのは怖いけれども、同時に法華経の行者の大聖人様、御本仏をお守り申し上げるその功徳というのは、きちんと存しているということであります。

さて、弘長三年、つまり伊豆配流の二年後でありますけれども、大聖人様は赦免せられるわけです。それはどういうことかと言うと、

「然るに事しづまりぬれば、科なき事は恥づかしきかの故にほどなく召し返されしかども、故最明寺の入道殿も又早くかくれさせ給ひぬ」（同一一五〇ページ）

という御文があります。この「最明寺の入道」というのは北条時頼のことでありますが、つまり時頼は、全く失がないのに流罪にしたということに気が付いて、大聖人様を赦免されたということです。時頼は、ここに「故最明寺の入道殿も又早くかくれさせ給ひぬ」と仰せのように、大聖人様を赦免した弘長三年の十一月に三十七歳の若さで亡くなっています。それはともかく、大聖人様を赦免した理由にはそういうことがあったのですが、もう一つは、幕府当事者にとっても、狂い死にをしていった重時の死を重く見なければならなかったのです。つまり、大聖人様を迫害した現罰というものがいかに恐ろしいかということを幕府の者達もひしひしと感じて、大聖人様を赦免せられたということであります。

そのように大聖人様が『立正安国論』を提出されると、日を置かずして色々な迫

害が起きてきて、最後の大難として竜口の法難に至るのであります。その間、文永元年七月には文永の大彗星、いわゆるほうき星が現れてくる。このほうき星の出現については、大聖人様は『撰時抄』において、

「日蓮は閻浮第一の法華経の行者なり。此をそしり此をあだむ人を結構せん人は閻浮第一の大難にあうべし。これは日本国をふりゆるがす正嘉の大地震、一天を罰する文永の大彗星等なり」（同八四五ジペー）

とおっしゃっております。これが一つの理由で、言うなれば、

「魔競はずば正法と知るべからず」（同九八六ジペー）

というような形で様々な難が襲ってくる。

もう一つは、『顕仏未来記』に、

「当に知るべし、仏の如き聖人生まれたまはんか」（同六七八ジペー）

と示され、さらに『大悪大善御書』に、

「大事には小瑞なし、大悪をこれば大善きたる」（同七九六ジペー）

という御文があります。文永の大彗星が現れるということは、いわゆる凶、大悪で

あります。けれども、これはまた、仏様、聖人が御出現あそばされる前兆なのです。ですから大彗星の現れる理由として、一つは三障四魔が紛然として競い起こるということ、もう一つは聖人が出現する兆しであると捉えていらっしゃるのであります。

また、大聖人に対する迫害に、東条景信による襲撃があります。大聖人様が安房国にお帰りになられた時に、東条景信が隙を見て大聖人様を襲ったのであります。この時に鏡忍房と工藤吉隆の二人が、残念ながら刃に倒れてしまうのでありますが、襲った東条景信も程なくして死んでいるのです。『報恩抄』に、

「彼等は法華経の十羅刹のせめをかほりてはやく失せぬ」（同一〇三〇ページ）

とお示しのように、景信もまた、大聖人様を斬りつけて傷を負わせたわけですから、その現罰により早く死んでしまったと仰せです。ですから、正法に対して、また仏様に対して様々な難を加えていくと、厳しい現証となって現れるのであります。

そうこうしているうちに文永五年の、いわゆる蒙古の来牒となるわけですが、

この時も大聖人様は幕府に対しまして厳しく諫暁をなさっているのです。それが御会式の時に捧読する大聖人様の「申状」です。その申状が、まさに文永五年八月二十一日に宿屋入道へ宛てたものなのです。この申状において、なぜ正嘉の大地震が起きたのか、なぜこのような天変・地夭が起きるのかと言えば、それは全部、邪義邪宗の害毒によるものであることを、はっきりと大聖人様はおっしゃっているのです。しかし、みんなは仏法で言う依正不二の原理が解らないから、実はこういった天変・地夭・飢饉・疫癘等の災難と不幸のすべての原因が全部、邪義邪宗の謗法の害毒にあることを知らないのです。ですから『安国論』のなかで、

「早く天下の静謐を思はゞ須く国中の謗法を断つべし」（同二四七㌻）

と仰せのように、国家が本当に安穏になるためには謗法を断たなければだめなのです。

故に「立正」という二字には、単に正を立てるということだけではなくして、破邪、すなわち邪を破折していくという大事な意味が存しているのであります。ですから我々は、いかに邪義邪宗が間違っているかを破折して、その邪義邪宗の害毒に

よって苦しんでいる人を救っていかなければならない。これが大聖人様の御意にかなう信心ということになるのであります。

このほか、文永五年には「十一通御書」というものを出されています。この「十一通御書」というのは北条弥源太や建長寺道隆、極楽寺良観といった、当時の政府要人、それから宗教界の主立った十一人に対する諫暁書であります。例えば、北条時宗に宛てた書には、

「国土の安危は政道の直否に在り、仏法の邪正は経文の明鏡に依る」（同三七一㌻）

と仰せられ、我れ日蓮を用いなければ、必ずあなたは後悔しますよ、とおっしゃっています。あるいは建長寺道隆に対しましては、

「僧宝の形儀（ぎょうぎ）は六通の羅漢（らかん）の如し。然（しか）りと雖（いえど）も一代諸経に於て未（いま）だ勝劣浅深を知らず。併（しかしなが）ら禽獣（きんじゅう）に同じ」（同三七五㌻）

とおっしゃっている。どういうことかと言いますと、おまえは姿、形は坊さんの格好をして、六通の羅漢の如くに悟り澄ましている。けれども、おまえの心は全く禽

獣と同じである、と厳しくおっしゃっておられる。つまり邪義邪宗に対しては、このように厳しく大聖人様は破折しておられるのです。

それから極楽寺良観でありますが、この人に対しては、

「三学に似たる矯賊の聖人なり」（同三七六ページ）

と仰せです。「矯賊」というのは、世の人々を偽る人達のことを言うのです。ですから、表向きは立派な姿、形をしていても、裏では悪いことをたくさん行っている、と大聖人様は破折されておるのですが、厳しく破折すればするほど、今度は様々な難が降りかかってくるのです。その最たるものが先程言いました竜口の法難ですが、それまでにも色々なことがあるのです。

一つは、先程言った極楽寺良観です。この者が、旱魃がずっと続いたので雨を祈ると言い出したのです。それを聞きつけた大聖人様が、

「此体は小事なれども、此の次いでに日蓮が法験を万人に知らせばや」

（同一一三一ページ）

つまり、祈雨などというものは小さなことだけれども、このついでに日蓮の法験を

万人に知らせればよかろうということです。そして、

「良観房の所へ仰せつかはすに云はく、七日の内にふらし給はゞ日蓮が念仏無間と申す法門すてゝ、良観上人の弟子と成りて二百五十戒持つべし、雨ふらぬほどならば、彼の御房の持戒げなるが大誑惑なるは顕然なるべし」（同ページ）

と仰せになっています。要するに、良観が雨を祈るというので、大聖人様は「もし雨が降ったならば私があなたの弟子になろう。そうでなかったならば、あなたは私のところにきちんと弟子入りしなさい」ということをおっしゃったのです。

これを聞いた良観は、いまいましい日蓮を自分の弟子にできると思って喜び、早速、雨の祈りをするわけです。ところが、四、五日経っても雨は一向に降りません。玉石混淆といいますか、頭数さえそろえばいいと思って、多宝寺あたりの坊さんをたくさん集めて雨の祈祷を行ったのですが、一向に雨は降らなかった。代わりに何を降らしたかと言いますと、大聖人様が、

「あせをながしなんだのみ下して雨ふらざりし上、逆風ひまなくてありし事云云」（同一〇五八ページ）

と仰せのように、雨ではなく汗と涙ばかりを降らしたのです。

ところが、これがのちの竜口の法難へ影響してくるわけです。要するに良観の気持ちは、本当に腹が煮えくり返るようなものだった。本当だったら良観は祈雨に負けたことを恥じて山林にでも交わり、大聖人の弟子となるべきところ、むしろ憎悪を増して後家尼達、つまり幕府の要人の未亡人などをけしかけて謀議を凝(こ)らし、大聖人様を亡き者にしようとしていたのです。このことは『頼基陳状』に、

「さはなくして無尽の讒言(ざんげん)を構へて、殺罪に申し行なはむとせし」

(同一一三二ページ)

と、このようにおっしゃっているのです。つまり、良観らが雨の祈りに負けたその悔しさから、今度は幕府の要人やその御夫人方と結託して、大聖人様に対して讒言、あることないことを言って、竜口に至るような大きな罪を作り上げていくのです。竜口の法難については、時間がありませんのでお話しいたしませんが、要するに大聖人様が『立正安国論』を提出あそばされてから様々な迫害が襲ってきたのであります。

しかし、この難を忍ぶというところに、我々の仏道修行の姿があるのです。また、いかなる魔であろうとも、仏には絶対に勝てない。ですから、我々が大聖人様の正しい仏法をきちんと護持信行していくならば、どのような魔も打ち破ることができるのです。すなわち「魔競はずば正法と知るべからず」ということで、正法を受持信行すれば必ず魔が襲ってまいります。しかし題目を唱えているかぎり、御本尊様に絶対の確信を持っているかぎり、どんな魔も必ず打ち破ることができる。もし魔に負けたとすれば、それは自分自身の魔に敗れる、すなわち信心の退転になるのです。そこに我々は、この『立正安国論』の正義顕揚のための、本当の命懸けの戦いをしていかなければならない所以(ゆえん)があり、今日(こんにち)の様々な世の中の状況を見ると、今こそ私達が立ち上がらなければならない時機に当たっていることを知るべきであります。

前置きの話が長くなってしまいましたが、本文に入ります。

まず**「旅客来(き)たりて嘆(なげ)いて曰(いわ)く、近年より近日に至るまで、天変・地夭・飢饉・疫癘遍(あまね)く天下に満ち、広く地上に迸(はびこ)る。牛馬巷(ちまた)に斃(たお)れ、骸骨路(みち)に充(み)てり。死を招く**

立正安国論（一）　（御書二三四ページ二行目～同ページ一六行目）

の輩既に大半に超え、之を悲しまざるの族敢へて一人も無し」とあります。

初めの「近年より近日に至るまで」というのは、実は『安国論』の奥書のなかに、

「正嘉に之を始めてより文応元年に勘へ畢んぬ」（同四一九ページ）

と仰せでありますので、この「近年」というのは正嘉元年、つまり正嘉元年八月二十三日の大地震が起きた年と拝されます。この大地震がなぜ起きたのかということが大事なのですが、ここに書かれてある通り、文応元年までの四年間において、いわゆる「天変・地夭・飢饉・疫癘遍く天下に満ち、広く地上に迸る」という状況があるのです。

ところで「牛馬巷に斃れ、骸骨路に充てり」とあって、生々しい様子が描かれていますが、皆さんはこれを読んで「そんなことがあるのだろうか」と、ピンとこないかも知れません。しかし、実際に災害を体験した人達はこういう現状を見ているのです。近年では阪神・淡路大震災がありましたが、実はあの時に日顕上人の御命を受けて私と阿部庶務部長ほか宗務院の者とで即座に現地に入りました。このなか

にも惨状を御覧になった方もいらっしゃるかとは思うのですが、それは大変なものでした。私達はそれを見た時、新聞やテレビで報道された以上に本当に驚きました。大変な火事になった長田区ですが、あの惨状を見た時に「本当にこういうことがあるのだな」と思った次第です。

そのように、この『立正安国論』に書かれてあることは絵空事（えそらごと）ではないのです。ですから、例えば関東大震災の経験を持ったような年輩の方々とか戦争の経験のある方々は、この御文が絵空事ではなくて、本当に起きていることなのだということがお解りになると思います。まさに、大聖人様が『安国論』を提出せられた時は、こういう状況だったのであります。

しかも、大聖人様は

「未来も亦然（またしか）るべきか」（同四二〇ページ）

とおっしゃっておりました。つまり謗法の害毒が充満してくれば、こういうことがまた起きるぞ、ということを御指南されておられるのです。その上で我々は、この「『立正安国論』正義顕揚七百五十年」の御命題の地涌倍増と大結集、なかんずく地涌倍増は是が非でも果たしていかねばなりません。本当に国家の安寧、社会の平和を実現できうるのは、我々法華講しかいないのです。このことを一人ひとりがしっかりと自覚し、折伏をして、正法に目覚めさせていかなければなりません。今、池田教をはじめ様々な邪宗邪教がはやっていますが、それらをきちんと破折して、その苦しみに喘いでいる人達を救っていくことが大事なのであります。

次に**「然る間、或は利剣即是の文を専らにして西土教主の名を唱へ」**とありますが、「利剣即是」というのは中国の浄土宗の僧侶だった善導という者が言い出したことでありまして、煩悩・業・苦を断ち切る利剣は、結局、阿弥陀しかないのだという邪説であります。つまり、どうしたらこの国情を救えるかということが判らないから、世間の人達はなんでもかでも頼みごとをしていくのですが、その一つが浄土教に頼っていくという姿なのです。また**「或は衆病悉除の願を持ちて東方如来の経を誦し」**というのは、薬師如来を頼みにすることです。それから**「或は病即消滅不老不死の詞を仰いで法華真実の妙文を崇め」**る。つまり、ここでは「法華真実の妙文を崇め」るとなっていますけれども、実体のない妙文をいくら崇めてもだめなのです。
今の池田創価学会もそうですが、『ニセ本尊』を拝んで御戒壇様から離れた実体のない題目をいくら唱えても功徳はありません。御戒壇様を離れて幸せになった試しはないのです。同様に、ここで言う「法華真実の妙文」というのは文上の法華経のことで、たとえ妙文ではあっても、実体のないものを崇めているだけではだめなのです。ところが、それが解らないから天台過時の文上の法華経に頼っていこうという姿があるということです。

それから**「或は七難即滅七福即生の句を信じて百座百講の儀を調へ」**とあるのは仁王経のことで、それに百座百講という儀式があるのですが、そのようなものに頼っているということです。

続いて**「有るは秘密真言の教に因って五瓶の水を灑ぎ」**とお示しですが、これは真言宗に頼っている姿です。この「五瓶の水」というのは、真言宗で加持祈祷の時に行う儀式です。すなわち赤、青、黄、黒、白の瓶に水を張って、その水を修行者の頭に順々に注ぐという修法らしいのですが、これも全く加持祈祷にはなりません。しかし、世の中の人達は「溺れる者は藁をも掴む」心境で、そういうものに頼っていこうとしているのです。

また**「有るは坐禅入定の儀を全うして空観の月を澄まし」**というのは禅宗でありまして、座禅を組んで心に空を悟れば、それでもって世の中が平和になると思っているのです。やはり正法がどこにあるのかを知らないと、どうしてもそういうことになってしまう姿があります。

「若しくは七鬼神の号を書して千門に押し」というのは、これは七鬼神の名を書いた札を門に貼っておくと悪霊が寄りつかないという教えがあって、みんながそういうものをやろうとするわけです。現代流に言うと、成田山や鬼子母神など色々な寺や神社へ行き、お札をもらって柱などに貼り付けるのが、それです。また次の**「若しくは五大力の形を図して万戸に懸け」**の御文も同じで、五大力菩薩の姿を描いたものを戸に貼っておくことによって、魔が寄りつかないと思っているのです。

「若しくは天神地祇を拝して四角四堺の祭祀を企て」る。これは「四角祭」と「四堺祭」という二つがあるようで、四隅に色々な祭りごとをして、その四隅から中に魔が入ってこないようにする祭祀です。ですから、そういう迷信に似たお祭りごとにみんなが頼っていってしまうということです。

そして**「若しくは万民百姓を哀れみて国主国宰の徳政を行なふ」**とありますが、「徳政」というのは徳のある政を行うことです。しかし、そういうことを考えても、やはり本当の平和は訪れてこないということであります。

次に**「然りと雖も唯肝胆を摧くのみにして弥飢疫に逼り、乞客目に溢れ死人眼に満てり。臥せる屍を観と為し、並べる尸を橋と作す」**とお示しです。この「肝胆を摧く」というのは心を摧くことで、「飢疫」とは飢饉とか疫病のことです。また「乞客」というのは、いわゆる乞食、物乞いということです。そのように、死人が至る所に転がっており、うずたかく積まれた屍は物見台となっているように見える。また道路にはたくさんの死骸が転がっていて、それは橋のようだと仰せであります。

続いて**「観れば夫二離璧を合はせ、五緯珠を連ぬ。三宝世に在し、百王未だ窮まらざるに、此の世早く衰へ、其の法何ぞ廃れたるや。是何なる禍に依り、是何なる**

誤りに由るや」とありますが、「二離」というのは太陽と月であり、「五緯」とは木火土金水の五星であります。ですから、太陽もきちんと一つあり、月も一つあって、星もきちんと輝いているではないかということです。さらに三宝も世にましまし、百王もいまだ窮まっていないと仰せです。つまり、仏法僧の三宝も世の中にあるし、太陽も月も星もきちんとあるのに、どういうわけでこのような災難が起きるのかとおっしゃっているのであります。

次からが客に対する主人の答えです。

「主人の曰く、独り此の事を愁ひて胸臆に憤悱す。客来たりて共に嘆く、屡談話を致さん」とお示しですが、「胸臆に憤悱す」ということは、胸の中で思い悩んでいるということです。つまり客が来て嘆くように、主人も心の中でそのように思っていた。だから、これについて語り合おうというところから、主人の答えが始まるわけです。

まず**「夫出家して道に入る者は法に依って仏を期するなり。而るに今神術も協はず、仏威も験無し」**と仰せられます。すなわち出家をして仏道に入る者は、法によって成仏を期するものである。しかるに今は、神の力もかなわず、仏様の威力も験がなくなってしまったということです。

「具に当世の体を観るに、愚かにして後生の疑ひを発こす。然れば則ち円覆を仰いで恨みを呑み、方載に俯して慮りを深くす」。今、つぶさに当世の状態を見ると、大衆は愚かであるから、現世がこのように苦しいので後世に対しても疑いを起こしている。それ故に「円覆」つまり天を仰いで恨みを呑み、「方載」すなわち地に俯して深く憂いに沈んでしまうのであるということです。

次に**「倩微管を傾け聊経文を披きたるに、世皆正に背き人悉く悪に帰す。故に善神国を捨てゝ相去り、聖人所を辞して還らず。是を以て魔来たり鬼来たり、災起こり難起こる。言はずんばあるべからず。恐れずんばあるべからず」**とお示しでありますが、ここが非常に大事な所なのです。初めの「微管」というのは細い管のことを言い、つまり狭い見解ということでありますけれども、これは主人が謙遜をしておっしゃっている言葉なのです。ですから澄まして物事の道理というものを深く考えてみると、「世皆正に背き人悉く悪に帰」している。つまり、この「正」というのは正しい法で、「悪」というのはもちろん悪法であります。

日寛上人様はこの御文について、

「今此の八字肝要なり。別しては『背正帰邪』の四字肝心なり。（中略）正とは三箇の秘法の事なり」（御書文段九㌻）

とお示しです。つまり末法において「正」というのは大聖人様の仏法、すなわち三大秘法の南無妙法蓮華経であり、「悪」とは大聖人様の仏法以外の教えを言います。いわゆる世の中の人々が大聖人様に敵対して正法に背き、念仏をはじめ、禅とか真言というような邪義に帰依していることを、正に背いて悪に帰すと言われているのです。そういう邪義邪宗に帰依しているから、「善神」つまり梵天・帝釈等の諸天善神は国を捨てて相去り、「聖人」つまり国を護るところの聖人も所を辞して還らない。代わりに、今度は魔が来たり鬼が来て、災難が起きるのであると言われるのです。

ここが最初の第一段の問答のなかでおっしゃっている一番大事な所なのです。つまり末法の御本仏大聖人様は、混乱・不幸のすべての原因は謗法にあり、正に背いて悪に帰するからだということを明らかにおっしゃっているのです。では、幸せになるために、本当にみんなが楽しく暮らせるようになるためにはどうしたらよいか。それは、みんなが正に帰すればよいのです。ですから日寛上人様は「背正帰邪」の四字が肝心なのだと御指南あそばされているわけです。したがって三障四魔をはじめ様々な難が起きてくるのは、正に背き悪に帰すが故であり、一生懸命に幸せを求めて汗水流して戦っている人達も、この大聖人様の仏法に帰依して、きちんと受持信仰していかなければ本当の幸せは到来しないのであります。

さらに日寛上人様は「災起こり難起こる」の御文について、

「当(まさ)に知るべし、災難の来由(らいゆ)に具(つぶさ)に三意を含む」（同ジ）

と示され、災難が起こるのには三つの意味があると仰せです。一つは「背正帰邪の故」つまり正に背いて邪に帰するためです。二には「神聖去辞(こじ)の故」つまり、諸天善神や聖人がみんな去ってしまうためであります。三に「魔鬼来たり乱るるが故」つまり魔や悪鬼が来ることによって、今度は様々な災難が起こることをおっしゃっております。

これら三つのうち、一番目の正しいものに背いて邪に帰することが根本となっているのです。したがって「言はずんばあるべからず。恐れずんばあるべからず」と仰せです。つまり災難の根本原因が謗法の害毒にあることが明瞭になった今、このことを言わないで黙っているわけにはいかない、謗法の害毒を恐れなければならないと、このように強くおっしゃっているのであります。

先程も言いましたように、大聖人様は「早く天下の静謐を思はゞ須く国中の謗法を断つべし」と仰せです。つまり世の中が平和になるためには、謗法を断つということが大事なのであります。我々は、世の中の不幸と混乱と苦悩の根本原因はすべて謗法の害毒にあること、すなわち謗法がいかに恐ろしいかということを、もっと実感として知らなければなりません。自分自身に対してもそうなら、世の中に対しても強く訴えていかなければならないということだと思います。

大聖人は『顕謗法抄』に、

「問うて云はく、五逆罪より外(ほか)の罪によりて無間地獄に堕(お)ちんことあるべしや。答へて云はく、誹謗正法の重罪なり。問うて云はく、証文如何(いかん)。答へて云はく、法華経第二に云はく『若し人信ぜずして此の経を毀謗せば乃至其の人命終して阿鼻獄に入らん』等云云」（御書二七九ページ）

と仰せでありますが、父を殺し、母を殺し、阿羅漢を殺し、仏身より血を出だし、そして和合僧を破るという五逆罪よりも罪の重いのが、正法を誹謗することなのです。そして『秋元御書』には、

「謗国と申すは、謗法の者其の国に住すれば其の一国皆無間大城になるなり」（同一四五〇ページ）

とありますように、人間が謗法を犯すとその国土世間が全部、謗法の国土となり、無間地獄となってしまうのです。今日の天変・地夭、様々な状況を見た時、私達は一刻も早く折伏して大聖人様の正義を多くの人達に教えていかなければならない、この仏法に帰依せしめていかなければなりません。そうしなければ個人だけでなく、一国そのものが謗法の国になってしまい、与同罪や総罰を受けなければならなくなります。

『曽谷殿御返事』には、

「謗法を責めずして成仏を願はゞ、火の中に水を求め、水の中に火を尋(たず)ぬるが如くなるべし。はかなしはかなし。何(いか)に法華経を信じ給ふとも、謗法あらば必ず地獄にをつ(堕)べし。うるし(漆)千ばい(杯)に蟹(かに)の足一つ入れたらんが如し」

（同一〇四〇ジペー）

と厳しく御指南されております。このように謗法によって個人も国も不幸になっていくことを拝した時、我々は心の底から謗法を恐れなければなりません。その謗法を対治して、塗炭(とたん)の苦しみに喘ぐ人達を救っていくのが、我々の折伏なのです。折伏こそ、まさに多くの人達を救う最善の慈悲行でもあり、最高の仏道修行なのです。正を立てて国を安んずるという原理はそこにあるのです。

平成二十一年に向かって精進をしている今、我々は一人ひとりの信心に立って何をすべきかというと、それは折伏をして人を救っていくことです。人と生まれて、世のため人のために尽くしていくということは、どれほど尊いことでしょう。一人ひとりが、そういう観点に立って、平成二十一年を目指して進んでいくことが大事です。しかも講中が一結し、僧俗一致して、さらに宗門全体が一致して平成二十一年に向けて前進していくということ、異体同心の団結をもって折伏に精進していくということが最も大事であると拝する次第であります。

先程も言いましたが、『立正安国論』の末文に「汝早く信仰の寸心を改めて速やかに実乗の一善に帰せよ」とあります。この御文をしっかりと拝し奉り、一人ひとりが折伏を行じ、そして日顕上人から賜った御命題を達成して、晴れやかに平成二十一年をみんなでお迎え申し上げ、広大なる仏恩に報い奉ることが肝心であると思います。

皆様方にはいよいよ信心に住せられ、それぞれが健康に留意もしながら御奉公に励んでいただきたいことを重ねてお願いいたしまして、本日の話を終了いたします。

（大日蓮　平成十八年七・八月号）

立正安国論（二）

平成十八年十月七日
法明寺本堂・庫裡新築落慶法要の砌
於　静岡県富士宮市

客の曰く、天下の災・国中の難、余独り嘆くのみに非ず、衆皆悲しめり。今蘭室に入りて初めて芳詞を承るに、神聖去り辞し、災難並び起こるとは何れの経に出でたるや。其の証拠を聞かん。

主人の曰く、其の文繁多にして其の証弘博なり。金光明経に云はく「其の国土に於て此の経有りと雖も未だ嘗て流布せしめず、捨離の心を生じて聴聞せんことを楽はず、亦供養し尊重し讃歎せず。四部の衆、持経の人を見るも、亦復尊重し乃至供養すること能はず。遂に我等及び余の眷属、無量の諸天をして此の甚深の妙法を聞くことを得ず、甘露の味はひに背き正法の流れを失ひて、威光及以勢力有ること無からしむ。悪趣を増長し、人天を損減して、生死の河に堕ちて涅槃の路に乖かん。世尊、我等四王並びに諸の眷属及び薬叉等、斯くの如き事を見て、其の国土を捨てゝ擁護の心無けん。但我等のみ是の王を捨棄するに非ず、必ず無量の国土を守護する諸大善神有らんも皆悉く捨去せん。既に捨離し已はりなば其の国当に種々の災禍有りて国位を喪失すべし。一切の人衆皆善心無く、唯但繋縛・殺害・瞋諍のみ有って、互ひに相讒諂して枉げて辜無きに及ばん。疫病流行し、彗星数出で、両の日並び現じ、薄蝕恒無く、黒白の二虹不祥の相を表はし、星流れ地動き、井の内に声を発し、暴雨悪風時節に依らず、常に飢饉に遭ひて苗実成らず、多く他方の怨賊有りて国内を侵掠せば、人民諸の苦悩を受けて、土地として所楽の処有ること無けん」已上。大集経に云はく「仏法実に隠没せば鬚髪爪皆長く、諸法も亦忘失せん。時に当たって虚空の中に大いなる声ありて地を震ひ、一切皆遍く動ぜんこと猶水上輪の如くならん。城壁破れ落ち下り屋宇悉く圮れ坼け、樹林の根・枝・葉・華葉・菓・薬尽きん。唯浄居天を除きて欲界一切処の七味・三精気損減して、余り有ること無けん。解脱の諸の善論時に当たって一切尽きん。生ずる所の華菓の味はひ希少にして亦美からず。諸有の井泉池一切尽く枯涸し、土地悉く鹹鹵し、敵裂して丘澗と成らん。諸山皆燋燃して天竜も雨を降さず。苗稼皆枯れ死し、生ずる者皆死れ尽くして余草更に生ぜず。土を雨らし皆昏闇にして日月も明を現ぜず。四方皆亢旱し、数諸の悪瑞を現じ、十不善業道・貪瞋癡倍増して、衆生の父母に於ける、之を観ること獐鹿の如くならん。衆生及び寿命色力威楽減じ、人天の楽を遠離し、皆悉く悪道に堕せん。是くの如き不善業の悪王・悪比丘、我が正法を毀壊し、天人の道を損減し、諸天善神・王の衆生を悲愍する者、此の濁悪の国を棄てゝ皆悉く余方に向かはん」已上。

（御書二三五ジペー一行目～二三六ジペー四行目）

本日は、法明寺新築落慶法要に当たり、お招きをいただきまして参上した次第でございます。

先程、式の部の経過報告そのほか様々なお祝辞のなかで、住職をはじめ御信徒一同が心を合わせ、立派に本堂・庫裡を新築せられたことをお聞きいたしまして、私といたしましてもまことに喜ばしいかぎりでございます。

特に三年後に迫った「平成二十一年・『立正安国論』正義顕揚七百五十年」の大佳節を迎えるその先駆けとして、総本山の地元にある法明寺がこのように立派になられたことは、宗門といたしましても本当に心から喜びに堪えません。総本山の地元から寺院建設の槌音が聞こえ、また皆様方の信心決定の姿がこのように目の当たりに拝せられることは、これまた宗門にとりましてうれしいことでございます。今までの住職の御苦労と、御信徒各位の赤誠に対し、私といたしましても心からお祝いを申し上げる次第であります。本当におめでとうございました。

さて、ただいま拝読申し上げました『立正安国論』の御文につきまして少々申し上げたいと思いますが、実は私が本年四月の御代替法要の砌、初転法輪におきまして、この『立正安国論』の最後の御文について拝読させていただき、少しお話をさせていただいた次第であります。次いで、先般、浜松市の妙重寺の移転新築落慶法要におきまして、今度は『立正安国論』の最初の御文を拝読させていただきました。本日はその続きの、第二段目の所からでございます。

この『立正安国論』を拝読させていただく所以（ゆえん）は、まさに今日（こんにち）、宗門は平成二十一年の『立正安国論』正義顕揚七百五十年に向けて前進をしておりますが、この時に当たって、『立正安国論』の精神を拝し、その御文から私達が御奉公すべき道を少しでも探し出せるならばまことに幸せであると考え、拝読させていただいた次第であります。したがいまして、平成二十一年までに、このような親教の機会がありますれば、私といたしましては、このあとも『立正安国論』の御文についてお話をさせていただきたいと考えているのであります。

この『立正安国論』でありますが、皆様も御承知の通り、全体が客と主人とによる十問九答にわたる問答形式になっておりますが、第十問である客の最後の問いは、そのまま主人の答えになっております。ですから十問十答ではなくして十問九答となっており、そこに非常に大事な意義が存しているのであります。

そのなかでも本日拝読する箇所は第二段目の、災難の証拠を述べられる所でありまして、災難の由来について、その経証を挙げられているのであります。

さて、本文に入る前に、簡単に『立正安国論』について申し上げたいと存じます。

『立正安国論』は、今を去る七百四十六年前、文応元（一二六〇）年七月十六日、宗祖日蓮大聖人様御年(おんとし)三十九歳の時に、宿屋左衛門入道をとおして、時の最高権力者である北条時頼(ときより)に出されたところの国主への諫暁(かんぎょう)書であります。

大聖人様は『撰時抄』に、

「外典に云はく、未萌(みぼう)をしるを聖人という。内典に云はく、三世を知るを聖人という。余に三度のかうみやう(高名)あり」（御書八六七ページ）

と仰せのように、大聖人様が御一代中に三たび天下国家を諫暁あそばされましたが、その最初の諫暁の時に提出されたのが『立正安国論』であります。

ちなみに第二回目は、文永八（一二七一）年九月十二日、まさに竜口(たつのくち)の法難の直前において平左衛門尉頼綱に対して行ったものであります。

第三回目は文永十一年四月八日で、大聖人様が佐渡赦免をせられました直後、同じく平左衛門に対して行ったものであります。この三回目の時に平左衛門が蒙古の来襲の時期について尋ねられたことに対して、大聖人様は、

「よも今年はすごし候はじ」（同㌻）

つまり「今年中には必ず襲ってくるであろう」と予言せられたのであります。

しかして、この予言は「文永の役」となって的中したのでありますが、これはかねて『立正安国論』において大聖人様が予言されていたことでありまして、いわゆる他国侵逼難が現実となって的中したのであります。

そこで『立正安国論』の概略をごく簡単に申し上げますと、大聖人様は正嘉元（一二五七）年八月二十三日の大地震をはじめ、近年より近日に至るまで、頻発する天変・地夭・飢饉・疫癘等の惨状を見られ、その原因は世の中の人々が皆、正法に背き悪法を信じていることによって、国土万民を守護すべきところの諸天善神が去ってしまい、その代わりに悪鬼・魔民が便りを得て住みついているためであると

して、金光明経、大集経等の経証を挙げ、三災七難等の災難が起こる理由を述べられております。そして、これらの不幸と混乱、苦悩を招いている一凶は、まさに法然の念仏にあると断ぜられ、この一凶を断ち謗法を対治して正善の妙法を立つる時、国中に並び起きるところの三災七難等の災難は消え失せ、積み重なる国家の危機も消滅して、安寧にして盤石なる仏国土が建設されると仰せられております。しかし、もし正法に帰依しなければ、七難のうち、まだ起きていない自界叛逆難と他国侵逼難の二難が必ず起こると予言され、これらの災難を防ぐためには、

「汝早く信仰の寸心を改めて速やかに実乗の一善に帰せよ」（同二五〇ページ）

と仰せられ、仏国土を建設するためには一刻も早く、謗法の念慮を断ち「実乗の一善」に帰さなければならないと、お諫めあそばされているのであります。

この「実乗の一善」というのは、大聖人様の御正意はいわゆる文上の法華経ではなくして、法華経の文底独一本門の妙法蓮華経のことであり、三大秘法の随一たる大御本尊様のことであります。つまり、この大御本尊に帰命することが国を安んずる最善の方途であると仰せられているのであります。

以上が『立正安国論』の大掴みの内容であります。本日拝読いたしました御文は、先程も申し上げましたが、その第二段目であります。

これは『立正安国論』の最初の御文において、客が近年より近日に至るまで様々な天変・地夭・飢饉・疫癘はなぜ起きるのかという、その原因について、

「是何なる禍に依り、是何なる誤りに由るや」（同二三四ページ）

と尋ねられたことに対して、主人は、

「倩微管を傾け聊経文を披きたるに、世皆正に背き人悉く悪に帰す。故に善神国を捨て丶相去り、聖人所を辞して還らず。是を以て魔来たり鬼来たり、災起こり難起こる。言はずんばあるべからず。恐れずんばあるべからず」（同ページ）

と答えられたのであります。

つまり世の中の上下万民が正法に背き、多くの人々が悪法に帰している。故に守護の任に当たるべき善神は国を捨てて相去り、正法を護持すべき聖人は所を去って還らないために、魔あるいは鬼が来て、災が起こり難が起こるのであると、このように災難の由来を答えられたのであります。

この主人の答えに対して客が尋ねる所から、本日拝読の第二段目の問答に入るのであります。

すなわち**「客の曰く、天下の災・国中の難、余独り嘆くのみに非ず、衆皆悲しめり。今蘭室に入りて初めて芳詞を承るに、神聖去り辞し、災難並び起こるとは何れの経に出でたるや。其の証拠を聞かん」**とお示しのように、そのような災難が起きるということは、いったい、いかなるお経に出ているのかということを尋ねるのであります。

ここで客は「蘭室に入りて」と言っておりますが、この「蘭室」というのは蘭の香りが漂う部屋のことであり、転じて、芳しい部屋、立派な人のいる部屋のことを言うのです。

これは孔子の言行や門人との問答・論議を著した書であります『孔子家語』のなかに、

「善人と居るは、芝蘭の室に入るが如し。久しくしてその香を聞かざるも自然にこれと化す。不善人と居るは、鮑魚の肆に入るが如し」

とありますように、善人といるときは「芝蘭の室」、これは蘭室と同じ意味でありまして、立派な人と一緒にいると、自然にその感化を受けて自らも立派になるということです。ところが、「不善人」つまり悪人と一緒にいると「鮑魚の肆」、これは塩漬けにした臭い魚を売る店のことであります。「くさや」というのがありますが、あれに近いものでしょうか。そういう魚を売っている店がありますね。そこに長い間いると、自分にも臭いが移ります。それと同じように、不善の人、器量の狭い人などが集まっている所に一緒にいると、その人達の感化を受けて不善をなすようになってしまうという意味であります。

したがって、客は主人に対して、立派な人であるという尊敬の意味を込めて「蘭室に入りて」と言っているのです。

そして「芳詞を承るに」とおっしゃっておりますが、この「芳詞」とは立派なお話ということです。ですから芳しい部屋に入り、御主人の立派な話を聞くところによると、という意味で、今申し上げました通り、災難が起こる証拠があるのかないのかということを主人に尋ねるわけであります。

この客の問いに対して、主人が答えられたのが次の御文であり、ここからが第二段目の問答のうちの主人の答えになります。

まず**「主人の曰く、其の文繁多(はんた)にして其の証弘博(ぐはく)なり」**とおっしゃっております。つまり災難の起こる原因を明かされた経文は「繁多」、たくさんあり、その証拠は「弘博」、広く存在しているということです。

このあと主人は数多(あまた)あるお経のなかから金光明経、大集経、仁王経、薬師経の四つのお経を挙げられます。仁王経は計三回、大集経は二回、引証されておりまして、全体としては四経七文、四つのお経から七つの文を引かれ、その証拠を示しておられるのであります。

初めに**「金光明経に云はく」**とお示しですが、これは金光明経の四天王護国品第十二の文であり、このところは四天王が仏様に対して申し上げた言葉であります。四天王と言いますのは、仏法を守護する持国天、増長天、広目天、多聞天の総称でありますが、これら四天王は帝釈天に仕え、須弥山(しゅみせん)の中腹で四方を守る神々であります。つまり東方は持国天、南方は増長天、西方は広目天、北方は多聞天がそれぞれ守るとされています。また法華経の序品では眷属万の天子と共に連なり、さらに陀羅尼品では法華経の行者の守護を誓っています。

その四天王が仏様に申し上げて言うのには、**「其の国土に於て此の経有りと雖も未だ嘗て流布せしめず」**、国王がその国土において、仏様の説かれた尊い教えがあったとしてもそれをいまだかつて流布させず、**「捨離の心を生じて聴聞せんことを楽はず」**、「捨離」というのは捨てて離れることであります。つまり国王が仏様の尊い教えを捨て、尊い教えから離れる心を起こして、仏様の教えを聞こうともしないことであります。**「亦供養し尊重し讃歎せず」**、また供養もしなければ、尊重もせず、仏様の徳を褒め称えようともしない。

さらに**「四部の衆、持経の人を見るも、亦復尊重し乃至供養すること能はず」**とありますが、「四部の衆」というのは比丘、比丘尼、優婆塞、優婆夷のことで、比丘とは男性の僧侶、比丘尼とは女性の僧侶、優婆塞とは男性の御信徒、優婆夷とは女性の御信徒であります。この方々を見ても尊重もせず、供養もしない。

そのために**「遂に我等及び余の眷属、無量の諸天をして此の甚深の妙法を聞くこ**

とを得ず、甘露の味はひに背き正法の流れを失ひて、威光及以勢力有ること無からしむ」、この「我等」というのは四天王のことですが、および四天王の眷属、さらに無量の諸天善神は甚深微妙なる妙法を聞くことができないということです。つまり王様が正法を流布させようとしない、尊重もしない、供養もしない、何もしないので、したがって、この甚深の妙法を聞くことができないということであります。

このなかで「此の甚深の妙法を聞くことを得ず」というお言葉があります。ここで引かれたお経は金光明経ですから、いわゆる方等部のお経であるにもかかわらず、なぜ「妙法」なのかということがあります。これにつきましては、日寛上人が御指南あそばされておりまして、「諸々の法相は所対によって同じではない。したがって外道に望めば、たとえそれが阿含小乗であったとしても妙法と言えるのである。同様に方等大乗の金光明経も、大小相対して言えば妙法と言えるのである」（御書文段一〇ページ取意）とおっしゃっております。

さらに日寛上人は「甚深の妙法」とは何かということについて、

「若し迹門の意に約せば、即ち是れ諸法実相の妙法なり（中略）若し本門の意

に約せば、本因本果の妙法なり（中略）若し文底の意に拠らば、即ち三箇の秘法を含むなり」（御書文段一一ページ）

とおっしゃっております。また、

「今『甚深の妙法』とは、即ち是れ『本地甚深の奥蔵』なり。故に三箇の秘法を含むべきなり」（同ページ）

と御指南されています。解りやすく言いますと、「甚深の妙法」とは再往、内証深秘の辺から言うならば、まさしく三大秘法の南無妙法蓮華経を指しているとの仰せであります。

また「甘露の味はひに背き」の「甘露」とは、もともとは不死あるいは天酒という意でありますが、甘露を飲むと苦悩を癒し、長寿を得るとされ、仏様の教えに譬えられているのであります。これについては大聖人様が『十二因縁御書』のなかで、

「甘露とは法華経なり」（御書五五ページ）

とおっしゃっております。また『御講聞書』には、

「所詮末法に入りて甘露とは南無妙法蓮華経なり」（同一八四五ページ）

と仰せられております。すなわち、諸天善神が甘露の如き妙法の法味を受けることができずに正法の流れを失い、諸天をして威光および勢力を失ってしまっているということです。

そのために**「悪趣を増長し、人天を損減して、生死の河に堕ちて涅槃の路に乖かん」**と仰せです。「悪趣」の「趣」とは人間の境界のことで、衆生が悪業を行じた結果、堕ちる苦悩の境界です。十界のなかの地獄・餓鬼・畜生・修羅を四悪趣あるいは四悪道と言いますが、諸天等が甚深の妙法を聞くことができず、甘露の如き妙法の法味を受けることができずにいると、四悪趣の境界が増長されてしまうということであります。

さらに「人天を損減」するとあるように、人間界、天上界の衆生が次第に減ってしまい、また「生死の河に堕ちて」、つまり六道生死の苦しみの河に堕ちて、正しい悟りの道に背くことになるということであります。

その結果、**「世尊、我等四王並びに諸の眷属及び薬叉等、斯くの如き事を見て、**

其の国土を捨てゝ擁護の心無けん」と仰せです。つまり四天王が仏様に言っているのですが、世尊よ、我ら四天王ならびに四天王の眷属および薬叉等の仏法守護の善神は、その国に正法が在っても、国王がその正法を信ぜず、正法を流布させようとしない有り様を見て、その国王が治める国土を捨てて、その国を守る心をなくしてしまうのです。しかも**「但我等のみ是の王を捨棄するに非ず、必ず無量の国土を守護する諸大善神有らんも皆悉く捨去せん」**、つまり四天王あるいはその眷属がその国王を捨て去るだけではなく、国土を守護すべき諸大善神が数多くいたとしても皆、ことごとくその国を去ってしまうのであると、このようにおっしゃっているのです。

続いて**「既に捨離し已はりなば其の国当に種々の災禍有りて国位を喪失すべし」**とお示しですが、これは諸天善神がその国を捨てて離れてしまったならば、その国には様々な災いが起きて、国王はその国位、つまり国王の地位を失うことになってしまうということであります。

そして**「一切の人衆皆善心無く、唯繋縛・殺害・瞋諍のみ有って、互ひに相讒諂**

して枉げて辜無きに及ばん」と仰せですが、人々は善い心をなくして悪心が強盛となり、「繋縛」つまり人を縛り、牢獄に繋ぎ、「殺害」残忍なる殺害を行い、「瞋諍」すなわち瞋り狂って争いをするなどして、互いに謗ったり、諂ったりして、法を曲げて罪のない者を罪に陥れてしまうのであります。

さらに**「『疫病流行し、彗星数出で、両の日並び現じ、薄蝕恒無く、黒白の二虹不祥の相を表はし、星流れ地動き、井の内に声を発し、暴雨悪風時節に依らず、常に飢饉に遭ひて苗実成らず、多く他方の怨賊有りて国内を侵掠せば、人民諸の苦悩を受けて、土地として所楽の処有ること無けん』已上」**とお示しであります。

悪性の伝染病が流行し、また「彗星」とはほうき星のことで、これが出ると不吉なことが起きると言われております。大聖人様の御在世当時も「文永の大彗星」と言いまして、文永元（一二六四）年七月五日に大きな彗星が現れました。大聖人様はこの彗星を見て、これは必ず異変があるということをおっしゃっておられます（安国論御勘由来・御書三六九ページ）。しかし同時に、末法の世に聖人が必ず出現する時であるとも言われ、二つの見方をしておられるのです。いずれにしても、彗星というのはそのような瑞相であると言われております。

また「両の日並び現じ」とありますが、二つの太陽が並んで見えるということが実際にあったのであります。そして「薄蝕恒無く」、つまり日食とか月食が決まり通り行われない。全くでたらめの時にそれが現れるということです。そして「黒白の二虹」が出て不吉の相を表し、流れ星がたくさん出て地震も頻発する。今、地震が色々な所で群発しておりますけれども、このような状況であります。さらに「井の内に声を発し」とは井戸のなかから異様な地鳴りが聞こえることで、これは地震の前兆であると言われております。地震の前兆については、ナマズが騒ぐとか色々なことが言われますが、この「井の内に声を発す」というのもその一つであります。

次に「暴雨悪風時節に依らず」とありますのは、暴風とか悪風が四季の別なく荒れ狂うということです。現代の日本でもそういうことがたまにありますけれども、だいたい台風というのは夏に来るのが普通であります。それが冬に来るというのが、これに当たるのです。また「常に飢饉に遭ひて苗実成らず」、常に飢饉に遭って米、麦、粟、きび、豆の五穀の苗が実を結ばないようなことが起きてしまう。その上、「多く他方の怨賊有りて国内を侵掠せば」、他国の怨賊が頻繁に国内を侵略し、ほしいままに略奪・狼藉を働いていくということです。それによって「人民諸の苦悩を受けて、土地として所楽の処有ること無けん」、人民はこのような諸々の苦悩に悩まされ、国中にはいずれも安堵すべき所がなくなってしまうことを説かれているのです。

以上が金光明経に示される、正しい法を失うと、どのような災難が起きるのかということの経証であります。

次に**「大集経に云はく」**と大集経を挙げられまして、同じように正法を失うと、どのような災難が起きるのかということを示されております。

これは大集経の法滅尽品の一節でありますが、この経においては、皆さんも御承知の通り、有名な「五箇の五百歳」というのが説かれます。これは仏様の滅後、仏法の興廃を五百年ずつ五つに区分して説かれたものであり、大聖人様は『撰時抄』のなかで、

「大集経に大覚世尊、月蔵菩薩に対して未来の時を定め給えり。所謂我が滅度の後の五百歳の中には解脱堅固、次の五百年には禅定堅固已上一千年、次の五百年には読誦多聞堅固、次の五百年には多造塔寺堅固已上二千年、次の五百年には我が法の中に於て闘諍言訟して白法隠没せん等云云」（御書八三六ページ）

と仰せられております。つまり五つの五百歳とは何かというと、解脱堅固、禅定堅固、読誦多聞堅固、多造塔寺堅固、闘諍堅固の五つであります。

　解脱堅固とは智慧を得て悟りを開く者が多い時代です。次の禅定堅固とは禅定を持つ者が多い時代で、読誦多聞堅固というのは経典を熱心に読誦し聴聞する者が多い時代。その次の多造塔寺堅固とは寺院・仏塔の建立を行う者が多い時代で、最後の闘諍堅固は、「闘諍言訟して白法隠没せん」とおっしゃられているように、争いごとが常に絶えない、まさに今日の姿の如き時代であります。ですから、末法という時代に入りますと「白法」すなわち釈尊の仏法は隠没するのですが、これに対し、御本仏大聖人様が御出現あそばされて「大白法」すなわち、久遠元初の妙法を私達にお示しくださるのです。

ともかく、このうちの解脱堅固と禅定堅固の二つを合わせた千年を正法時代、次の読誦多聞堅固と多造塔寺堅固の二つを合わせた千年を像法時代と言います。正法時代とは正法がまだ正しく持たれている時代ですが、次の像法時代になると違ってまいります。この像法時代の「像」というのは仏像あるいは人物像とも言うように、形が似ているという意味であります。ですから、仏様の教えがあるにはあるけれども、似ているだけで、だんだん薄れて本物ではなくなってくるのです。そして、それが最後の末法に入ると白法隠没して、全くなくなってしまうのです。

しかし、法華経の薬王品のなかに、

「我が滅度の後、後の五百歳の中に、閻浮提(えんぶだい)に広宣流布して」

（法華経五三九ジペー）

とあるように、末法は南無妙法蓮華経が必ず流布する時であると示されております。つまり末法には必ず大聖人様の仏法が流布して、広宣流布すると説かれているのです。

ここで大事なことは、お経にはたしかに「閻浮提に広宣流布して」と説かれておりますが、この広宣流布は我々の努力なくしては絶対に達成できないのです。つまり我々が努力して広宣流布を達成しなければならないのです。この日本を良くしたい、本当の世界平和を願うというならば、我々がやらなければいけないのです。お経にこのようにあるから、何もしなくても広宣流布ができるのかというと、それは違うのです。このところが大事なのです。今日、平成二十一年に向かって僧俗一致して大折伏戦を展開する、ここに大事な意義が存するのであります。

邪義邪宗もそうです。邪義邪宗を放っておいたら、どんどんはびこっていくのです。創価学会を見てごらんなさい。あのインチキ宗教のオウム真理教だって、いまだに信じている者がいるのです。ですから、我々が破折をしなければ、邪義邪宗は絶対に滅びないのです。我々の努力なくしては、広宣流布は絶対に達成できないのです。

ここに我々一人ひとりが自分自身の信心というものをしっかりと見直して、そして平成二十一年に向かっての戦いを展開していかなければなりません。特に本年、残りわずかであっても精一杯、誓願達成に向けて精進していくことが大事なのであります。

さて、この大集経のなかにはなんと説いてあるかというと、**「仏法実に隠没せば鬚髪爪皆長く、諸法も亦忘失せん」**とあります。つまり仏法が隠没してしまうと、「鬚髪爪」いわゆるひげ、髪、爪をみんなが長く伸ばすようになり、世間の諸々の法も忘れられて、失われてしまうことになるということです。

本来、仏法を守るべき僧侶は、髪やひげや爪は短くしておかなければならないのです。邪宗では髪を伸ばした僧侶もおり、俗人なのか僧侶なのか判らないような僧侶がたくさんおります。しかし我々日蓮正宗の僧侶は違います。こういうことがお経のなかにきちんとあるのです。邪義邪宗の僧達は、これに反しているのです。平気で髪を伸ばし、ひげを伸ばし、爪を伸ばすという姿が末法の姿なのであります。ですから我々日蓮正宗の僧侶は、あくまでもこういったことを心掛けていかなければならないのです。

また、このように「鬚髪爪」が長くなるのは、貪瞋癡の三毒が増長する結果だということが、日寛上人の御指南にあるのです。つまり、

「三毒増長を表するか」（御書文段一四ページ）

と仰せられておりまして、髪は貪欲を表し、爪は瞋り（いか）を表し、ひげは愚癡（ぐち）を表すと仰せです。愚癡とは普通、ぶつぶつ苦情を言うのが愚癡だと言われておりますが、あれは本来の意味ではなく、本当は仏法の因果の理法が解らないこと、ものの道理が判らないことを言うのです。正しいことをしなければ、正しく幸せな結果は生まれない、この信心をしていけば必ず幸せになれるという、その因果の道理を知ることが大事なのです。それを知らないのが愚癡、愚か（おろ）ということであります。

つまり仏法隠没の時は貪瞋癡の三毒が増長して、僧侶の威儀も失われて外道と異なることなく、「諸法」、宇宙間に存在する有形・無形のあらゆる法もまた忘失して暗黒となるとの意であります。

万法がなくなってしまうとどうなるのかというと、世の中が真っ黒になってしまうのです。『諸経と法華経と難易の事』に、

「仏法やうやく顛倒（てんどう）しければ世間も又濁乱（じょくらん）せり。仏法は体（たい）のごとし、世間はかげのごとし。体曲がれば影な丶めなり」（御書一四六九ページ）

とありますように、仏法は体なのです。仏法の上で正しく行じていけば、おのずと世間も清らかに平和になっていくのです。我々は、根本のところは仏法だということを忘れてはならないのであります。

次に**「時に当たって虚空の中に大いなる声ありて地を震ひ、一切皆遍く動ぜんこと猶水上輪の如くならん」**とおっしゃっております。これは仏法が隠没することによって起きるところの種々の災難の姿について述べられているのであります。

この「時」というのは、今言いましたように仏法が隠没して三毒が増長する時という意味です。そして「虚空の中に大いなる声ありて地を震ひ」、すなわち雷が鳴って大地震が起こり、すべてのものが動転することは水車の如くであると仰せです。そして**「城壁破れ落ち下り屋宇悉く圮れ坼け」**とありますように、城の壁は破れ落ち、家屋はことごとく破れ裂ける。

また**「樹林の根・枝・葉・華葉・菓・薬尽きん」**とありますが、日寛上人の御指南によりますと、最後の「薬」の字は、上の「根・枝・葉・華葉・菓」つまり根っこ、枝、葉、花、木の実のすべてを受けていると仰せであります。つまり根から取る薬、枝から取る薬、葉から取る薬、花から取る薬、木の実から取る薬、これらの薬も仏法が隠没すれば、ことごとく滅び尽きてしまうということであります。ここでもやはり仏法が主となっているのです。

続いて**「唯浄居天（じょうごてん）を除きて欲界一切処の七味・三精気損減して、余り有ること無けん」**でありますが、我々のように生死の迷いを流転する六道の凡夫の境界・住処は、欲界・色界・無色界という三つに分けられます。欲界というのは種々の欲望が渦巻く世界を言い、色界とは欲望は超越したけれども、物質的条件に執われた世界を言います。また無色界とは欲望と物質の制約を超越した純然たる精神の世界であります。

この三界にはそれぞれ天がありまして、欲界には六天があり、その頂点にいるのが第六天の魔王です。また、色界には十八天、無色界には四天があります。この色界にある十八天のうち、上部の五天のことを浄居天と言い、五那含天（ごなごん）とも言います。ここはただ聖人のみがいる所であるので五浄居天とも言うのですが、この浄居天は高い所にあるので、そこまでは地上の様々な災いが届かず、これを受けることがないという意味から「浄居天を除きて」とおっしゃっているわけなのです。

ですから、この浄居天を除いた色界および欲界にいるすべての七味や三精気、「七味」とはいわゆる甘いとか辛い、酸っぱい、苦い、塩からい、渋い、淡いという七つの味のことで、それから「三精気」とは地精気、衆生精気、法精気のことです。

「精気」というのは、一般では「せいき」と読みまして、天地万物の根本となる力のことを言うのですが、これを仏法では「しょうけ」と読みまして、大地にはそれ自体に大きな木を茂らせる力も、立派な花を咲かせる力もあるので地精気と言うのです。次の衆生精気というのは、人間社会の生命力、人々の盛衰の源になる人間自身の力です。そして法精気とは仏法の力であります。この仏法が隠没すると、欲界のすべての七味も三精気も損減して、残るところなく、ことごとく尽きてしまうということであります。

また**「解脱の諸の善論時（とき）に当たって一切尽きん。生ずる所の華菓の味はひ希少（きしょう）にして亦美（うま）からず」**とあります。「解脱」というのは現世の苦悩から解放されて絶対

自由の境地に達することでありますが、日寛上人はこの「解脱の諸の善論」について、

「一には通じて仏法を指す、二には但世間の論を指す、三には世出の論を指す」（御書文段一五ページ）

と仰せであります。つまり仏法、世間法を含めた諸々の善論も、法滅の時にはすべて尽きてしまうということです。したがって、仏法が隠没した結果、七味も三精気も失せ、荒廃した土地には、生ずるところの草木や花、また、その実の味も全くおいしくなくなってしまう。立派に耕された畑や田んぼから出来た食べ物や、あるいは果物といった物は全部おいしいのですが、荒れ果てた所から出来た物は全然、味わいも何もないのです。ですから、仏法が隠没するとそのようになってしまうのです。

さらにその上**「諸有の井泉池一切尽く枯涸し、土地悉く鹹鹵し、敵裂して丘澗と成らん」**つまり、あらゆる井戸の水、あるいは泉や池の水もすべて枯れ果てて、土地はことごとく「鹹鹵」すなわち塩分を含んでしまっている。そして土地は裂けて

丘となり、また谷となって荒れ果ててしまうということです。要するに砂漠化してしまい、そこからは何も出来なくなってしまうようなものであります。

続いて**「諸山皆燋燃して天竜も雨を降さず。苗稼皆枯れ死し、生ずる者皆死れ尽くして余草更に生ぜず。土を雨らし皆昏闇にして日月も明を現ぜず。四方皆亢旱し、数諸の悪瑞を現じ、十不善業道・貪瞋癡倍増して、衆生の父母に於ける、之を観ること獐鹿の如くならん」**とお示しです。

諸々の山は皆、熱のために焼けてしまい、天竜は雲を起こして雨を降らすことができなくなってしまう。つまり日照りが続いてしまうということです。そして稲の苗などの穀物類もすべて枯れてしまい、他の草もことごとく生ずることがなくなってしまう。その上、「土を雨らし」とありますが、これは大風が吹くと土が舞い上がって、また土が降ってくることがあるでしょう。例えば中国の黄砂がそれで、風に流されて日本にも黄砂が降ってくることがありますが、こういうことから世界中に土が降ったら大変なことになるでしょう。そして空は一面、真っ暗で日月の光も見えないようになる。四方は皆、日照りのために干からびてしまう。たびたび色々な悪い兆(きざ)しを現ずるようになるということです。

さらに「十不善業道・貪瞋癡倍増して」とありますが、「十不善業道」というのは我々がしてはならない行為を十種類に分けたものです。一つは「殺生」で、生き物を殺すこと。二に「偸盗(ちゅうとう)」で、人の物を盗むこと。三に「邪淫(じゃいん)」で、邪(よこしま)な男女関係を結ぶことです。この三つが身の三悪と言います。四に「妄語(もうご)」で、嘘偽(うそいつわ)りの言葉を言うこと。五に「綺語(きご)」で、きれいごとを言うこと、真実に背いて巧(たく)みに飾り立てた言葉を使うことであります。六に「悪口(あっく)」で、人の悪口(わるぐち)を言うこと。七に「両舌」で、二枚舌を使うことです。以上の妄語・綺語・悪口・両舌の四つを口の四悪と言います。そして八に「貪欲」で、飽くことなく貪(むさぼ)ること。九に「瞋恚(しんに)」で、瞋ること、自分の心にかなわないとなんでも怒り狂うことです。最後の十に「愚癡」で、愚かなことでありまして、最後の三つが意の三悪であります。したがって十不善業道というのは、今申し上げました身口意(しんくい)の三業に当てはめて言えるわけであります。

また、これら貪瞋癡の三毒が倍増すると「衆生の父母に於ける、之を観ること獐鹿の如くならん」とおっしゃっております。要するに、子供が両親のことを全く顧みなくなってしまうのです。それはあたかも「獐鹿」つまり小型の鹿の如くでありまして、大集経のなかでは、獐鹿はたいへん臆病で、危険が迫ると親であろうとなんであろうと他を顧みないで逃げ去ってしまうと説かれており、父母のことを少しも顧みない不孝者の譬えとして挙げているのです。

しかし、信心していると不孝者は出ません。なぜならば、先程も「仏法は体」と申し上げましたが、この信心をしっかりとやってごらんなさい。絶対に親不孝の者は生まれてきませんし、育ちません。そうでしょう。子供のころからお題目をしっかり唱えさせて、それこそ鼓笛隊などの活動も含めてしっかり育てていけば、親不孝な者は絶対に生まれませんよ。ところが、仏法がなくなってしまうと親不孝者が出てくるのです。今日の世法の姿はそうではないですか。現実に幼い中学生が母親を殺すとか、なかには友達に自分の母親を殺させるような、本当に悲惨なことが起きているのです。このお経のなかにある通り、全部、仏法が隠没するとこういうことになるのです。逆に言えば、世の中を良くしようと思うならば、大聖人様の仏法がもっと栄えていけばよいのです。我々がもっともっと広宣流布の戦いをしていかなければならないということになるわけであります。我々はここをよく知らなければならないと、このように思います。

次が**「衆生及び寿命色力威楽減じ、人天の楽を遠離し、皆悉く悪道に堕せん」**でありますが、今言った通り悪業の結果、衆生の命が短くなり、体力、あるいは威徳と安楽を具えた境界がどんどんなくなってしまう。人天の楽しみも遠く離れてしまって、皆ことごとく悪道に堕ちてしまうということです。

続いて**「是くの如き不善業の悪王・悪比丘、我が正法を毀壊し、天人の道を損減し、諸天善神・王の衆生を悲愍する者、此の濁悪の国を棄てゝ皆悉く余方に向かはん」**とは、正しい法を破り、天界および人間界の道を損減する結果、謗法のみが充満するが故に、衆生の苦しみを哀れむ諸天善神も善い王様も、正法の法味に飢えて、つまり正しい法を味わえないために濁悪乱漫なるこの国を捨ててしまい、皆ことごとく他方国土に向かわれてしまうということです。そしてその善神が去った所に悪鬼、つまり悪魔・魔民が乱入して様々な害を及ぼすのだと、このようにおっしゃっているのであります。

以上、金光明経および大集経のお経文についてお話を申し上げましたが、このあとの御文についてお話をしていきますと、さらに時間がかかってしまいますので、今日は区切りのよいところで、ここまでにしたいと存じます。

先程も言いましたけれども、今、宗門は平成二十一年の『立正安国論』正義顕揚七百五十年の大佳節に向かって「地涌倍増」と「大結集」の達成に前進しております。かねて申し上げておりますが、これは御隠尊日顕上人から賜った御命題であります。このなかにも参加せられた方がいらっしゃるかと思いますけれども、あの奉安堂の落慶記念大法要の折に、私どもに御指南くださったことであります。ですから私どもといたしましては、この平成二十一年の地涌倍増と大結集は、なんとしてでも達成しなければならないと思う次第であります。

やはり今日の様々な姿、不幸の根源は、先程も言いましたけれども、間違った教え、間違った思想、まさに邪義邪宗の害毒に存するのであります。つまり邪義邪宗の害毒によってどれだけの人達が苦しんでいるか、どれだけの国土世間が冒(おか)されているかということを考えた時に、私達は、それこそ私達の力のすべてを結集して、平成二十一年に向けて地涌倍増の大折伏戦を展開していかなければならないと思います。そして、その役目を果たしていくのが、我ら法華講衆の使命ではないかと思います。

特にこの富士宮の地元の方々、近くには熱原の三烈士の尊い歴史を刻む熱原の地があります。一人ひとりがこの熱原三烈士の心を心として、「一心欲見仏　不自惜身命」の戦いをしていかなければならないと存じます。

悔いを万代に残すことがないように、今年も戦いきっていただきたい。そして平成二十一年に向けて精進をしていっていただきたい。また、平成二十一年の大佳節を迎えて、我々が地涌倍増と大結集を果たした時に、御本尊様は必ず御照覧くださる、また日顕上人からもお褒めをいただくことになるのではないかと思います。

皆様方のこれからの精進を心からお祈りいたしまして、本日の法話といたします。

（大日蓮　平成十八年十一月号）

立正安国論（三）

平成十八年十一月二十三日
仏乗寺本堂・庫裡新築落慶法要の砌
於　東京都杉並区

仁王経に云はく「国土乱れん時は先づ鬼神乱る。鬼神乱るゝが故に万民乱る。賊来たりて国を劫かし、百姓亡喪し、臣・君・太子・王子・百官共に是非を生ぜん。天地怪異し二十八宿・星道・日月時を失ひ度を失ひ、多く賊の起こること有らん」と。亦云はく「我今五眼をもって明らかに三世を見るに、一切の国王は皆過去の世に五百の仏に侍へしに由って帝王主と為ることを得たり。是を為て一切の聖人羅漢而も為に彼の国土の中に来生して大利益を作さん。若し王の福尽きん時は一切の聖人皆捨去為ん。若し一切の聖人去らん時は七難必ず起こらん」已上。薬師経に云はく「若し刹帝利・潅頂王等の災難起こらん時、所謂人衆疾疫の難・他国侵逼の難・自界叛逆の難・星宿変怪の難・日月薄蝕の難・非時風雨の難・過時不雨の難あらん」已上。仁王経に云はく「大王、吾が今化する所の百億の須弥、百億の日月、一々の須弥に四天下有り、其の南閻浮提に十六の大国・五百の中国・十千の小国有り。其の国土の中に七つの畏るべき難有り、一切の国王是を難と為すが故に。云何なるを難と為す。日月度を失ひ時節返逆し、或は赤日出で、黒日出で、二三四五の日出で、或は日蝕して光無く、或は日輪一重二三四五重輪現ずるを一の難と為すなり。二十八宿度を失ひ、金星・彗星・輪星・鬼星・火星・水星・風星・刁星・南斗・北斗・五鎮の大星・一切の国主星・三公星・百官星、是くの如き諸星各々変現するを二の難と為すなり。大火国を焼き万姓焼尽せん、或は鬼火・竜火・天火・山神火・人火・樹木火・賊火あらん。是くの如く変怪するを三の難と為すなり。大水百姓を漂没し、時節返逆して冬雨ふり、夏雪ふり、冬時に雷電霹靂し、六月に氷霜雹を雨らし、赤水・黒水・青水を雨らし、土山・石山を雨らし、沙・礫・石を雨らす。江河逆しまに流れ、山を浮かべ石を流す。是くの如く変ずる時を四の難と為すなり。大風万姓を吹き殺し、国土山河樹木一時に滅没し、非時の大風・黒風・赤風・青風・天風・地風・火風・水風あらん、是くの如く変ずるを五の難と為すなり。天地国土亢陽し、炎火洞燃として百草亢旱し、五穀登らず、土地赫燃して万姓滅尽せん。是くの如く変ずる時を六の難と為すなり。四方の賊来たりて国を侵し、内外の賊起こり、火賊・水賊・風賊・鬼賊ありて百姓荒乱し、刀兵劫起せん。是くの如く怪する時を七の難と為すなり」と。

（御書二三六ジペー五行目～二三七ジペー七行目）

本日は、向陽山仏乗寺の新築落慶法要、まことにおめでとうございます。

御住職の笠原建道師の日ごろの丹誠と御信徒各位の外護の赤誠によって、念願でありました仏乗寺の新築がかない、本日ここに、このように立派に落慶法要が盛大に執り行われまして、御住職をはじめ御信徒御一同にとってこの上ない喜びであろうと心からお喜びを申し上げる次第であります。

私が申し上げるまでもありませんが、当仏乗寺住職の笠原建道師は、現在、宗務院海外部の主任といたしまして、海外布教の前線に立って、広布のために昼夜を分かたず一生懸命に御奉公に励んでおられます。このことは皆様方も重々、御承知のことと思います。

そうした激務のなかに在って、自坊においては、御信徒の指導と育成に力を注ぎ、活発な活動とともに着実にその実績を上げられていることは、ひとえに笠原建道師の優れた指導力の賜物（たまもの）と思います。そして、その指導に従って素直に信心をなさっている皆様方の御精進の賜物と存ずる次第であります。

その上、今回このような、この荻窪の土地にふさわしい、本当に清楚（せいそ）な外観と機能的に優れたすばらしい寺院を新築いたしまして、このように立派に慶事を迎えられましたことは、これまた住職にとりましても、また御信徒にとっても、この上ない感激であろうと思います。

もちろん、こうした慶事を迎えられるに至りましたのも、その布石といたしまして、歴代御住職の御苦労と御信徒の御尽力があったことを忘れてはならないと思います。

どうぞ、皆様方には、これからもなお一層の団結をもって、僧俗一致、異体同心して、遠くは一天広布のため、そして近くは平成二十一年の御命題達成を目指して御精進くださるようお願いをする次第であります。

さて、本日はただいま拝読いたしました『立正安国論』の御文について、少々申し上げたいと思いますが、今回『立正安国論』を拝読いたしましたのは、実は不肖(ふしょう)、本年四月の御代替(だいがわり)奉告法要の砌(みぎり)、初転法輪において、『立正安国論』の最後の御文について少々お話をさせていただきました。

今、宗門は平成二十一年の『立正安国論』正義顕揚七百五十年の佳節へ向けて、僧俗が一体となって前進すべき、まことに大事な時を迎えております。この時に当たって我々がなすべきことは、日顕上人より賜った御命題、すなわち「地涌倍増」と「大結集」をなんとしてでも達成することであります。

そこで、かかる機会を得て『立正安国論』の御意(ぎょい)を拝し奉り、もって御命題の達成を誓い、万分の一なりとも仏祖三宝尊の御恩徳に報い奉ることができればと考えまして、『立正安国論』を拝読した次第であります。

この初転法輪に続きまして、本年の四月、浜松市の妙重寺の移転新築落慶法要におきまして、『立正安国論』の最初の御文について少々お話をさせていただきました。さらに先月、富士宮市の法明寺におきましても新築落慶法要がありまして、そこでもその続きの御文についてお話をさせていただきました。本日はそのあとの御文について拝読させていただいた次第であります。私といたしましては、平成二十一年のポイントはやはり『立正安国論』でありますから、今後もこういう親教等の機会があれば、『立正安国論』を講じていきたいと考えている次第であります。

さて、その『立正安国論』でありますが、皆さん方も御承知の通り、今を去る七百四十六年前、文応元（一二六〇）年七月十六日に、大聖人様が御年（おんとし）三十九歳の時、宿屋左衛門入道を介（かい）しまして、時の最高権力者であります北条時頼（ときより）に提出された国主への諫暁（かんぎょう）書であります。

今、その概要をごく簡単に申し上げますと、この『立正安国論』のなかで大聖人は、近年に打ち続く様々な天変・地夭（ちよう）などの災いは、世の中の多くの人が正法に背（そむ）いて念仏などの邪法に帰依していることによるものであり、もしこの謗法を禁止しなければ自界叛逆（ほんぎゃく）難と他国侵逼（しんぴつ）難が必ず起こると仰せられたわけです。そしてその災難を防ぐためには、一刻も早く謗法の念慮（ねんりょ）を断（た）って、「実乗の一善」に帰（き）さなければならない。「実乗の一善」とは、三大秘法の南無妙法蓮華経の大御本尊様の御ことであり、この大御本尊に帰依することが国を安（やす）んずる最善の方途（ほうと）であるとおっしゃっているのです。

この『立正安国論』は、全体が客と主人との十問九答の問答形式になっております。つまり十の問いに対して答えは九つなのです。このうち一番最後の客の問いが、そのまま主人の答えにもなっており、『立正安国論』はこのような形式になっております。

本日拝読いたしました御文は、十問九答のうちの第二番目の問答の答えの箇所でありまして、災難の証拠について述べられている所であります。

まず第一問答から説明いたしますと、客が近年より近日に至るまで災難が起きるのは、一体なぜなのかと問うわけです。それに対して主人、つまり大聖人様は、先程申し上げました通り、天変・地夭・飢饉・疫癘等の原因は邪義邪宗の害毒にあると仰せです。それは何かと言うと、世の中の多くの人がみんな悪法に帰しているから、そのために正法を護持すべきところの諸天善神が国を捨てて相去り、その代わりに悪鬼魔民が乱入して様々な災難が起きるのだと、このようにおっしゃっているのです。これが第一問答であります。

そして第二問答に入りますと、それでは一体、どこにそういう証拠があるのかと客が問うのです。そこで主人は、金光明経や大集経、あるいは仁王経や薬師経という四つのお経を引いて、その証拠を示すのです。この第二問答の前の部分、つまり金光明経と大集経を引かれた所までは先日、法明寺でお話しいたしましたので、本日は第二問答のそのあとの、仁王経を引かれる部分からお話しする次第であります。

まず**「仁王経に云はく」**とありますが、これは仁王経護国品第五の文であります。今申し上げましたが、第二問答では、金光明経、大集経、仁王経、薬師経の四つの経文を引かれております。このうち仁王経は全部で三回引き、大集経は全部で二回引いていらっしゃいます。ですから、この第二問答では四つの経典のなかから、七つの文を引かれておるのです。

さて、ここで仁王経の**「国土乱れん時は先づ鬼神乱る。鬼神乱るゝが故に万民乱る。賊来たりて国を劫かし、百姓亡喪し、臣・君・太子・王子・百官共に是非を生ぜん。天地怪異し二十八宿・星道・日月時を失ひ度を失ひ、多く賊の起こること有らん」**との文を引かれておりますが、この経文は、仏様が波斯匿王に対して告げ給うところの言葉であります。これは、先程の第一問答にもありましたが、謗法が充満してくると善神は国を捨て去り、その代わりに悪鬼が乱入するという、同じ意味のことが説かれているのです。ですから「国土乱れん時は先づ鬼神乱る」とおっしゃっております。

この「鬼神」というのは何かと言いますと、大聖人様は『日女御前御返事』に、

「鬼神に二あり。一には善鬼、二には悪鬼なり。善鬼は法華経の怨を食す。悪鬼は法華経の行者を食す」（御書一二三一ページ）

とあります。「善鬼は法華経の怨を食す」ということは、善鬼は法華経を護る立場ですから、法華経の敵を食する、つまり撲滅してしまうということです。ところが悪鬼はその逆で、法華経を行じている者を撲滅しようとする鬼であり、このように同じ鬼神と言いましても善鬼と悪鬼の二つがあるとお示しなのです。

これはどういうことかと言いますと、諸天善神は唯一、妙法の法味、いわゆる南無妙法蓮華経の功徳だけを食して生きていらっしゃるのです。ですから謗法が充満してくると、正法の妙味を唯一の食としている諸天善神がみんな法味を味わえなくなって国を捨てて去ってしまい、そのあとに悪鬼が入ってくる。そうすると「鬼神乱るゝが故に万民乱る」ということになる。つまり、悪鬼が乱入すると「悪鬼入其身」となりますから、万民の心が乱れ、破壊され、異常を来たし、命が濁ってく

る。そして人間の思考が狂ってくるから、思想が乱れてくる。それ故に人々の生活が乱れるのであります。これが「鬼神乱る、が故に万民乱る」という原理であります。

また「賊来たりて国を劫かし」というのは、人々がそのような姿になってくると賊が現れてきます。賊には、盗賊、山賊、海賊というのがあります。また鼠賊、これは「こそどろ」であります。それから凶賊、逆賊、国賊、奸賊、義賊、匪賊というのもあります。あるいは人を殺害してしまう賊もいるわけです。そうすると、万民が乱れることにつけ入って、こうした賊が集まって国をおびやかし、百姓が亡喪してしまう。

ここに「百姓」とありますが、これは「ひゃくせい」と読むのです。「ひゃくせい」と申しますのは一般の人々全体のことを言うのであり、これを「ひゃくしょう」と読んだ場合は農家の方々を指します。ですから、ここでは「百姓」とは一般の人々、万民ということで、そういう賊に襲われて国民は全部、亡喪してしまうというのです。

次に「臣・君・太子・王子・百官共に是非を生ぜん」とありますが、「臣」というのは主君に仕える者、家来であります。また「君」とは主君、人々の上に立つ方々で、いわゆる統治者です。また「太子」と言いますのは、皇位を継ぐべき皇子、皇太子のことで、次の「王子」というのは同じく王の子供だけれども、男の人を言うのです。それから「百官」とは役人のことです。

要するに、家来とか主君、あるいは皇太子とか王子、あるいは役人との間で議論の是非を生じて意見が合わず、国の方針が決まらなくなる。これはまさしく悪鬼入其身の姿で、みんな自分勝手な考えを述べるから、結局、意見がまとまらない。つまり異体同心でないのです。信心の世界でもそういうことがあります。これは皆さんのことを言っているのではありませんが、邪宗の害毒によってもめごとを起こすことがあるのです。そういうときは自分に謗法がないか、よく考えなければなりません。

そして「天地怪異し二十八宿・星道・日月時を失ひ度を失ひ、多く賊の起こること有らん」とお示しですが、「天地怪異」とは天地が怪しい現象を起こすことです。つまり、これは亡国の験（しるし）であり、怪しい現象を起こすのは国が滅びる前兆なのです。

また「二十八宿」というのはインドや中国において古くから行われていたところの天文説で、昔は太陽が地球を中心に運行するように考えていたわけです。これを黄道と言うのですが、そういったなかで天球を二十八に区分し、星座の存在を示したのが二十八宿ということであります。この二十八宿をどのようにして区分したかと言いますと、東を蒼竜、西に白虎、南に朱雀（すざく）、北に玄武というように東西南北の四つに分け、それぞれに七つの星座があり、合わせて二十八としたのです。したがって、そういった星の運行がだんだんと狂いを生じてくる。それから太陽や月の運行が狂ってくる。そして「時を失ひ度を失ひ」、つまり定まった時、定まった度数がやぶれて異変を生じてくる。これによって「多く賊の起こること有らん」、国に多くの賊が起きて混乱させるというようなことが現れるのです。

続いて**「亦（また）云はく」**とありますが、これは同じく仁王経の受持品の文です。これには**「我今（いま）五眼をもって明らかに三世を見るに」**とあります。「五眼」というのは、肉眼・天眼・慧眼・法眼・仏眼の五つであります。肉眼とは我々が持っている眼で、壁の先は見えない眼であります。天眼とは天人の眼でして、天眼鏡（てんがん）というのがありますが、仏教では漢音ではなく呉（ご）音読みが中心となることから、同じ字でも「てんげん」と読むのです。これは普通、肉眼では見えないものが良く見えてくる眼です。それから慧眼とは声聞とか縁覚の二乗に具わった眼です。つまり深い知識を得ることによって物事がよく見える眼であります。法眼というのは菩薩の眼のことです。仏様まではいきませんが、その菩薩の智慧によって色々なものを見ることができるのです。最後の仏眼とは仏様の眼でありまして、三世十方にわたって一切の物事、事象をきちんと見通すことができるのです。したがって、この五眼をもって過去・現在・未来の三世を見るとどのように説いているか、とお示しであります。

そこで五眼をもって三世を見ると**「一切の国王は皆過去の世に五百の仏に侍（つか）へしに由（よ）って帝王主と為（な）ることを得たり」**と仰せであります。王様になるということは、過去の世に五百の仏に仕えた方が帝王になることができるとお示しであります。ですから様々な深い因縁というものがあって、天皇家とか国王の一族として生まれることも過去の業によるわけなのです。故に心地観経のなかに、現在の結果は過去の因によるのであり、未来において本当に幸せになりたければ現在の行いが大事であることが説かれているのです。ここでは、まさに五百の仏に仕えたその功徳によって、帝王・国王となることができたということであります。

次の**「是を為て一切の聖人羅漢而も為に彼の国土の中に来生して大利益を作さん」**とお示しのなかに「聖人」とあります。私達は宗祖のことを「大聖人様」と申し上げておりますが、これは何かと言いますと、『開目抄』に、

「仏世尊は実語の人なり、故に聖人・大人と号す」（同五二九ページ）

と仰せのように、本来、「聖人」とは仏様である大聖人様に対する称号なのです。しかし、ここで言う「聖人」はそうではなく、修行によって煩悩を払い捨てて、正しい道理を悟った人達のことを指すのです。ですから、この聖人とは俗に言う聖者という意味で、仏様の意味ではありません。

また「羅漢」というのは阿羅漢のことで、小乗教の最高の悟りを得た人達のこと

です。この阿羅漢の位になりますと、賊を殺す力を持ち、この上に学ぶべきものがない故に「無学」とも言われるのです。よく世間でも「無学」という言葉を使いますが、多くは学問がないという意味で使われます。しかし、仏法では学ぶべきものがないという意味なのであります。また、再び三界に生まれ出ずることがないということで「不生」とも言い、世の尊敬を受けて供養を受ける資格を持っているので「応供」とも言われるのですが、これらはもともと仏の称号であり、それがのちに小乗教の聖者に対しても言われるようになったのであります。要するに、修行によって悟りを得た人達は皆、過去に五百の仏に仕えた功徳によって王様になることができた。その功徳をもっての故に、一切の聖人や羅漢はこの王様のために、その王の国土に生まれてきて、その国王のために色々と尽くして大利益を施してくれるということです。

ところが**「若し王の福尽きん時は一切の聖人皆捨去為ん」**とありますように、その王様に福がなくなってしまうと、今言ったような聖人や羅漢は全部、その国を捨てて去ってしまうであろうと仰せです。これは信心の世界でも同様です。このなかにも、親子代々にわたって法統相続してきて、本当に幸せに信心している方がいらっしゃると思いますが、だんだんと懈怠(けだい)をして、勤行もしない、折伏もしないでいくと、せっかく積んできた福徳がみんな出ていってしまうのです。つまり今まで先祖代々、お父さんの代、おじいさんの代、ひいおじいさんの代と、ずっと法統相続して積んできてくださったその功徳を全部、使い果たしてしまうのです。まさに「王の福尽きん時」と同じことであります。

譬え話として適するかどうかは判りませんが、バッテリーみたいなものです。バッテリーは充電しなければ使えなくなってしまいます。ですから題目を唱えて、折伏をして、しっかり充電していかなければ、長年かけて積んできた福徳がなくなってしまうのです。まさにこの御文は、そういう意味でも我々がよく考えていかなければならないのであります。だから私のお父さんは、私のおじいさんは、私のひいおじいさんは本当に宗門のために、また広宣流布のために尽くしてきたから、私は少しぐらい怠(なま)けていてもいいだろうと、思っている人はいないと思うけれども、いたとするならば間違いであります。自分が生まれてきたら、今度は自分の人生なのですから、しっかりと自行化他の題目を唱えていくことが大事であります。
そこで**「若し一切の聖人去らん時は七難必ず起こらん」**と、もし一切の聖人がその国を去ってしまうと、その時は、その国に必ず七難が起きるであろうと仰せであります。ここでは仁王経の七難についておっしゃっているのですが、その内容については薬師経を引かれたあとに詳しく出てまいります。ここでは、とりあえず仁王経に七難があり、それが起こってくることをおっしゃっているのであります。

次に**「薬師経に云はく」**とありますが、この薬師経と申しますのは、仏様が文殊菩薩に対して薬師如来の功徳を説いたお経でありまして、そのなかで七難について示されているのがこの文であります。

すなわち**「若し刹帝利・潅頂王等の災難起こらん時、所謂人衆疾疫の難・他国侵逼の難・自界叛逆の難・星宿変怪の難・日月薄蝕の難・非時風雨の難・過時不雨の難あらん」**と、七つの難を挙げていらっしゃいます。

このなかの「刹帝利」といいますのは階級の名で、古代インドでは四姓制度、つまり一番上が僧侶のバラモン、その下に王族・武士のクシャトリヤ、その下が平民のバイシャ、そして一番下に奴隷のスードラがありまして、昔は日本でも士・農・工・商という区分けがありました。その刹帝利とは四姓制度のうちの二番目の、王族・武士の階級の人達のことを言います。

また「潅頂王」というのは大きな国の王様のことであります。古代インドにおいては、帝王が即位の時に四大海の水を汲(く)んできて、その水を頭頂に注ぐという潅頂の儀式を行ったことから潅頂王と言われるのですが、王族とか武士あるいは王様に災難が起こる時はどのような災難が起きるのかを七つ挙げられているのです。

まず「人衆疾疫の難」というのは流行病(はやりやまい)のことで、疫病が流行して多くの人達が死んでしまうのです。現在では鳥インフルエンザとかＳＡＲＳ（重症急性呼吸器症候群）など色々な伝染病がありますが、そういったものはなかなか消えませんし、さらに新しい伝染病が出てくるような状況です。ですから、こういう流行病によって人々が続々と死んでいってしまうということです。次の「他国侵逼の難」というのは皆さんもお解りと思いますが、他の国から侵略を受けることです。今の世界を見ますと至る所で戦争が勃発(ぼっぱつ)していますが、お互いが他国侵逼の難の姿を現じております。次に「自界叛逆の難」ですが、これは言うまでもなく仲間同士の争い、同士討ち、内乱、内部分裂ということです。

続く「星宿変怪の難」とは天体の運行に異変があることで、例えば彗星(すいせい)が現れたりする変化が起きることです。そして「日月薄蝕の難」とは太陽や月に異変が起きることで、日蝕や月蝕が異常をきたすことを言います。そして「非時風雨の難」でありますが、「非時」とは時をはずれてという意味で、つまり季節はずれの暴風雨が吹き荒れることを言うのです。最後は「過時不雨の難」ですが、「過時」とはその時が過ぎてもという意味で、雨期に入ってもなお雨が降らないという現象です。つまり、降るべき時に降らず、時が過ぎても依然として雨が降ってこないということであります。こういった七つの難が起きることを薬師経のなかで説かれているのです。

次は**「仁王経に云はく」**と三たび仁王経が引かれて、仁王経の七難についておっしゃっております。

まず初めに、**「大王、吾(わ)が今化(け)する所の百億の須弥(しゅみ)、百億の日月、一々の須弥に**

四天下有り、其の南閻浮提に十六の大国・五百の中国・十千の小国有り。其の国土の中に七つの畏るべき難有り、一切の国王是を難と為すが故に」とありますが、「大王」というのは波斯匿王のことでありまして、仏様が波斯匿王に対して「大王よ」と言われているのであります。

その大王に対し、仏様が今、教化するところの百億の須弥に百億の日月があり、その一つひとつの須弥に四天下、すなわち東西南北にそれぞれの国があるということです。この「須弥」というのは須弥山のことですが、これは仏教における世界観でありまして、世界の中心にあるとされる山であります。高さは八万由旬という、とてつもない高さで、周囲は九山八海に囲まれ、外海に浮かぶ四州、いわゆる東弗婆提、西瞿耶尼、南閻浮提、北鬱単越が四方にあります。このうちの南閻浮提に我々は住んでいると、仏法の世界観では説くのです。

さらに、その南閻浮提には十六の大国、五百の中国、十千の小国というたくさんの国々があるということです。すなわち摩訶陀国とか波斯匿国とか波羅奈国とかコーサラ国など、色々な国が当時もあったわけです。その国土のなかに恐るべき七つの難があると説かれますが、これらの国々の王が皆「是を難と為す」というけれども、それは一体、いかなる難であるのかということで、仁王経の七難について述べられているのであります。

仁王経の七難とは日月失度難、星宿失度難、災火難、雨水難、悪風難、亢陽難、悪賊難の七つでありますが、その第一難について**「云何なるを難と為す。日月度を失ひ時節返逆し、或は赤日出で、黒日出で、二三四五の日出で、或は日蝕して光無く、或は日輪一重二三四五重輪現ずるを一の難と為すなり」**と示されています。ここにある「日月度を失ひ時節返逆し」とは、太陽や月の運行が度を失って時節が逆となり、気候が不順となって異常現象をきたす。その結果、「或は赤日出で、黒日出で」、つまり赤い日や黒い日が出てくるということです。ときどき、太陽が異常を起こすことが今でもあるでしょう。また「二三四五の日出で」、一度に二つ、三つ、四つ、五つの日が出るということですが、これは一つの天体の異常現象です。太陽は一つしかありませんが、我々から見るとそれが二つに見えたりするような異常現象が実際に起きることがあるのです。それが次第に二つにも三つにも、四つにも五つにも見えてくることがあるということです。

「或は日蝕して光無く」、これは皆既日食が起きて光がなくなってしまうこともあるということです。また「或は日輪一重二三四五重輪現ずるを一の難と為すなり」、つまり天体異変のために二重、三重あるいは四重、五重に太陽が見えるようになってくる。これらが第一の日月失度難であります。実は、こういった現象は古い書物のなかにもありますが、日本の歴史のなかにもそういう色々な現象が起きているのです。太陽に大きな黒点が現れるなど、色々な現象が現実にあるのです。

二番目には**「二十八宿度を失ひ、金星・彗星・輪星・鬼(き)星・火星・水星・風星・刁(ちょう)星・南斗(なんじゅ)・北斗(ほくと)・五鎮の大星・一切の国主星・三公星・百官星、是(か)くの如き諸星各々変現するを二の難と為すなり」**とお示しのように、今度は星のほうがおかしくなってしまうのです。先程言った二十八宿は運行する軌道を失ってしまう。また太陽系のなかでも最も明るいとされる「金星」にも色々な現象が出てきて、異常をきたしてしまう。

「彗星」はほうき星のことですが、昔からほうき星が現れるのは不吉な現象であると言われております。大聖人様も文永元（一二六四）年の大彗星が現れた時にそのような意味のことをおっしゃっております（安国論御勘由来・御書三六九㌻）。たしかにそうであるけれども、また大悪が起きることは大善が来たる前兆だともおっしゃっているのです。

次の「輪星」というのは土星のように輪を持った星のことです。それから「鬼星」とは「おにぼし」のことです。これは二十八宿の一つでありまして、この星が明るい時は豊年で、暗い時は世の中の人の心が乱れてくると言われているようであります。「火星」は太陽系の内側から四番目の惑星で、火のように赤い光を放っている星です。「水星」は太陽に一番近い星であります。それから「風星」は二十八宿の一つの星でありまして、中国では風を司る星とされております。「刁星」とは「ちょう」の形をした星であります。次の「南斗」は世間でも「なんと」とも言いますが、「斗」というのは柄杓の意味で、星の形が柄杓に似ていることからこのような名前がつけられております。そして「北斗」は皆さんも御存じの通り、北斗七星のことであります。

仏法において、こういった天体の運行が異変をきたすということは何かということを考えれば、すべての事柄には原因があるということです。結局、人間の命が濁っているから、そういう現象として天体の運行に様々な異変をきたしてくると、おっしゃっているのであります。

それから「五鎮の大星」とは木星・火星・金星・水星の四星が中央の土星を輔けるということです。それから「一切の国主星」とは国主を守る星のことで、これは社会や世間を守護する星です。「三公星」というのは周の三公の、太師・太伝・太保にちなんでつけられた星で、東南に現れる三つの星のことであります。次の「百官星」は様々な官名のついた多くの星のことです。このように諸々の星が様々な異常現象をきたすのが二の難であるとおっしゃっているのであります。

次に災火難でありますが、**「大火国を焼き万姓焼尽せん、或は鬼火・竜火・天火・山神火・人火・樹木火・賊火あらん。是くの如く変怪するを三の難と為すなり」**とありますように、大火が国土を焼いて万民がことごとく焼き尽くされてしまう。「鬼火」とは「おにび」のことで、「竜火」は竜によって起こるとされる火のことです。中国では竜は神霊視されており、巨大な想像上の動物でありまして、雲を呼んで雨を降らすとされますが、竜火は落雷による火ではないかと思います。また「天火」でありますが、木と木が摩擦するなどして自然に起こる火災であります。「山神火」も同じような意味がありまして、山神が怒って生ずる火と言われております。「人火」は人の失火のことです。つまり人の不注意によって、その過失から出てくるところの火を言います。「樹木火」は天火と似ておりますけれども、日照りなどで土地や木が乾燥している時に火が着いて、大きな火事になることがあります。「賊火」というのは、盗賊の放火などによって起きるところの火災であります。したがって「是くの如く変怪するを三の難と為すなり」と仰せのように、このように様々な火が起きて、色々な災火の現象をきたすのが第三の難であるということであります。

次の雨水難は**「大水百姓を漂没し、時節返逆して冬雨ふり、夏雪ふり、冬時に雷電霹靂し、六月に氷霜雹を雨らし、赤水・黒水・青水を雨らし、土山・石山を雨らし、沙・礫・石を雨らす。江河逆しまに流れ、山を浮かべ石を流す。是くの如く変**

ずる時を四の難と為すなり」との文に示されます。
すなわち大洪水で人々が災難に遭い、あるいは夏に雪が降るように、夏と冬が逆転してしまう。また冬に雷が鳴って、六月の暑い夏に霜や雹が降ってくる。さらに赤い水や黒い水や青い水を降らす。あるいは土や石を山ほど降らしてしまう。砂や小石や石を降らす。こういうことは、中国から黄砂が飛んできて砂の雨が降ることが現実にありますように、世界では色々な現象が起きているわけです。たまたま日本では黄砂が有名でありますが、ほかの国々を見ますと色々な雨が降ってくるということであります。また川が逆さまに流れてしまう。ブラジルのほうではアマゾン川という大河が逆流するケースがあります。したがって「是くの如く変ずる時を四の難と為すなり」と、これらを雨水難として示されております。

続いて**「大風万姓を吹き殺し、国土山河樹木一時に滅没し、非時の大風・黒風・赤風・青風・天風・地風・火風・水風あらん、是くの如く変ずるを五の難と為すなり」**として悪風難をお示しです。つまり大風が起こって人々を吹き殺し、国土、山河、樹木が一度に滅没してしまう。また季節はずれの大風や黒い砂を巻き上げる風、赤い砂を巻き上げる風、青い砂を巻き上げる風、上から下に落とすように吹く風、下から上へ吹き上げる風、熱い風や冷たい風が吹きまくるであろうということです。

次に**「天地国土亢陽(こうよう)し、炎火洞燃(どうねん)として百草亢旱(こうかん)し、五穀登(みの)らず、土地赫燃(かくねん)して万姓滅尽せん。是くの如く変ずる時を六の難と為すなり」**として亢陽難、つまり日照りの難をお示しです。天地国土が大旱魃(かんばつ)のために乾ききって、熱した空気は燃え上がるように大地より昇り、すべての草は日照りのために乾いて、「五穀」つまり米や麦、粟(あわ)、きび、豆といった穀物の総称ですが、それが実らなくなってしまう。これも中国などでは日照りが続いて全く食べ物が実らないということが実際にあるようです。あるいはアフリカ大陸などでも、そういうことがあるわけです。その意味では日本は多少、恵まれております。春夏秋冬がはっきりしていて、雨が降る時には降るし、土地が乾く時は乾くように作物が実りやすい環境が整っていますが、そうではない所が世界にはたくさんあるのです。このように土地が日照りのために真っ赤になってしまって、万民が滅びてしまう難が起こるということであります。

最後の七番目でありますが**「四方の賊来たりて国を侵(おか)し、内外の賊起こり、火賊・水賊・風賊・鬼賊ありて百姓荒乱し、刀兵劫起(とうひょうこうき)せん。是くの如く怪(け)する時を七の難と為すなり」**として悪賊難を示されております。初めの「四方の賊来たりて国を侵し」とあるのは他国侵逼の難のことです。また「内外の賊起こり」とは国内において賊が内乱を起こす、いわゆる自界叛逆の難であります。あるいは火災に乗じて悪事を働く賊や水害に乗じて悪事を働く賊、風災に乗じて悪事を働く賊、鬼の姿をなす賊があって、民衆が荒乱し、至る所で乱を起こす。そこで結局、様々な戦いが起きるということです。故に「是くの如く怪する時を七の難と為すなり」とおっしゃっているのであります。

これらの内容はお経のなかですから、我々が現実に体験できない話もあると思うのです。しかし仏法の原理の上から言うと、仏法には依正不二の原理が存しているのです。つまり依報と正報とが二にして不二ということです。依報とは環境世界で、正報とは我々自身です。この関係は不二一体であるとおっしゃっているのです。どういう関係があるかと言いますと、大聖人様は『瑞相御書』のなかで、

「人の悪心盛んなれば、天に凶変、地に凶夭出来す」（御書九二〇ページ）と仰せであります。人の悪心が盛んになると、天に凶変が起き、地には様々な凶夭が出てくることをはっきりとおっしゃっております。ですから、依報と正報との関係は全く別にあるのではなくして、相互に関連し合って、否、実は一体のものとして存在しているということなのです。

そのように、すべての存在は、その最も深い次元においては一つなのです。それを突き詰めていくと、そこにはまさに妙法の一念があるのです。一念三千の原理とはそういうことではありませんか。一念三千のなかに衆生世間、五陰世間、国土世間があります。衆生世間というのは我々のことです。五陰世間というのは我々の身や心を構成している色受想行識という元素・要素であり、正報であります。それから国土世間があります。この三世間は全部、一念にあり、その原理をお説きになられたのが妙法でしょう。ですから全く無関係ではないのです。故に大聖人様は、人の悪心が盛んになると天に凶変が起こり、地には様々な凶夭が起きてくるのであるとおっしゃっておられるのです。

今言った七難も全く無関係に起きてくるのではないのです。世の中の人達はそういう依正不二の原理が解らないのです。我々は地震や台風など自然界からの影響を受けていることはよく解るのですが、実は自然界に我々が影響を及ぼしていることは知らないのです。一方通行でしか考えていない。しかし依正不二の原理、一念三千の法門の上から言うならば逆であって、我々衆生の命が謗法によって濁ってくると様々な天変・地夭が起きるということを大聖人様はおっしゃっているのです。ですから『如説修行抄』のなかで、

「正法を背きて邪法・邪師を崇重すれば、国土に悪鬼乱れ入りて三災七難盛んに起これり」（同六七〇ページ）

と仰せられているように、正法に背き邪法邪師を敬うならば、すなわち『ニセ本尊』を拝んだりすれば、国土に悪鬼が乱入して三災七難が起きるとお示しです。

先程言いましたが、我々は紙切れの先も見ることができない凡夫だけれども、仏様が三世十方を通達して我々に「こうである」とはっきりとおっしゃっているのです。また先程の『瑞相御書』の前文には、

「大地の動ずる事は人の六根の動くによる。人の六根の動きの大小によ（因）て大地の六種も高下あり」（同九二〇ページ）

と、大地の動ずること、すなわち地震などの天変・地夭は、人の六根、つまり眼耳鼻舌身意の動きの大小によって大地の六種も高下があるとお示しです。我々の六根が清浄であればよいけれども、悪法に住するようになって六根が清浄でなくなってしまえば、天変・地夭という大きな動きとなって現れてくるとおっしゃっております。したがって、人の六根が正しい方向にあるときは、国土世間も正しい方向に向かって、穏やかで安らかな相を示しますが、もし貪瞋癡（とんじんち）の三毒によって清浄な心が蝕（むしば）まれてしまえば、愚（おろ）かな考えや振る舞いを起こし、結果として天変・地夭となって現れてくるのであります。

大聖人様は『神国王御書』に、

「国土の盛衰を計ることは仏鏡にはすぐべからず（中略）仏法に付きて国も盛へ人の寿（いのち）も長く、又仏法に付きて国もほろび、人の寿も短かかるべしとみ（見）へて候」（同一三〇一ページ）

とお示しです。国土が盛んになるか、衰えてしまうかを計るにはどうしたらよいかといえば、仏様の鏡によるのだと仰せです。信心している人がたくさんいれば、国土は盛んになるというのです。ですから先程言いました通り、我々は一方通行に自然界の脅威にさらされているのではなくして、我々の命が自然界に様々な影響を及ぼしているという、依正不二の原理を知らなければならないのです。

また『諸経と法華経と難易の事』には、

「仏法やうやく顛倒しければ世間も又濁乱せり。仏法は体のごとし、世間はかげのごとし」（同一四六九ページ）

と仰せです。これは依正不二の原理はどちらが主であるかということをおっしゃっているのです。つまり仏法は体であり、世間は影だとおっしゃっておりますから、謗法の害毒によって世の中は狂ってくるのです。しかし正しい法を我々がしっかり受持信行していけば、世の中は本当に栄えてくるのです。つまり、これが『立正安国論』に示される原理なのです。

お経のなかにはたしかに我々の体験できない、我々の知識では解らない様々な現象が説かれますが、それはただ我々が知らないだけであり、仏様は一切に通達した智力をもってこれを観察されて、国土の安穏を願うなら「しっかりと信心をしていかなければだめだ」「仏法は体で世間は影なのだ」ということをお示しくださっておられるのです。ですから我々は本当に心を一つにして、なんとしても平成二十一年に向かって折伏し、地涌倍増することが一番大事なことであると存ずる次第であります。

平成二十一年も、それこそ、あっという間に来てしまいます。平成十四年に日顕上人から地涌倍増の御命題をいただき、既に四年が過ぎました。我々はもう一度、この間の戦いを一人ひとりが総括して、残り三年の戦いに総力を結集していかなければなりません。仮りにも「今までの四年間は戦ったけれどもだめだった。だから次もきっとだめだろう」などと思ったら負けです。我々は最後の最後まで地涌倍増の戦いをしていくのです。それが大事なのです。最後の最後まで一致協力、団結をして、日顕上人から賜った地涌倍増の戦いに挑んでいかなければなりません。そうして、みんなが本当に心を合わせて一生懸命、折伏に精を出していけば、

「梵天・帝釈等の御計らひとして、日本国一時に信ずる事あるべし」

（同一一二三ジペー）

と仰せのように、それこそ諸天善神の計らいによって一時に広宣流布することがあるのです。これも仏様の御金言であります。ですから凡夫の智慧や眼で「やはりだめだ」と思ったら、そこから敗北が始まるのです。そうではなく、御金言を拝し奉り、御金言を信じ、題目をしっかり唱えて折伏に精進するのです。そこからすべてが開かれてくるのです。そのために信心しているのではありませんか。過去遠々劫のすべての罪障を消滅できるのがこの信心ではありませんか。

過去は次元が違います。けれども過去遠々劫の罪障を消滅できるのです。また未来の次元も違います。しかし未来に本当の幸せを築くことができるのです。今、本当に題目を唱えて折伏をしていけば、自行化他の信心に励んでいけば、必ず未来は開かれてくるのです。そこに我々は、日顕上人から賜った「地涌倍増」と「大結集」の御命題を一致団結して、なんとしても達成すると、このような信心に立って御奉公に励んでいただきたいと心から思う次第であります。

立正安国論（三）　（御書一二三六ジペー五行目〜一二三七ジペー七行目）

実はもう少しお話しするつもりでありましたが、時間が迫ってまいりましたので、「大集経」以下の御文は省略いたします。

ともかく、今申し上げた通り、仏乗寺の御信徒の方々は指導教師の指導のもと、また講頭を中心に、平成二十一年を目指して一層の御精進を心からお祈りいたしまして、本日の法話といたします。

（大日蓮　平成十九年三月号）

立正安国論（四）

平成十九年五月二十五日
仏恩寺本堂・庫裡新築落慶入仏法要の砌
於　兵庫県姫路市

大集経に云はく「若し国王有って、無量世に於て施戒慧を修すとも、我が法の滅せんを見て捨てゝ擁護せずんば、是くの如く種うる所の無量の善根悉く皆滅失して、其の国当に三つの不祥の事有るべし。一には穀貴、二には兵革、三には疫病なり。一切の善神悉く之を捨離せば、其の王教令すとも人随従せず、常に隣国の為に侵嬈せられん。暴火横に起こり、悪風雨多く、暴水増長して、人民を吹漂せば、内外の親戚其れ共に謀叛せん。其の王久しからずして当に重病に遇ひ、寿終の後大地獄の中に生ずべし。乃至王の如く夫人・太子・大臣・城主・柱師・郡守・宰官も亦復是くの如くならん」已上。夫四経の文朗らかなり、万人誰か疑はん。而るに盲瞽の輩、迷惑の人、妄りに邪説を信じて正教を弁へず。故に天下世上諸仏衆経に於て、捨離の心を生じて擁護の志無し。仍って善神聖人国を捨て所を去る。是を以て悪鬼外道災を成し難を致すなり。

客色を作して曰く、後漢の明帝は金人の夢を悟りて白馬の教を得、上宮太子は守屋の逆を誅して寺塔の構へを成す。爾しより来、上一人より下万民に至るまで仏像を崇め経巻を専らにす。然れば則ち叡山・南都・園城・東寺・四海・一州・五畿・七道に、仏経は星のごとく羅なり、堂宇雲のごとく布けり。鶖子の族は則ち鷲頭の月を観じ、鶴勒の流は亦鶏足の風を伝ふ。誰か一代の教を褊し三宝の跡を廃すと謂はんや。若し其の証有らば委しく其の故を聞かん。

主人喩して曰く、仏閣甍を連ね経蔵軒を並べ、僧は竹葦の如く侶は稲麻に似たり。崇重年旧り尊貴日に新たなり。但し法師は諂曲にして人倫を迷惑し、王臣は不覚にして邪正を弁ふること無し。仁王経に云はく「諸の悪比丘多く名利を求め、国王・太子・王子の前に於て自ら破仏法の因縁・破国の因縁を説かん。其の王別へずして此の語を信聴し、横に法制を作りて仏戒に依らず。是を破仏・破国の因縁と為す」已上。涅槃経に云はく「菩薩、悪象等に於ては心に恐怖すること無かれ。悪知識に於ては怖畏の心を生ぜよ。悪象の為に殺されては三趣に至らず、悪友の為に殺されては必ず三趣に至る」已上。

（御書二三七ジペー八行目～二三八ジペー九行目）

本日は、当仏恩寺におきまして新築落慶入仏法要を奉修するに当たり、お招きにより参上をした次第でございます。また当寺住職より親教を依頼されたので、少しくお時間をいただきまして、ただいま拝読した『立正安国論』について少々申し上げたいと思います。

本日、『立正安国論』を拝読させていただきましたのは、実は昨年四月の代替法要の初転法輪におきまして『立正安国論』の最後の御文についてお話をさせていただいたわけであります。これは今、宗門が日顕上人より賜った「平成二十一年・『立正安国論』正義顕揚七百五十年」の大佳節における御命題、すなわち「地涌倍増」と「大結集」の達成へ向けて真の僧俗一致を図り、異体同心・一致団結して前進すべき、まことに大事な時に、我ら一同が改めて『立正安国論』の御意を拝し奉り、もって御命題の達成を誓い、万分の一なりとも仏祖三宝尊の御恩徳に報い奉ることができればと思量して、この『立正安国論』を拝読申し上げた次第であります。

そしてそのあと、静岡県浜松市の妙重寺において『立正安国論』の初めの御文についてお話をさせていただき、続いて静岡県富士宮市の法明寺におきましてもそのあとを、そして先般、東京の仏乗寺におきまして、さらにその続きをお話しさせていただきまして、本日はさらにそれに続く御文を拝読することになった次第であります。

さて、この『立正安国論』でありますが、皆様方もよく御承知の通り、今を去る七百四十七年前、文応元（一二六〇）年七月十六日、宗祖日蓮大聖人御年三十九歳の時に、宿屋左衛門入道を介して、時の最高権力者である北条時頼に提出されたところの、国主への諫暁書であります。

そこで、この『立正安国論』の内容についてごく簡単に申し上げますと、大聖人様は近年の打ち続く天変・地夭などの災いは、世の中の多くの人が正法に背いて念仏などの邪法に帰依しているからであり、もし謗法を禁止しなければ自界叛逆難と他国侵逼難が必ず起こるであろうと仰せられたのであります。こうした災難を防ぎ国を安んずるためには、一刻も早く謗法の念慮を断って「実乗の一善」すなわち、三大秘法の南無妙法蓮華経の大御本尊に帰依することが最善の方途であると断ぜられたのであります。

本日拝読した「大集経に云はく」から始まる御文は、第二問答の最後の所から第三問答の誹謗正法の所以について述べられた箇所でありますが、実は、前回の仏乗寺の親教におきまして、時間の関係上、第二問答の途中で話が終わってしまったのです。したがって少し変則的でありますが、今日はその第二問答の一番最後のお経の引用をせられた所から第三問答までについてお話しする予定であります。今日も時間が足りなくならないように、できるだけ早く話を進めたいと考えております。

そこで、第二問答の途中からでありますので、第一問答からの流れと申しますか、今までの内容について要点をお話しいたします。

まず第一問答におきまして、客が、近年より近日に至るまで様々に起きる天変・地天・飢饉・疫癘等はなぜ起きるのかと、その原因を尋ねるのです。尋ねられたことに対して、主人は「世の中の多くの人が正法に背き悪法に帰しているが故に、正法を守護すべき善神が国を捨てて相去り、守護の任に当たるべき聖人は所を去って還らず。そこに魔が来たり鬼が来たり、災起こり難が起こるのである」と、このように災難の由来についてお述べになるのであります。

この主人の答えに対しまして、客が「それはいったい、いかなるお経に出ているのか、そのお経の証拠を示してほしい」と質問するのであります。これが第二問答の初めです。この客の問いに対して、主人は金光明経、大集経、仁王経、薬師経の四つのお経を挙げまして災難が起こる原因について説明をされるわけです。大聖人はここで四つのお経を挙げられておりますけれども、そのなかには二回、三回と引かれるお経もありますので全部で七つの御文、つまり四経七文を出して答えられているのです。

このうちの、先程言いました通り、第二問答の最後の**「大集経に云はく」**という文については前回の親教でお話しできませんでしたので、今日はそこからお話しする次第でありますが、ここでまた大集経を挙げて災難の由来を述べられているのであります。

すなわち**「若し国王有って、無量世に於て施戒慧を修すとも、我が法の滅せんを見て捨てゝ擁護せずんば、是くの如く種うる所の無量の善根悉く皆滅失して、其の国当に三つの不祥の事有るべし」**と仰せです。

もし国王があって、計り知れないほどの数多くの世、すなわち非常に長い間にわたって「施戒慧を修すとも」、つまり布施を行じ、戒律を守り、智慧を修すといえども、「我が法の滅せんを見て捨て、擁護せずんば」、正法の滅亡するのを見て、捨て置いて守らなかったならば、「是くの如く種うる所の無量の善根悉く皆滅失して、其の国当に三つの不祥の事有るべし」、今まで積んできた無量の善根は皆ことごとくなくしてしまい、その国に三つの不祥事が起きるであろう、とおっしゃっております。

その「三つ」とは何かと言えば、すなわち**「一には穀貴、二には兵革、三には疫病なり」**ということです。「穀貴」というのは、穀物などの収穫が減少し、値が高くなって、インフレを引き起こすことです。これは小の三災の一つでありまして、飢饉等によって物価が高騰し、どんどんインフレになってしまうのです。

このなかには私ぐらいのお年の方、あるいは年上の方もいらっしゃいますが、第二次世界大戦の直後の日本は、本当にインフレがすごくて、物価がどんどん上がっていき、今日百円の物が、明日は百円で買えないような状態だったのです。お米一粒がとても貴重な、まさに穀貴の状態で、大勢の方々が栄養失調で死んでいったのです。それはともかく国王がいて、過去世にどんなに善いことを積んできたとしても、正法が破滅されるのをだまって見ていたら、その国王の今までやってきたことは全部無になってしまって、そういう大変な世の中になってしまうということです。

二番目は「兵革」で、これは戦争・戦乱のことです。兵革の兵というのは武器という意味、革は甲冑（かっちゅう）ということで、つまり戦争が必ず起きるということです。三番目は「疫病」です。疫病というのは流行病（はやりやまい）のことです。今でもエイズや鳥インフルエンザなど色々な病気がはやっておりますが、そういう現象が起きてくるぞ、とおっしゃっているのです。要するに、こうした不祥事が起きて国土が混乱するということであります。

そして**「一切の善神悉く之（これ）を捨離（しゃり）せば、其の王教令（きょうりょう）すとも人（ひと）随従せず、常に隣国の為に侵嬈（しんにょう）せられん」**と仰せです。一切の善神がその国を捨てて離れてしまうと、その国王がいくら教令、つまり詔勅（しょうちょく）とか命令を下して導こうとしても、民衆はだれも従わない。結局、常に隣国のために侵嬈、侵略されてしまう、ということがあるわけです。

現に今、世界の至る所で戦争が起きていますが、それらはすべて、それなりの原因がきちんとあるということを、我々はよく知らなければいけないのです。要するに、本当の世界平和、全人類の幸せを願うならば、道のりは遠くとも、まず一歩一歩、我々が折伏して、大聖人様の仏法を広宣流布していく以外にないのです。「立正安国」というのはそういう意味なのです。もちろん世の中の多くの人達は国を憂(うれ)い、そして人々の悲しみを知って、なんとかしなければいけないと一生懸命にやっているのです。それを評価しないわけではありませんが、その根底にあるものはなんであるかということを、我々凡夫の浅はかな知恵ではなく、仏様の三世に透徹した智慧によって拝さなくてはいけないのです。そして、その不幸の原因、混乱の原因は何かということについて、それは正法を立てないからであり、その故に謗法の念慮を絶(ぜっ)していかなければならないということを、大聖人様がおっしゃっているのであります。したがって、今言いましたように、その根本のところを間違っているから、いくら頑張ってみても、結局、真の幸せは得られないということになるのであります。

さらに**「暴火横に起こり、悪風雨多く、暴水増長して、人民を吹漂せば、内外の親戚其れ共に謀叛せん」**とお示しです。「暴火横に起こり」、異常で邪悪な形で起こるということです。「悪風雨多く、暴水増長して、人民を吹漂せば」、悪風雨によって河川が氾濫して大洪水が起き、多くの人々を吹き飛ばし、押し流し、こうした混乱がもとで、「内外の親戚其れ共に謀叛せん」とおっしゃっております。「内外」の内とは父方の親戚、外とは母方の親戚のことで、よく内孫とか外孫と言うでしょう。ですから内外の親戚が両方ともに謀反を起こしてしまうということです。

そして**「其の王久しからずして当に重病に遇ひ、寿終の後大地獄の中に生ずべし」**、その結果、その王は間もなくして重病に遭って、「寿終の後」つまり命が終わったのち、大地獄に堕ちるであろうと仰せです。

命というのは三世にわたっておりますから、死ねばすべてが消えるわけではないのです。因果というのは全部、過去世から現在世、そして未来世に持ち込んでいるのです。ですから死んでしまえばそれで終わりだと思ったら大きな間違いで、今日の因は未来世の果として残るのです。このことは心地観経というお経に、はっきり説かれております。ですから現在の姿を見れば過去の原因が解るとともに、また現在から未来を見通すこともできるのだということです。

結局、どうすることが一番よいかと言うと、今を一生懸命に生きることです。お題目を唱えて広宣流布に向かって戦っていくことなのです。これが過去世の罪障を消滅することになり、それによって未来において後生善処となるのです。しかし、こういう仏法の方程式がきちんとあるのですが、世の中の人々はこれが解らないのです。解らないから途中で色々なことを考えたり、行ったりするのです。そういう人はいつまで経っても、なかなか幸せを掴むことができないということです。

また**「乃至王の如く夫人・太子・大臣・城主・柱師・郡守・宰官も亦復是くの如くならん』已上」**とおっしゃっております。つまり王の如く、また王の奥さんや太子、太子というのは皇位を継ぐべき皇太子のことで、太子と王子とは違うのです。あるいは大臣、城主、柱師、この柱師と言いますのは大軍を率いて敵と対戦する最高位の将軍です。そして郡守、つまり郡の行政を司る人も、宰官、お役人も「亦復是くの如くならん」、国王の部下一同も王様と同じようにみんな地獄に堕ちてしまうぞと、このようにおっしゃっております。

続いて**「夫四経の文朗らかなり、万人誰か疑はん」**と仰せです。「四経の文」とは先程言いました通り、第二問答では四つのお経を挙げられておりまして、いわゆる金光明経、大集経、仁王経、薬師経の文に明らかな如く、正しい法を護らない、あるいは仏法に背くようなことがあれば、三災七難等の様々な災難が惹起することはだれも疑う余地がないことであるとおっしゃっているのであります。

次に**「而るに盲瞽の輩、迷惑の人、妄りに邪説を信じて正教を弁へず。故に天下世上諸仏衆経に於て、捨離の心を生じて擁護の志無し。仍って善神聖人国を捨て所を去る。是を以て悪鬼外道災を成し難を致すなり」**とあります。

「盲瞽の輩」というのは目の不自由な人のことですが、ここでは仏法の正邪が解らない人のことを譬えて言っているのです。また「迷惑の人」とは、どのような教えが正しいのかが解らず迷っている者、つまり正邪の判断がつかない人を言うのです。それから「妄りに邪説を信じて正教を弁へず」というのは、みだりに邪義邪説を信じて、正しい教えを弁えないということです。そのために「故に天下世上諸仏衆経に於て、捨離の心を生じて擁護の志無し」、世間の多くの人々は仏様に対し、また諸々のお経に対して捨て去る心が生じ、正法を護る志がないのだとお示しです。そして「仍って善神聖人国を捨て所を去る。是を以て悪鬼外道災を成し難を致すなり」、よって諸天善神も聖人つまり聖者も、妙法蓮華経の法味を味わうことができずに国を捨てて所を去り、代わって悪鬼外道が入ってきて災難を起こすのであると、このようにおっしゃっているのであります。

ここまでが、前回の親教でお話しできなかった第二問答の所でありますが、この結文(けつもん)に至って、客の思うところが大いに変わってくるのです。つまり客にとってみれば、心中穏やかならざるものがあるのです。主人は色々なお経を引きながら、正法を信ぜず邪義邪宗に取り入ってしまった、あるいは邪義邪宗を対治しない、つまり折伏しなければ災難が起こるぞとおっしゃっているのですが、客はそのことが理解できないのです。そして主人の答弁は奇怪なりとして、たとえ金光明経とか仁王経とか大集経等の文証があるにせよ、事実はそれに反するもので、けっして天下世上は仏に対し、また諸々のお経に対して、捨て去る心などはない、正法を擁護する志がないなどということはない。それどころか、世間を見るとみんなが仏教を崇め奉っているとして、主人に対して血相を変えて難詰をするところから第三問答に入るのであります。

要するに、客は主人の第二問答の答えを聞いたものの理解できなかったため、さらに難詰するのです。それは何かと言いますと、客は世間の人々が邪義邪宗を崇めている姿を見て、仏教は盛んであるとか、立派なお寺がたくさん建っているではないかと言うのですが、それは勘違いをしているのです。大聖人がおっしゃっているのは、正しい法をしっかりと護持していくことが大事だということなのです。ですから、どんなに立派な神社仏閣を建てて崇め奉っているつもりでも、それでは本当の幸せは来ないということを、次の第三問答でお示しになるのです。

まず**「客色を作して曰く」**とありますように、客が血相を変えて言うのです。

「後漢の明帝は金人の夢を悟りて白馬の教を得」。ですから、今言ったように、客にとってみれば念仏でも真言でも仏法は同じで、実際には栄えているではないかと言うわけですが、「後漢の明帝」とは、中国後漢の第二代皇帝・光武帝の第四子で、匈奴の討伐、西域の経営に成功し、国威を高めた有名な皇帝であります。また「金人の夢」というのは、後漢の明帝が、身長が一丈六尺、頂に日光を輝かせた金人が庭に飛行する夢を見たのです。目が覚めると、この夢はなんであったのだろうかと家来に問うたわけです。だれも解らなかったのですが、その時に太史の傅毅が現れ出て、これは周の昭王の時代に西方に聖人が出現したものであると言うのです。要するに、中国の国から西方と言いますとインドですから、釈尊が出現したということなのです。ですから、その出現した聖人の名前を仏と聞いていると進言したのであります。そこで明帝は、中部将の蔡愔・秦景、あるいは博士の王遵等の十八人を西域に遣わして、仏教を求めさせたのであります。そして永平十(六八)年に、この蔡愔達が大月氏国、つまりインドの国で摩騰迦と竺法蘭の二人に出会って、仏像および梵語の経典六十万語を得ると、それらを白馬に載せ、摩騰迦と竺法蘭も一緒になって中国に戻ったということです。ですから「白馬の教を得」というのは、経巻とか仏像を白馬に載せてきたものですから、仏様の教えがインドから中国に渡ってきたという意味であります。そして明帝は大いに喜んで、摩騰迦と竺法蘭を鴻臚寺という所でもてなし、翌年、勅を下して洛陽の西に白馬寺を建立して仏教を流布させたということです。したがって客は、仏教はこのように盛んではないかと言うわけであります。

次は日本の話でありますが、**「上宮太子は守屋の逆を誅して寺塔の構へを成す」**とあります。「上宮太子」とは聖徳太子のことで、御承知の通り、有名な十七条の憲法などを制定したり、小野妹子を隋に遣わして国交を開始するとか、盛んに大陸文化を取り入れた方であります。また同時に十七条憲法のなかに「篤く三宝を敬え」という規定があるくらい、仏法を信奉して善政を敷き、民衆から崇められた方であります。

また「上宮太子は守屋の逆を誅して」とある「守屋」というのは物部守屋のことで、歴史でお習いになったかと思います。つまり上代の神道にこだわっていた物部氏と聖徳太子が争うわけでありますが、結局、聖徳太子が勝つのであります。ですから、ここで「守屋の逆を誅して」と、このようにおっしゃっているのであります。このことは『四条金吾殿御返事』（御書一一七五ページ）に詳しく出ておりますのでお読みください。いずれにいたしましても、このように「守屋の逆を誅して」聖徳太子が仏法を盛んにしたのではないかと、客が言うわけであります。

続いて**「爾しより来、上一人より下万民に至るまで仏像を崇め経巻を専らにす」**とあります。要するに、このように中国においては、後漢の明帝が金人の夢を見て、月氏国から仏教を取り入れた。あるいは我が国においては、聖徳太子が仏教に反対する物部守屋を討伐し、寺院を建てて仏教の興隆に尽くしているではないか。したがって、それ以来、つまり聖徳太子の開化以来、今日まで上一人より下万民に至るまで、つまり「上」とは天皇、「下」は民衆全体に至るまでみんな仏像を崇め、経典読誦を専らにしている。それなのにどうして、世間の人の多くは、仏に対し、また諸々のお経に対して捨て去る心を生じ、正法を擁護する志がないとあなたは言うのか、と詰問しているのです。

次に**「然れば則ち叡山・南都・園城・東寺・四海・一州・五畿・七道に、仏経は星のごとく羅なり、堂宇雲のごとく布けり」**とあります。この「叡山」というのは比叡山延暦寺のことです。それから「南都」というのは、平城京つまり奈良のことでありまして、平安京の京都を北都と言うのに対して南都と言うのです。南都には七大寺がありまして、この七寺については色々な説があるようですけれども、一般的なものとして東大寺、興福寺、元興寺、大安寺、薬師寺、西大寺、法隆寺を指します。このようにたくさんのお寺が栄えているではないかと、客は言うのです。次の「園城」というのは通称、三井寺という寺で、延暦寺を山門とか山と呼ぶのに対して、寺門とか寺と言っております。また「東寺」とは真言宗の総本山である教王護国寺のことであります。そして「四海・一州」とは、四方を海に囲まれたなかの一州という意味ですから、日本全国という意味であります。続く「五畿・七道」というのは、山城・大和・摂津・河内・和泉の五カ国と、東海・東山・北陸・山陰・山陽・南海・西海の七道のことで、これも日本全部という意味です。このように「仏経は星のごとく羅なり、堂宇雲のごとく布けり」、日本全国にわたって仏像・経巻は星の如く羅列して安置されており、堂宇伽藍は雲の如く至る所に建立されているということであります。

また**「鷲子の族は則ち鷲頭の月を観じ、鶴勒の流は亦鶏足の風を伝ふ」**とありますが、「鶖子」というのは舎利弗のことで、舎利弗およびその一類の僧侶達は、「鶖頭の月」つまり霊鷲山の月を見て仏法の光を輝かしている。あるいは「鶴勒の流」、鶴勒とは鶴勒夜那のことで、仏法は流れを汲む者が受け継いで伝えていくのですが、御承知の通り付法蔵の二十四人という人達がありまして、そのなかの第二十三祖が鶴勒夜那であります。そして「亦鶏足の風を伝ふ」の「鶏足」というのは鶏足山のことで、迦葉は阿難に付嘱したのちに鶏足山に入ったのですが、迦葉・阿難から次々と直授相承されて鶴勒夜那に至り、今なお連綿として今日まで仏法が伝わっているではないか、つまり仏教はかくの如く伝承され、今日もまたかくの如く興隆しているではないか、ということを客が言っているのであります。

次に「**誰か一代の教を褊し三宝の跡を廃すと謂はんや。若し其の証有らば委しく其の故を聞かん**」とあります。つまり、だれが釈尊一代の教えを見下げ、軽んずることがあろうか、だれが仏法僧の三宝を廃していると言うのかということです。このようにたくさんのお寺が建っており、教えも今日まで伝わってきているのに、どうしてあなたはそのようなことを言うのか、もし、その証拠があるならば詳しくその理由を聞きたいと、このように第三問答の初めに客が主人に対して問うわけです。

それに対して**「主人喩して曰く」**と答えられます。先程言いましたように、この段では、客が中国および日本の様々な仏法興隆の姿を挙げて、つまり仏法繁盛の有り様を挙げて難詰したことに対して、今度は主人が客の皮相の見解、つまり上っ面だけを見ての詰問を正していくことになります。

初めに**「仏閣甍を連ね経蔵軒を並べ、僧は竹葦の如く侶は稲麻に似たり。崇重年旧り尊貴日に新たなり」**とお示しです。たしかに仏教の寺院は屋根を連ね、お経などをしまっている建物は軒を並べ、至る所に建っている。僧侶は竹や葦の如く、また稲や麻の如く、たくさんいる。仏閣や僧侶を崇め重んずることは既に年久しく、仏教を尊ぶことは日に日に新たである、と主人が言われます。つまり、たしかに客が言うように、一見、堂宇は建ち並び、僧侶も大勢いて、仏教は栄えているように見えるがと、まず皮相の見解を挙げ、次に「但し」と言葉を一転して、その間違いを指摘されているのであります。

すなわち**「但し法師は諂曲にして人倫を迷惑し、王臣は不覚にして邪正を弁ふること無し」**と仰せです。たくさんいる僧侶は諂曲、すなわち自分の意思を曲げて権力あるいは財力のある者に媚び諂い、人々をして人倫、すなわち人として守るべき道、人としての道を迷わしめているではないかということです。つまり表向きは立派に見えても、現実の姿は違うということです。そのため国王をはじめ、その国王の部下達は不覚、まさに思慮分別がしっかりとせず、どれが正しい御僧侶であり、間違った僧侶であるか、正しい教えか間違った教えであるかを弁えていないではないかとおっしゃっているのです。

その証拠として、大聖人は次にお経を挙げられるのです。

初めに**「仁王経に云はく『諸の悪比丘多く名利を求め、国王・太子・王子の前に於て自ら破仏法の因縁・破国の因縁を説かん。其の王別へずして此の語を信聴し、横に法制を作りて仏戒に依らず。是を破仏・破国の因縁と為す』已上」**と仁王経を引かれています。この仁王経のなかには七難、いわゆる日月失度難や星宿失度難等の災難が説かれているわけです。その仁王経の嘱累品のなかに、諸々の悪比丘は多く名誉や利益を求めて、国王、太子、王子の権力者の前において、権力に媚びて自ら仏の教えに反し、破仏法の因縁を説く、つまり誹謗正法の大悪法を説くのである。その誹謗正法の大悪法を説くことは、そのまま「破国」の因縁を説くことにつながるのであるとおっしゃっているのです。ですから色々な僧侶がいるけれども、権力に媚び諂い、結局、権力者の言いなりになって正しいことを正しく言えなくなってしまう、間違ったことを平気で言ってしまうのである、ということを説かれているのです。

しかも、邪宗の僧侶がでたらめに言った言葉をそのまま王様が信じてしまい、ただ盲目的に悪比丘の説く言葉を信じて横暴なる法制を作り、仏の定められた戒めを顧(かえり)みずに、正しい仏法の師を迫害するようになってしまう。これこそ、まさしく破仏法、破国の因縁となるのであると説かれるのであります。

この悪比丘の典型的な例が、大聖人御在世当時の極楽寺良観であります。極楽寺良観は一見、聖人君主と言いますか、病院を建てたり、橋を架けるなど、現在で言うところの福祉に力を入れておりましたから、民衆からは立派な僧侶のように見られておりました。けれども、常に権力者に媚び諂って、大聖人様を亡き者にしようとしたわけで、本当は聖人でもなんでもないのです。

ある時、日照りでずっと雨が降らない日が続いたため、幕府は祈雨、つまり雨乞（あまご）いの修法を命じたのです。このことを聞いた大聖人様は、本来、仏法の上から祈雨の勝負などはわずかなことであるけれども、悪法を増長させてはならないということで、もし良観が七日のうちに雨を降らしたならば、おまえの弟子となろう。しかし、おまえが雨を降らせられなければ、私の弟子となりなさい、とおっしゃったのです。極楽寺良観は雨が降ると思ったのでしょう。喜び勇んで、わけの解らないお経をあげて祈ったわけです。しかし、雨が降るはずはありません。これを大聖人様は御書のなかでなんとおっしゃったかと言いますと、雨を降らす代わりに涙と汗を流した（御書一〇五八ページ）とおっしゃっているのです。七日で降らなかったものですから、あと七日待ってくれということで祈りましたが、結局、雨は降らなかったのです。そして、さらに大聖人様に破折されたものですから、それをまた恨みに思って、幕府の権力者と結びついて色々な策謀を巡らしたのです。それだけでなくして、ことあるごとに権閨人(きりびと)、つまり幕府の権力者の夫人方に取り入って、大聖人様に対して様々な迫害をしてくるのです。その一つの表れとして竜口(たつのくち)法難が惹起(じゃっき)したわけですが、こういった姿が実は仁王経のなかにきちんと説かれているのです。

ですから、良観のわけの解らない話を時の権力者はそのまま聞いて、そして大聖人様を竜口の頚(くび)の座に座らせたのです。さらに、命を取ることがかなわないとなると、今度は国家権力を用いて大聖人様を佐渡に配流(はいる)してしまったのです。言うほうも言うほうだけれども、聞くほうも聞くほうです。だから、その元々の原因は何かということですが、世の中の混乱の根本原因は間違った教え、間違った思想、間違った考えにあるのです。つまり邪義邪宗の害毒なのです。

よって大聖人は、この『立正安国論』のなかで「立正」つまり正を立てるということは破邪顕正の意味があることをお示しくださっております。ただ単に正を立てればよいということではなく、そこに破折を加えなければいけないのです。

今日、創価学会をはじめ色々な邪義邪宗がありますが、この「立正」ということについて考え違いをしている人がいるかも知れません。悪いことをした者は天罰といって、必ず罰を受け滅びるのだと言うでしょう。しかし、現実はそうではなく、創価学会も含め邪義邪宗は常にはびこっているのです。だからこそ、邪義邪宗は我々が破折しなければ絶対に滅びないのです。それをただ見て、悪いことをしていればいずれ滅びるからと、のんきに構えていては、いつの間にか邪義邪宗の害毒がどんどんとはびこっていくのです。ですから、我々は本当に常日ごろから折伏をしていかなければいけないのです。したがって「立正安国」の立正とは破邪顕正という意義が存するということを是非、覚えておいていただきたいと思います。

次に、涅槃経を引かれます。

「涅槃経に云はく『菩薩、悪象等に於ては心に恐怖（くふ）すること無かれ。悪知識に於ては怖畏（ふい）の心を生ぜよ。悪象の為に殺されては三趣（さんしゅ）に至らず、悪友の為に殺されては必ず三趣に至る』已上」。これは涅槃経に説かれる経文ですが、「悪象」というのは性格が狂暴で、人畜に危害を加える凶悪な象のことです。そういえば阿闍世王（あじゃせ）が提婆達多（だいばだった）にそのかされて、象に酒を飲ませて放ち、お釈迦様を踏み殺させようとしたこともありました。

しかし、たとえそのようなことがあったとしても、「悪象の為に殺されては三趣に至らず」とおっしゃっているのです。つまりこの文は、その悪象よりも恐れなければならないのが悪友であり、悪知識であるとの意であります。悪知識とは何かと言いますと、人を悪に導く邪悪な者のことで、仏道修行を妨げたり、悪法あるいは邪法を説いて衆生を迷わせる者のことであります。ただし、これにはもう一方で、その人を指すという意味と、法そのものを指す意味があるのです。つまり『守護国家論』に、

「末代に於て真実の善知識有り。所謂法華・涅槃是なり。問うて云はく、人を以て善知識と為すは常の習ひなり。法を以て知識と為すの証有りや。答へて云はく、人を以て知識と為すは常の習ひなり。然りと雖も末代に於ては真の知識無ければ法を以て知識と為すに多くの証有り。摩訶止観に云はく『或は知識に従ひ、或は経巻に従ひて、上に説く所の一実の菩提を聞く』已上。此の文の意は経巻を以て善知識と為すなり。法華経に云はく『若し法華経を閻浮提に行じ受持すること有らん者は応に此の念を作すべし。皆是普賢威神の力なり』已

上」（御書一四九ジペー）

と説かれてありまして、この御文から拝しますと善知識について、人を指す場合と法を指す場合の二つがあるのです。

それはともかく「悪象の為に殺されては三趣に至らず」というのは、当時、象というのは交通手段だったようで、仮りに象によるなんらかの交通事故で亡くなったとしても、様々な因縁によるのでありますから、それは三趣、いわゆる地獄・餓鬼・畜生に堕ちるとはかぎりません。しかし悪友のため、悪知識のために殺されては、邪義邪宗の害毒によって必ず三趣に至るのであると仰せです。

もちろん悪象も莫迦（ばか）にしてはいけません。私は信心しているから自分の身が壊されないかと言えば、そうではありませんから充分、命を大事にしていかなければなりません。しかし、ここでおっしゃっている意味は、たとえ悪象のために殺されたとしても、地獄・餓鬼・畜生に堕ちることはないけれども、悪友のために殺されたならば地獄に堕ちるぞということを、涅槃経のなかに厳しく説かれているのであります。このことをよく覚えておいていただきたいと思います。

そろそろ時間も来ましたので、この辺で話を終わりますが、今、宗門は二年後に控えた平成二十一年の「地涌倍増」と「大結集」に向けて僧俗一致して戦っております。この二十一年の地涌倍増と大結集は、平成十四年に日顕上人からいただいた御命題であります。そこで私達は、地涌倍増と大結集だけは広布の途上において、なんとしても達成していかなければなりません。また、地涌倍増と大結集の戦いをしていくなかに、自分自身の信心が決定(けつじょう)していくのです。ですから、これからの二年間の戦いを、仏恩寺の講中の方々、また兵庫布教区の方々が心を一つにして、しっかりと取り組んでいただきたい。

特に地涌倍増の戦いは困難な戦いかも知れません。しかし、困難な戦いであるからこそ本当にすばらしい功徳があることを知っていただきたい。折伏をすることによって自分が変わる、そして自分が変わればありとあらゆるもの全部が変わってくるのです。これこそが御本尊の功徳なのです。それを是非、一人ひとりが体験してもらいたい。一人ひとりが折伏を行い、功徳をいただくという体験をすることで、それがまた次の折伏につながっていくのです。ですから折伏をしない人は、いつまで経っても人生は同じことの繰り返しで、進歩がなく、また開かれてもきません。本当の喜びというものは味わえません。

たしかに、折伏するには困難が伴います。しかし、困難を乗り越えて折伏していくならば、必ず何か勝ち取るものがあります。大乗仏教の精神というのは自行化他ですから、そういう意味で地涌倍増と大結集へ向けて、残り二年、本当に一日一日を大切に、そして有意義に使って、平成二十一年には晴れて御登山いただきたいということを心からお願いいたしまして、本日の法話を終了いたします。

（大日蓮　平成十九年八月号）

立正安国論（五）

平成十九年十一月二十三日
妙観院板御本尊入仏法要
ならびに御会式の砌
於　東京都府中市

法華経に云はく「悪世の中の比丘は邪智にして心諂曲に、未だ得ざるを為れ得たりと謂ひ、我慢の心充満せん。或は阿練若に納衣にして空閑に在り、自ら真の道を行ずと謂ひて人間を軽賤する者有らん。利養に貪著するが故に白衣の与に法を説いて、世に恭敬せらるゝこと六通の羅漢の如くならん。乃至常に大衆の中に在りて我等を毀らんと欲するが故に、国王・大臣・婆羅門・居士及び余の比丘衆に向かって誹謗して我が悪を説いて、是邪見の人外道の論議を説くと謂はん。濁劫悪世の中には多く諸の恐怖有らん。悪鬼其の身に入って我を罵詈し毀辱せん。濁世の悪比丘は仏の方便随宜所説の法を知らず、悪口して顰蹙し数々擯出せられん」已上。涅槃経に云はく「我涅槃の後無量百歳に四道の聖人悉く復涅槃せん。正法滅して後像法の中に於て当に比丘有るべし。持律に似像して少しく経を読誦し、飲食を貪嗜して其の身を長養し、袈裟を著すと雖も、猶猟師の細視徐行するが如く猫の鼠を伺ふが如し。常に是の言を唱へん、我羅漢を得たりと。外には賢善を現じ内には貪嫉を懐く。唖法を受けたる婆羅門等の如し。実には沙門に非ずして沙門の像を現じ、邪見熾盛にして正法を誹謗せん」已上。文に就いて世を見るに誠に以て然なり。悪侶を誡めずんば豈善事を成さんや。（御書二三八ページ一〇行目〜二三九ページ二行目）

本日は妙観院の創立十五周年を記念し、板御本尊の入仏ならびに堂宇の改修法要、そしてただいまは御会式（おえしき）を奉修いたしまして、もって御報恩謝徳申し上げ奉った次第であります。

先程の経過報告にもございましたように、この妙観院は平成四年に建立されました。その後、十五年を経て、このたびこのように立派に堂宇を荘厳されたことは、まことにもって尊いことと存じ上げます。主管の菅野道渉師、また御信徒各位の外護の賜物（たまもの）であろうと、心から御同慶に堪（た）えません。

菅野主管は現在、富士学林の助教授として若い僧侶に教える立場にありまして、教学にも非常に優れております。また今回の立正安国論正義顕揚七百五十年記念局のなかに展示委員会というものがございますが、その一員でもありますし、また記念出版委員でもあります。若手にもかかわらず、本当に宗門のために活躍くださっております。

今、若手と言いましたが、もう既に助教授としてさらに若い人を教える立場にあり、そういう意味で、立派な指導教師のもとで皆様方も鼻が高いのではないかと、このように感ずる次第であります。どうぞ、これからも指導教師の指導をしっかり受けきって、御奉公に励んでいただきたいと思う次第であります。

さて本日は、ただいま拝読いたしました『立正安国論』の御文についてお話を申し上げたいと思います。

この『立正安国論』を、私は親修のたびにお話をさせていただいております。これは私が登座して最初、御代替（だいがわり）法要の時に『立正安国論』についてお話をさせていただきまして、それから親教のたびにお話をさせてもらっているのであります。その理由は、今、宗門が日顕上人より賜った「平成二十一年・『立正安国論』正義顕揚七百五十年」の大佳節における御命題、すなわち「地涌倍増」と「大結集」の達成へ向けて僧俗が一体となって前進しているこの時に、私達一同は改めて『立正安国論』の御意を拝し奉り、もって御命題の達成を果たしていかなければならないと感ずるからであります。そういう意味から初転法輪以来、親教のたびに『立正安国論』についてお話をさせていただいている次第であります。

最初に静岡県浜松市の妙重寺から始まり、富士宮市の法明寺、杉並区の仏乗寺、さらに姫路市の仏恩寺においてお話をさせていただき、本日、この妙観院でその続きのお話をさせていただきます。御書の初めから順を追ってきておりますので、本日拝読の御文は御書の途中からであります。そういう意味で、皆様にはよくお解りいただけない点があるかも知れませんので、まず『立正安国論』の初めから本日拝読した御文の前までの内容を、簡単にお話ししたいと思います。

第一に、この『立正安国論』は全体が客と主人との問答形式になっており、十問九答という、十の問いに対して九つの答えがなされるという構成になっております。つまり答えが一つ足りないのです。これは一番最後の第十番目の問いがそのまま答えの意味を含んでいて、そこで結論に達しているが故に第十答がないのです。

本日拝読いたしましたのは、第三問答の途中からであります。そこで第一問答から第三問答に至るまでの内容を簡単に説明いたしますと、まず第一問答におきまして、客が近年より近日に至るまで様々に起きている天変・地夭(ちょう)・饑饉(ききん)・疫癘(えきれい)などの災難はいったい、なぜ起きるのかという原因について主人に尋ねるのであります。それに対して主人は「世の中の多くの人が正法に背(そむ)き、皆、悪法に帰(き)している。そのために正法を護持するはずである善神が国を捨てて相(あい)去り、そして守護の任に当たるべき聖人は所を去って帰らず、そこに魔あるいは鬼が来たりして、災難が起こり難が起きるのである」と、このように災難の由来を、まず初めにお示しになったのです。

この主人の答えに対して、客が「そのことはいったい、いかなるお経に出ているのか。あなたの勝手な言い分ではないのか。その証拠となる文を聞かせてほしい」と尋ねるのであります。そして、この客の問いに対して主人が、金光明経、大集経、仁王経、薬師経の四つのお経を挙げ、災難の由来について詳しく述べているのが第二問答であります。

第三問答に入りますと、ここで誹謗正法の所以（ゆえん）について述べられます。実は、第二問答における主人の答えが、客が思うところと大いに異なるのです。そのため客の心中は穏やかならざるものがありまして、主人の答弁奇怪なりということで、「たとえ金光明経や大集経、仁王経、薬師経といった文証があるにせよ、事実はその列挙された文証と反するのではないか。なぜならば、天下世情は仏や諸々のお経に対して、それらを捨てる心は全くないからである。つまり正法を擁護（ようご）する志が、ないはずがないのである。皆、盛んに仏教を尊んでいるし、実際に仏教は栄えているではないか」と、主人に対して「色を作（な）して」つまり血相を変えて詰問（きつもん）するところから、この第三問答が始まるのであります。

その客の憤（いきどお）りに対して、主人は「たしかに今、叡山や南都、または園城（おんじょう）寺などの寺院は甍（いらか）を連（つら）ねて立派である。つまり伽藍（がらん）の姿形はまことに立派である。僧侶も竹（ちく）葦（い）や稲麻（とうま）の如く、たくさん存在している。一見、立派な僧侶が大勢いる。しかし、それらの僧侶は、実はすべて諂曲（てんごく）、つまり権力に対して媚（こ）び諂（へつら）っている。だから寺も立派に見え、僧侶も立派に見えるけれども、これらの実態は権力に対して媚び諂う、諂曲の者達なのである。だから表面だけを見ていたならば本当のことは判らないのであり、これらの者達こそ人倫を迷惑し、邪正を弁えていないのである」と言われるのです。そして主人は、仁王経、涅槃経、法華経、さらにもう一度、涅槃経の文を挙げられまして、一見、立派そうに見えるところの僧侶に対し「悪侶を誡めずんば豈善事を成さんや」と括られ、第三問答が終わるのであります。

今も、そうした者達がおります。例えば創価学会は、その典型でしょう。世間に対しては一見、あたかも立派なことをしているように見せかけているけれども、三宝を破壊し、謗法の団体に成り果てている。やはりこういった者に対して、我々はきちんと破折をしていかなければならないのです。

第三問答では、そういったことをおっしゃっているのです。本日これからお話をする御文までには今、申し上げたような流れがあるのです。前回の親教の際に拝読をして残っている部分がございましたので、今日はその続きをお話しして、第三問答を完結したいと思います。

では、御文に入ります。まず初めに**「法華経に云はく『悪世の中の比丘は邪智に**

して心諂曲に、未だ得ざるを為れ得たりと謂ひ、我慢の心充満せん」とあります。

皆様方も今までに、この御文を拝されたことがあるかと存じます。この文は、世間の多くの法師らがいかに諂曲して権力に媚び諂い、人倫を迷惑しているかを明かされた御文であります。

これは、法華経の勧持品第十三に説かれる「二十行の偈」の文であります。二十行の偈には、三類の強敵が説かれております。ここに挙げられた御文は、そのうち第二番目の道門増上慢と第三番目の僭聖増上慢について述べられているものであります。

三類の強敵は、初めに俗衆増上慢があり、これは法華経の行者を悪口罵詈したり、あるいは刀杖を加えたりする、仏法に無知な在俗の人々のことを言うのであります。

二番目は道門増上慢で、慢心と邪智が盛んな僧侶を言います。先程申し上げたように、表向きは立派そうに見えて、裏では法華経の行者を迫害する者達がいるのです。これがいわゆる道門増上慢であります。

三番目が偕聖増上慢です。これは聖者のように装って、一往、社会的に尊敬を受けていますが、利欲に執し、悪心を懐いている僧侶のことです。この者は権力を使って、法華経の行者に対して様々な迫害をする、とされております。

この御書の御文では、第一番目の俗衆増上慢は省略して、第二の道門増上慢からの文を引かれているのであります。

まず「悪世の中の比丘は邪智にして心諂曲に」、悪世のなかの比丘は邪まな智慧を持って不正直で、媚び諂う心を持って、「未だ得ざるを為れ得たりと謂ひ」、何も解っていないのに、自分は既に悟っていると思い込んでいるということであります。つまり自慢ということでありますが、これは良くないことであります。つまり、ここではそういう邪宗の坊主達がいるのだ、ということであります。

そして「我慢の心充満せん」とありますが、我慢というのは、現代では「辛抱する」という意味で使っていますが、仏法的な語意から言いますと、これは煩悩の一つで、強い自我意識から起きる慢心のことであります。つまり我が強いということで、自己に執着する、我執するということから様々な問題が起きてくるのです。そうすると増上慢ですから、自分が高い立場にあると思い込んで、「おれは偉いのだ」といって相手を見下すのです。それがこの我慢なのです。

仏法では、七慢といって慢、過慢、慢過慢、我慢、増上慢、卑慢、邪慢という七つの慢が説かれるのですが、我慢というのはその一つなのであります。この慢自体が、劣れる他人に対して自分が勝れているという心から生まれてくるのです。この我慢の心が充満して、我れ賢しと思うようになり、多くの人を軽蔑、軽賤（きょうせん）して、正しい法を持（たも）つ人を迫害することになるのです。これが第二の道門増上慢ということなのです。

次の御文は僭聖増上慢についてであります。すなわち**「或（あるい）は阿練若（あれんにゃ）に納衣（のうえ）にして空閑（くうげん）に在り」**とありますが、「阿練若」というのは人里離れた山寺などの所を言います。そういった所で袈裟（けさ）、衣を着けて空閑にいる。この「空閑」とは広野とか森林という意味がありますけれども、阿練若と同じようなことで、人がいない静かな所という意味であります。そこで禅定に入ったりお経を読んだりして、幽玄な姿を他人に見せるような格好をし、悟ったようなことを言うのであります。

そして**「自ら真の道を行ずと謂ひて人間を軽賤する者有らん」**というのは、自分が仏法の真の道を修行していると思い込んで、俗世の人を軽んじてしまう姿があるということです。

さらに**「利養に貪著するが故に」**とありますが、これは世間の名声をあさったり私腹を肥やすこと、あるいは金品を貪ることであります。その故に、**「白衣の与に法を説いて」**とある「白衣」というのは白い服のことですが、インドでは一般の在俗の人が白い服を着るのです。そして出家した人は黄色か渋柿色のような、色の着いた着物を着るのです。今の日本では逆に僧侶が白衣を着ていますが、インドでは反対なのです。ですから「白衣の与に法を説いて」というのは、在家の人のために法を説いてということになるのです。

そして**「世に恭敬せらるゝこと六通の羅漢の如くならん」**とは、世間の人達からあたかも六通を得た羅漢の如くに謹み敬われるということです。「六通の羅漢」というのは、元々は仏・菩薩が具えている六種の神通力のことで、天眼通・天耳通・他心通・宿命通・神足通・漏尽通の六つであります。

天眼通というのは、天人の眼ということで、普通の人よりもよく見えるということです。次の天耳通も同じように、よく聞こえるということで、もし自分のことを悪く言っているようなことでも全部、聞こえてしまうほど耳の鋭いことです。他心通とは、他人が何を考えているかが解るということです。仏様は我々が何を考えているか、みんな解っていらっしゃるのです。宿命通は、衆生の過去世からの様々な宿業が全部お解りになるということであります。神足通は、変幻自在にどこへでも自由に足を運ぶことができるということです。それから最後は漏尽通でありますが、この「漏」というのは煩悩のことです。つまり一切の煩悩を断じ尽くすことができるのが漏尽通であります。これらの能力が全部そろって「六通の羅漢」と言われるのです。

このうち、初めの天眼通から神足通に至る五つに関しては、ある程度の修行によって得る人がいるようです。しかし、最後の漏尽通というのが難しいのです。ですから最後の漏尽通を得た者のことを、小乗仏教では悟った者ということで「阿羅漢」と言うのであります。ここでは、世に恭敬せられることが六通の羅漢のようであるということであります。

続いて**「乃至常に大衆の中に在りて我等を毀らんと欲するが故に」**とありますが、これは常に大衆のなかに在って我ら正法を持つ者を謗らんとするために、ということです。そして**「国王・大臣・婆羅門・居士及び余の比丘衆に向かって誹謗して我が悪を説いて」**というなかの、国王とか大臣や婆羅門というのは、言うなれば権力者のことであります。そういった者に対して、正法を行ずる者を誹謗し、悪し様に罵って、そして今日で言うならば訴えを起こすなどして、権力者に媚びるのです。

さらに**「是邪見の人外道の論議を説くと謂はん」**、つまり、この者は邪まな思想を持った者であるとか、あるいは外道の論議を説いているのだというような悪口を言うというのです。「外道の論議」というのは仏法以外の教えということであり、異端ということであります。現代風に言うならば、悪しき「セクト」のようなもので、例えば、悪い者が我々のことを「あれはセクトだ」などと言ったりするようなことであります。邪宗の者達のなかには、権力にへばりついて、我々の悪口を言ったりすることがあるのです。それを真に受けて、権力者が迫害を加えてくる。大聖人の御一代を通じて見ると、そういったことが数多あるでしょう。それこそ大聖人様は、言われなき難に何度もお値いになられているのです。伊豆の伊東への配流もそうですし、小松原の法難もそうであります。また竜口の法難も、佐渡配流もそうであります。こういった、権力者に媚び諂い、悪口を言って、そして権力者が権力を用いて大聖人様を亡き者にしようとしたのです。現代の我々の時代にしても、そういった魔が必ず起きてくるのであります。

次に**「濁劫悪世の中には多く諸の恐怖有らん」**と、濁りきった悪世のなかにおいて、正しい法を持つ者には、多くの恐るべき事柄があるとおっしゃっているのです。すなわち、それは**「悪鬼其の身に入って我を罵詈し毀辱せん」**、つまり悪鬼が権力者や国王、大臣や婆羅門などの者達あるいは民衆の身に入って、正法の行者を罵り、謗り、そして辱めるだろうということです。

この「悪鬼其の身に入る」というのは「悪鬼入其身」とも言いますが、この悪鬼というのは、まさに仏道修行を妨げて衆生を悩ますもので、それが色々な形で入ってくるのです。今も言いましたように、権力者に言いつけるということもあるが、また我々の命のなかに入ってくるということもあるのです。それこそ、色々に形を変えて出てくるのです。そして我々正法の行者が正しい信心修行をしていこうとすると、悪鬼入其身の姿が様々な形で出てくるということがたくさんあるのです。

悪鬼というのは、様々な形を現ずるのではありますが、また一つの思想・考え方というものも悪鬼のなかに入るのです。つまり、人の苦悩の元となる思考を乱すということも、一つの悪鬼なのです。ですから「悪鬼其の身に入る」ということは大変に恐ろしいのでありますから、我々は本当に信心を強盛にして、悪鬼に誑かされないように題目を唱え、そして悪鬼を撲滅していかなければならないのであります。

このように、様々な形をもって悪鬼が入ってきて人の思考が乱れ、そしてことごとく憍慢の心を起こして法華経の行者を迫害したり、悪口中傷を行う。これが三類の強敵の姿であります。誤った思想や哲学あるいは誤った宗教も、人の考え方を狂わせるのでありますから、この悪鬼のなかに入るのであります。ですから我々は悪鬼入其身の姿を重々、用心していくことが大事なのです。

お題目を唱えていると、この悪鬼は退散できるのです。よく「魔が来る」などと言いますが、絶対的に言えることは、魔はどんなに力があったとしても、仏にはかなわないのです。だから我々が仏様をしっかりと拝し奉って信心強盛にいるならば、どんな魔だろうと悪鬼だろうと、我々が勝つのです。

では、なぜ魔にやられて悪鬼入其身になってしまうのかというと、結局は我々の信心が足りないからなのです。しかし、仏様は絶対に魔に負けないのでありますから、我々はもっと確信を持って、しっかりと題目を唱えていけば、魔に立ち向かっていくことができるのであります。しかし、もし自分の信心が弱いと、そこにつけ込まれてだめになってしまいます。そうすると、悪鬼入其身の姿になってしまうのであります。

次に**「濁世の悪比丘は仏の方便随宜所説の法を知らず」**とありますが、仏が方便として宜しきに随って説いたところの法、つまり爾前の経々というのは、仏の随他意にして真実本懐の法ではなく、方便の教え、仮りの教えであるということを知らないで、ということであります。だから世の中には、阿弥陀経がよいとか、大日経がよいなどと言って、そちらに執われてしまう姿があるのです。あれらは全部、方便の教えであり、仏の随自意ではなくして随他意の教えなのであります。ですから、それらは打ち捨てなければならないということをしっかりと解っていればよいのですが、なかなかそれが解らないのです。

そして、これらの悪比丘達はどうするかというと、**「悪口して顰蹙し数々擯出せられん」**とあるように、かえって正法たる法華経の行者の悪口を言って、顔をしかめ、しばしば追放してしまう。こういうことをして、悪世の悪比丘達は正法の行者に対して迫害を加えてくるということなのです。

次は涅槃経の御文です。まず**「涅槃経に云はく『我涅槃の後無量百歳に四道の聖人悉く復涅槃せん』」**とありますが、「涅槃の後」というのは仏様が入滅したのちという意味であります。仏様が入滅したのち無量百歳という長い年月を過ぎると、四道の聖人も皆、入滅してしまう。この「四道の聖人」というのは、いわゆる四果の聖人のことで、一つには須陀洹果、斯陀含果、阿那含果、阿羅漢果という四つのことであります。つまり、これらの聖人は三界の見惑を断じ、あるいは思惑を断じ、あるいは一切の見思惑を断じて聖者となった人達のことであるが、仏の滅後何百年も過ぎてくると、そういう悟った人達は皆、なくなってしまうということを、ここで言っているのであります。

そして**「正法滅して後像法の中に於て当（まさ）に比丘有るべし」**と、正法時代を過ぎて像法時代になると、次のような比丘が現れてくるであろうと仰せです。では、それはいったい、どういう比丘かというと、**「持律に似像（じぞう）して少しく経を読誦し」**、あたかも戒律を守っているように姿、形を似せて、少しばかりの経を読誦する。つまり、知ったかぶりをして、お経を少々読んでいるということであります。

しかし、その実**「飲食（おんじき）を貪嗜（とんし）して其の身を長養し」**、つまり食べ物や飲み物を貪（むさぼ）り、その身を養っている、要するに、表には聖人のような顔をしておきながら、実際には裏表があるということです。そのような悪比丘が、末法という時代になると、ごろごろと出てくるぞとおっしゃっているのです。

これらは皆、邪宗の思想、考え方の影響であります。正しい信心をしていれば、そのようなことはないのです。それが間違った信心をしていると、こういうことが当たり前に思ってしまうのです。

ですから**「袈裟を著すと雖も、猶猟師の細視徐行するが如く猫の鼠を伺ふが如し」**、そういう悪世末法の悪比丘は、袈裟を着けて僧侶の格好はしているけれども、まさに猟師が獲物を見つけて、細目でじっくりと見ながら、獲物に気づかれないように近づいていくようにということです。続いてもう一つの例として、猫がネズミを捕らえようとしているように、邪宗の僧侶が檀家に諂い、だまして近づいて、そしてなんらかのものを得ようとするようなものだと仰せであります。悪世末法にはこのような者がはびこってくるということです。

この典型的な例が、大聖人様もおっしゃっている極楽寺良観のような者であります。「世に恭敬せらるゝこと六通の羅漢の如くならん」とありますが、良観は慈善事業などを行って一見、世間の人からは立派な僧侶だと思われていたけれども、実は全くそうではないとおっしゃっているのです。『下山御消息』には、

「相州鎌倉の極楽寺の良観房にあらずば誰を指し出だして経文をたすけ奉るべ

き。次下の文に『猶猟師の細視徐行するが如く、猫の鼠を伺ふが如く、外には賢善を現はし内には貪嫉を懐く』等云云」（御書一一四二ジペ）

とあり、この涅槃経の御文は極楽寺良観にぴったりだとおっしゃっているのです。

続いて、

「両火房にあらずば誰をか三衣一鉢の猟師・伺猫として仏説を信ずべき。哀れなるかな、当時の俗男・俗女・比丘尼等・檀那等が、山の鹿・家の鼠となりて、猟師・猫に似たる両火房に伺はれ、たぼらかされて今生には守護国土の天照太神・正八幡等にすてられ、他国の兵軍にやぶられて猫の鼠を捺さへ取るが如く、猟師の鹿を射死すが如し」（同一一四三ジペ）

ともあり、この「両火房」というのは良観のことを言っているのです。結局、「俗男・俗女・比丘尼等・檀那等」は、猟師が獲物を狙うが如く良観に狙われ、そして悲惨な姿を現じて地獄へ堕ちてしまうのです。だから、こういったものを、我々はしっかりと見抜いていかなければならないのです。

見抜くと言っても、どうやって見抜くのかと申しますと、我々がしっかりとお題目を唱えていくならば、必ず見抜けるのです。これは理屈ではありません。命がきちんと、魔を魔と見破ることができるのです。つまり、善悪の筋目が自然と判ってくるのであります。これが「妙」ということであり、そこにすばらしい功徳が具わってくるのであります。この功徳というものをもっと信じていく、無疑曰信(むぎわっしん)の信に立って信じていくところに、自然とその身に功徳が具わってくるのです。これが、我々の信心にとって大事なのであります。

さて、今申し上げている悪比丘はなんと言っているかというと、**「常に是(こ)の言(ことば)を唱へん、我(われ)羅漢を得たり」**と言うのです。すなわち、私はもう既に煩悩を断尽して悟りを得たと言って、威張っているというのです。できない者にかぎって自慢したがるのです。

次の**「外には賢善を現じ内には貪嫉を懐く。唖法(あほう)を受けたる婆羅門等の如し」**というのは、外面には賢人を装うが、その内面は貪りと嫉妬が強く、しかもその上「唖法を受けたる婆羅門等の如し」であるというのです。「唖法」というのは婆羅門の修行の一つなのですが、無言の行というものであります。これは、究極の真理は言葉では言い表すことができないということから、全く何も言わずに、ただ黙っているのだそうです。これは婆羅門という外道の修行でありますから、そんなものを得意になって考えてはいけません。我々は、正は正、邪は邪と、はっきり正邪のけじめを付けて信行していくことが大事なのであります。要するに、ここでおっしゃっていることは、正法・像法時代を過ぎると、このように外面が立派に見えても、何を聞かれてもただ黙っていて、何も答えられないような者が出てくるとおっしゃっているのであります。

そして**「実には沙門に非ずして沙門の像を現じ、邪見熾盛にして正法を誹謗せん」**と、実際は沙門すなわち僧侶でもないのに、僧侶の形ばかりをまねて、邪見を盛んにして正法を誹謗するであろう、とおっしゃっております。

続いて**「文に就いて世を見るに誠に以て然なり。悪侶を誡めずんば豈善事を成さんや」**とおっしゃっています。このように諸経の文を見ると、まことにもってその通りである。腐敗堕落した悪侶を戒めなければ、どうして善事をなすことができようか、ということなのです。

『立正安国論』は御承知の通り、法然の邪義を破折しているのでありますが、そのなかで大聖人御在世当時の一凶とは何か、何が根本の悪であるか、これについて法然の『選択集』であると、大聖人様は喝破せられているのです。だから、「如かず彼の万祈を修せんよりは此の一凶を禁ぜんには」（同二四一ページ）とおっしゃっているのであります。ここでも同様に、「文に就いて世を見るに誠に以て然なり。悪侶を誡めずんば豈善事を成さんや」と、邪義邪宗の者達を破折しなければ、善事をなすことはできない、まさに折伏を行ずることは、時に当たって最も大事であるということをおっしゃっているのであります。これが非常に大事です。

先程も言いました通り、大聖人様は法然の一凶を厳しく破折されておりますが、では現代における一凶は何かというと、これは池田大作であり、創価学会であります。三宝破壊の一番の元は彼らであるが故に、現代の一凶は創価学会であると、日顕上人は御指南くださっているのです。したがって、我々はこの御文の通り、きちんと破折していかなくてはならないということになるのであります。

『十八史略』という書物のなかに、

「一利を興（おこ）すは一害を除くに若（し）かず」

という言葉があります。これは中国の耶律楚材（やりつそざい）の言葉であります。何事においても、一つの利益を得ようとするならば、まず最初に一つの害を除くことに力を用いるべきだと言っているのです。

これは腐ったリンゴと同じです。箱の中の一つのリンゴが腐ってしまうと、それが他のリンゴも全部、腐らせてしまうのです。だから、腐ったリンゴは早く取り除かなくてはならないのであります。大聖人様も、一凶とは何であるかということをお示しになられて、それを破折しなければならないとおっしゃっているのです。同じように、昔の中国でも「一利を興すは一害を除くに若かず」と言われているのです。

また『立正安国論』の「立正」ということには破邪顕正の意義があるのであります。立正とは、ただ単に正を立つるというだけではなく、邪を破折して正を立てるのであります。正を立てるには、まず邪を破折しなければなりません。

邪義邪宗の者達や創価学会などの謗法の者は、悪いことをしているから、いつか必ず仏罰が当たってしまうぞ、と思っている人がいたとしたら、しかしそうではないのです。邪義邪宗は我々が破折しなければ絶対に滅びないのです。

ということは、我々の努力なくして広宣流布はできないのです。我々が何もしなくて、あとは仏様が全部やってくれるなどと、そのようなとんちんかんなことを考えたなら、我々の信心はおかしくなってしまいます。そこに破邪顕正という意味があるのであり、正を立つるということは、邪を破していくところに大事な意味があるのであります。

我々は日顕上人から平成二十一年に向かっての御命題をいただきました。「地涌倍増」とは何かと言えば、折伏であります。広宣流布の達成は、折伏なくしてはできません。だから、本当に一年に一人が一人を折伏してごらんなさいと、日顕上人がおっしゃっているのです。今日から数えて本年も残りわずかしかありませんが、今日から皆さんが心を新たに、一年に一人が一人を折伏するという戦いを展開してみたらどうでしょうか。私はそういったところから、世の中が変わってくると思うのです。立正というのは、破邪顕正の戦いです。そこに、この地涌倍増の大事な意義が存するのです。

　ですから、皆様方にはめでたい創立十五周年の板御本尊の入仏式を迎え、改装工事をし、御会式を立派に奉修したというこの機をしっかりと捉えて、どうぞ御精進いただきたいと思います。

　『顕謗法抄』に、

「諸大乗経の者が法華経をは（破）するは謗法となるべし。法華経の者の諸大乗経を謗ずるは謗法となるべからず」（御書二九〇ページ）

とあります。つまり、爾前経の者達が法華経を誹謗することを謗法と言うのです。しかし、法華経を信ずる我々が邪義邪宗を破折する、諸大乗経を謗ずるのは謗法とは言わないのです。ですから、このことを肝に銘じて地涌倍増を目指していっていただきたいと思います。

　そして、皆様も重々御承知とは思いますけれども、来年は『立正安国論』正義顕揚七百五十年の一年前であります。先程の柳沢総講頭さんのお話にもありましたけれども、全国四会場で決起大会を盛大に開きたいと考えております。これはなぜ行うのかと申しますと、すべて平成二十一年を目指しての戦いです。今、宗門は、すべての焦点を二十一年に合わせて戦っているのです。その「プレ大会」として決起大会を行い、勢いをつけ、そして残り一年を徹底的に戦いきって、なんとしてでも二十一年に御命題の達成と大結集を果たしていこうという意義でありますから、どうぞ皆様方には、このプレ大会にはこぞって参加していただきたいと思います。

大阪では、もう既に色々と企画を検討しております。九州も、そして北海道も関東も、四会場それぞれの運営委員会が立ち上げられて、僧俗一体となって進めております。皆様方におかせられましても、是非こぞって御参加いただき、そして二十一年をみんなで立派にお迎えして御報恩謝徳を申し上げたいと思います。

皆様方のこれからの御精進、そしてまた妙観院のいよいよの御繁栄を心からお祈りいたしまして、本日の法話といたします。

（大日蓮　平成二十年二月号）

立正安国論（六）

平成十九年十二月五日
久遠寺創立百周年記念法要の砌
於　横浜市南区

客猶憤りて曰く、明王は天地に因って化を成し、聖人は理非を察らかにして世を治む。世上の僧侶は天下の帰する所なり。悪侶に於ては明王信ずべからず、聖人に非ずんば賢哲仰ぐべからず。今賢聖の尊重せるを以て則ち竜象の軽からざることを知んぬ。何ぞ妄言を吐きて強ちに誹謗を成し、誰人を以て悪比丘と謂ふや、委細に聞かんと欲す。

主人の曰く、後鳥羽院の御宇に法然といふもの有り、選択集を作る。則ち一代の聖教を破し遍く十方の衆生を迷はす。其の選択に云はく「道綽禅師聖道・浄土の二門を立て、聖道を捨てゝ正しく浄土に帰するの文、初めに聖道門とは之に就いて二有り、乃至之に準じて之を思ふに、応に密大及以実大を存すべし。然れば則ち今の真言・仏心・天台・華厳・三論・法相・地論・摂論、此等の八家の意正しく此に在るなり。曇鸞法師の往生論の註に云はく、謹んで竜樹菩薩の十住毘婆沙を案ずるに云はく、菩薩阿毘跋致を求むるに二種の道有り、一には難行道、二には易行道なりと。此の中の難行道とは即ち是聖道門なり、易行道とは即ち是浄土門なり。浄土宗の学者先づ須く此の旨を知るべし。設ひ先より聖道門を学ぶ人なりと雖も、若し浄土門に於て其の志有らん者は須く聖道を棄てゝ浄土に帰すべし」と。又云はく「善導和尚は正・雑の二行を立て、雑行を捨てゝ正行に帰するの文。第一に読誦雑行とは、上の観経等の往生浄土の経を除いて已外、大小乗・顕密の諸経に於て受持読誦するを悉く読誦雑行と名づく。第三に礼拝雑行とは、上の弥陀を礼拝するを除いて已外、一切の諸仏菩薩等及び諸の世天等に於て礼拝し恭敬するを悉く礼拝雑行と名づく、私に云はく、此の文を見るに須く雑を捨てゝ専を修すべし。豈百即百生の専修正行を捨てゝ、堅く千中無一の雑修雑行を執せんや。行者能く之を思量せよ」と。

（御書二三九㌻三行目～同㌻一八行目）

本日は、霊松山久遠寺の創立百周年記念法要に当たり、当寺住職の願いによりまして参上した次第でございます。先程の法要の時にも申し上げましたが、久遠寺は今日（こんにち）、百年を経て、この神奈川布教区におきましては中心的な支部へと成長しております。もちろん、その間には様々なことがありましたけれども、常に住職と御信徒が心を一つにして今日の隆盛を見るに至りましたことは、まことにもって尊いこと存じます。また、おめでたいことであると深く感ずるものであります。

当寺の住職・木村真昭師とは、若いころからよくお付き合いをさせていただいておりまして、非常に道念堅固な方であります。一見するとおとなしいのですが、芯(しん)が強いのです。これは私が言うまでもなく、皆様方のほうがよく御存じだと思います。

また御尊父は木村要学さんという方で、この方は宗門にたいへん貢献をなさった方であります。そして、そのお子さんが皆さん、本宗僧侶として御奉公に励んでいらっしゃるのであります。まず、ここの御住職のお兄さんが土浦・本妙寺の木村真悟師でして、当寺の御住職は二番目であります。そのほかにも弟さんがいらっしゃいまして、現在それぞれみんなが頑張っているのであります。

そういう意味で、やはり久遠寺も百年続いたように、御住職さんの木村家というのも代々僧道を全(まっと)うしてこられており、そういった色々な深い因縁や福徳というものが、今日、色々な形で実ってきたのではないかと思う次第であります。ですから皆様方には、このような上から、久遠寺をますます発展させていっていただきたいと心から思う次第であります。どうぞしっかりと頑張ってください。

それでは、ただいま拝読いたしました御文について申し上げます。

実は、本日拝読しました御文は、すべて法然が言っていることを述べている箇所であります。ですから、少しおもしろくない部分でもありますけれども、そのあとに大聖人様がきちんと破折していらっしゃるのであります。しかし、そこまで進んでしまいますと時間が足りなくなってしまいますので、若干、中途半端ではありますけれども、本日のところは法然の言い分が中心となりますので、どうぞ御理解いただきたいと思います。

まず『立正安国論』でありますが、御承知の通り十問九答という、主人と客との問答形式となっております。つまり十の問いに対して九つの答えがあるという形式であり、その一番最後の十番目の問いは、実はそのまま答えになっているということであります。そのなかで、本日拝読しましたのは第四問答の最初から、その途中までであります。

そこで第四問答に至るまでの流れを簡単に申し上げますと、まず第一問答において、客が「近年より近日に至るまで様々な災難が起きている。天変・地夭・飢饉・

疫癘（えきれい）があまねく天下に満つるという悲惨な状況が続いている。これはいかなることが原因なのか」と、その原因について主人に問うのであります。

それに対して、主人は「世の中の多くの人が正法に背（そむ）いて、悪法に帰（き）しているが故である。正法を護持すべきところの守護の善神が国を捨てて相（あい）去り、そして守護の任に当たるべき聖人は所を辞して帰らず。そこに魔が来たり鬼が来たって、災難が起きるのである」とおっしゃるのであります。

この主人の答えに対して、客が「それはいったい、いかなるお経に出ているのか。その証拠を聞かせてほしい」と質問するのです。そこで主人は客に対しまして、金光明経や大集経、仁王経、薬師経の四経七文を引いて、災難の由来について詳しくお述べになるのであります。それが第二問答であります。

そして第三問答に入りますと、この第二問答における主人の答えというのが、客が期待したところの答えとは大いに相異したために、客の心中穏やかならず、主人の答弁奇怪なりとして、「たとえ金光明経などのお経に文証があるにしても、今の世の中を見ると、天下世上は、けっして仏様や諸経に対して捨て去る心などはな

い。むしろ盛んに皆が敬っているではないか」と、主人に対して、

「色を作して曰く」（御書二三七㌻）

つまり血相を変えて詰問したわけであります。この詰問に対して主人は「たしかに比叡山であるとか南都、園城寺など、立派なお寺がたくさん建っている。僧侶も竹葦や稲麻の如く、大勢いるのではあるが、それらの僧侶は皆、諂曲である」と答えるのです。この「諂曲」とは権力に対して媚び諂うことで、それによって多くの人の心が迷い惑っているのです。そして仁王経や涅槃経、あるいは法華経を挙げられてこれを諭し、

「悪侶を誡めずんば豈善事を成さんや」（同二三九㌻）

と、諂曲の邪宗の僧侶がたくさんいるが、こういった悪侶を徹底的に戒めなければならない。そうしなければ善事をなすことができないのである、と答えられるのであります。これが第三問答でありまして、次の第四問答に入ると先程の「悪侶を誡めずんば豈善事を成さんや」という主人の言葉に対して、

「客猶憤りて曰く」（同㌻）

となるのであります。第三問答で客は「色を作して」詰問しますが、その主人の答えがもっと厳しかったため、この第四問答においては前にも増して憤慨し、「だれをもって悪侶と言うのか。悪い僧侶というのはいったい、だれのことなのか」と、詳しく問うのであります。

それに対して、本日拝読した箇所のあとになる第四問答の最後のところで、

「如かず彼の万祈を修せんよりは此の一凶を禁ぜんには」（同二四一ページ）

とおっしゃるのです。つまり、たくさんの祈りを修するよりも、混乱・不幸の原因となる謗法の一凶を禁じなければならない。その一凶とはだれのことかと言えば法然であり、また『選択集』であるということを、この第四問答においておっしゃっているのであります。

本日拝読したのはその前半部分でありますから、大聖人様がはっきりと破折された御文は出てこないのでありますが、要するにそういうことで第四問答が括られているのであります。

以上がこれまでの概略でありますので、その意を酌んで御聴聞いただきたいと思

立正安国論（六）（御書二三九ページ一三行目～同ページ一八行目）

います。

では、本文に入ります。

まず初めに**「客猶憤りて曰く」**とあります。先程と重複しますが、第三問答において客は主人に対して色をなし、ここではさらに怒りをあらわにして詰問するので、「猶憤りて曰く」となっているのであります。

そして**「明王は天地に因って化を成し」**というなかの「明王」とは賢明なる王・君主のことであります。明王たる者は、天地の大道、天地の法則に則って天下万民を化導しているということであります。

さらに**「聖人は理非を察らかにして世を治む」**。この「聖人」というのは、いわゆる世間における聖人ということであります。つまり高い人徳を身につけ、智慧の勝れた人、言わば聖者のことであります。その聖人は、道理に合うか合わないかということをよく観察して世を治めている。つまり、ここでは客が主人に対して、あなたは世が乱れていると言うけれども、そのようなことはないではないかと言っているのであります。

だから**「世上の僧侶は天下の帰する所なり」**、「世上の僧侶」というのは広く諸宗の僧侶のことを指しているのであります。これらの僧侶は皆、上(かみ)は天皇から下(しも)は一般民衆に至るまで、多くの人から帰依を受けているではないか。したがって**「悪侶に於ては明王信ずべからず」**、もし、それらの諸宗の僧侶達が仏様の教えに背くようなことであったとするならば、賢明なる王様がその者達を信じるはずがないではないか、ということであります。

また**「聖人(しょうにん)に非(あら)ずんば賢哲(けんてつ)仰ぐべからず」**、先程の聖人は世間の上のことでありましたが、ここで言っているのは仏法における聖人であります。もしも諸宗の僧侶が聖人のような徳の高い僧侶でなかったならば、世間の賢人や哲人が仰ぐはずがないではないかと、客が主人に対して難詰をしているわけであります。

同じ字でも違う読み方をする文字があります。ここでも「聖人」を片方では「せいじん」と読み、もう片方では「しょうにん」と読むのです。実は、このことにつきましては、日寛上人が御指南せられているのです。一つ目の世間における場合は「せいじん」と読み、仏法上の場合は「しょうにん」と読みなさいとおっしゃって

いるのであります。ですから、

「仏世尊は実語の人なり、故に聖人・大人と号す」（同五二九㌻）

とありますように、日蓮大聖人様は仏様でありますから「だいしょうにん」と発音するのであります。そして世間的に言われる意味での立派な方については「せいじん」と言うわけであります。

例えば、中国における尭や舜、あるいは湯王や武王という方々は「せいじん」なのであります。それに対して、仏様あるいは高位の菩薩の場合は「しょうにん」と読み、立て分けているのです。このように、同じく「聖人」と書いても意味が違ってくるのであります。

次に**「今賢聖の尊重せるを以て則ち竜象の軽からざることを知んぬ」**、つまり今、世間の賢人や聖人がこれら諸宗の僧侶を尊重していることをもって、竜象が軽視すべからざる存在であることを知ることができるのではないか、と言うのです。

「竜象」というのは、ここでは諸宗の高僧や碩学のことを言っているのであります。これは、もともと名僧や高僧のことを、陸上で一番力のある象と、水中で一番力のある竜に譬えた言葉なのです。また日寛上人も、この竜象について次のようにおっしゃっています。

「法師も亦爾なり。慈雲普く覆い、法雨等しく潤す。又能く謗者の魔軍を破り、刀杖瓦石を畏れず、水火の責をも難からず。殺戮の巨難に値うと雖も、敢えて以て避けず。斯くの如きの摂折時に適う智行兼備の法師を竜象に譬うるなり」（御書文段二一三ページ）

これを簡単に御説明申し上げますと、象というのは陸上で一番力がある生き物で、大きな象は大軍を破り、刀杖も恐れず、水や火もはばからない。たとえ死に至るような難があっても敢えて避けない、そういう決死の覚悟でいるのである。そして竜は、象と同じように、よく謗者の魔軍を破って刀杖瓦石も恐れない。また水や火の責めもはばからず、殺戮の巨難、つまり死に至るような大変な難に値おうとも、敢えてこれを避けない。これが竜であると言われているのです。そういう意味から、この竜象はいわゆる高僧・碩学に譬えているわけであります。

続いて**「何ぞ妄言を吐きて強ちに誹謗を成し」**というのは、なぜ妄言をもって竜象と言われるような諸宗の僧侶に対してあなたは誹謗するのか、と聞いているのです。そして**「誰人を以て悪比丘と謂ふや、委細に聞かんと欲す」**、では、あなたはいったい、だれを指して悪比丘と言うのか詳しく聞きたいものだ、と客が問うのです。

この客の問いを要約しますと、第三問答において、主人が法華経または涅槃経の経証を引いて諂曲の悪侶を責め、「悪侶を誡めずんば豈善事を成さんや」と仰せられた。それに対して、客は前にも増して怒りをあらわにして、「既に前代より明王は天の大道によって万人を化導し、聖人は事の理非を明らかにして世を治めている。故に、諸宗の僧侶は天下万民の帰依するところであって、もし、それらが聖人でなく悪比丘であったとすれば、明王ともあろう方が信じないことはもちろん、賢哲とも言われる人が仰ぐはずがない。かくの如く世間の賢人・聖人がこれらの諸宗の僧侶を尊重していることをもってしても、竜象すなわち諸宗の高僧・碩学が軽視すべからざる存在であることを知ることができる。それをなぜ、あなたは偽りの言葉をもって、これらの僧侶に対して誹謗するのか。いったい、だれを指して悪比丘と言うのか、詳しく聞きたいものだ」と問うのであります。

次が主人の答えでありまして、**「主人の曰く、後鳥羽院の御宇（ぎょう）に法然といふもの有り、選択集を作る。則ち一代の聖教（しょうぎょう）を破し遍（あまね）く十方の衆生を迷はす」**、つまり客の「だれをもって悪比丘と言うのか」という質問に対して、主人は「それは法然である。法然は『選択集』を作って一代聖教を破し、衆生を迷わせている」と、ここではっきりと答えられるのであります。

この法然が亡くなったのは、西暦で言いますと一二一二年でありまして、大聖人のお生まれあそばされたのが西暦で一二二二年ですから、大聖人のお生まれになる十年前に既に他界していたのであります。この法然が著した『選択集』が、それこそ日本全土に行き渡り、そのため大聖人様の当時、盛んに念仏が称（とな）えられていたのであります。

そこで大聖人様は、まずこの念仏を破折されるわけです。つまり悪の根源は何か。それは謗法であり、間違った教えである。では、間違った教えとは何か。結局、その当時、一番盛んにはびこっていたのは法然の『選択集』であるから、大聖人様はまず、これをきちんと破折されるのであります。そこでこのように、まず法然の邪義を破すということになるわけです。

『選択集』等については、このあとにも色々と出てまいりますので、その時々にお話ししたいと思います。

「其の選択に云はく」、法然の『選択集』にはなんと書いてあるかと言いますと、**「道綽禅師聖道・浄土の二門を立て、聖道を捨てゝ正しく浄土に帰するの文」**とありますが、これは道綽の『安楽集』の文でありまして、法然が『選択集』に道綽の文を引用している部分なのです。すなわち、一代聖教を聖道門と浄土門の二つに分け、「末法の衆生はすべからく聖道門を捨てて、浄土門に帰すべきである」と道綽は言っているのです。

道綽というのは中国の浄土教の第二祖です。先に曇鸞という者がおり、この者が浄土教の開祖であります。中国における念仏の邪義の流れは、曇鸞、道綽、そして善導と続きます。

この道綽は、曇鸞が書いたという念仏の法門の碑文を見て感化され、浄土教の門に入り、念仏を修するようになったのです。このようななかで、いわゆる聖道門と浄土門という二つを立て、聖道門を捨てて浄土門に帰さなければならないと言っているのであります。

つまり道綽は「難しい行を選び自力で悟るということ、またこの土で成仏をするという考え方は、ともに聖道門の考え方である。しかるに末法においては他力の易行道、つまり他力である阿弥陀仏の力に頼りきった易しい修行をすればいいのであり、阿弥陀仏の名号を称えていけば西方極楽世界に往生することができるのである。これが浄土門であり、敢えて難しい、やっかいな修行などはしなくてよい」と説いているのであります。

ですから易しいと言えば、たしかに易しいのです。浄土宗の教えというのは他力本願であり、結局、この娑婆世界においては幸せになれないから、西方十万億土の先にある極楽世界に往生して幸せになろうということなのです。

しかし、そのような考え方は逃避なのです。そこには、現実と対面してきちんと見極め、戦って、そして幸せを掴んでいこうという考え方は全くないのであります。ですから現実を否定し、娑婆世界を否定してしまう。これが浄土教の基本的な考え方であります。このように、一生どころではなく三世にわたって逃げて逃げて逃げまくる。そのように逃げまくるところに幸せなどはありえません。それを聖道門と浄土門だとか、難行道と易行道などという陳腐な法門を立てて、民衆を惑わしているというのが浄土教の姿であります。

まず『選択集』に引いた道綽の言っていること、いわゆる聖道・浄土の二門を立て、聖道を捨ててまさしく浄土に帰する、そうすれば幸せになるなどという法門は、全くもって陳腐なものだということになるのであります。

さて、本文に戻りますが、初めに聖道門とは何かということを言っています。まず初めに道綽の文を出したあと、その次に法然が**「初めに聖道門とは之に就いて二有り」**と、このように言っているのであります。

続いて**「乃至之に準じて之を思ふに、応に密大及以実大を存すべし」**とありますが、「乃至」というのは省略という意味であります。その省略された文が、

「一には大乗、二には小乗なり。大乗の中に就いて顕密・権実等の不同有りと

雖も、今此の集の意は唯顕大及以権大を存す。故に歴劫迂回の行に当たる」

（御書一三三五ジペー）

というものです。つまり、やさしく言いますと、まず聖道門には大乗と小乗がある。その大乗のなかには顕教と密教の二つがあり、また同じように権教と実教の教えがある。『安楽集』のなかで述べられている意味は、それぞれの違いはあったとしても、顕大および権大のことを含め、これらの教えは歴劫迂回の行である。つまり難しい修行を長く続けていかなくてはならないというものにほかならない。だから、これを捨てなければならないというのが念仏の言い分なのです。

しかし、たしかにそう言っているのではありますが、ここでは法華経については、はっきりと示していないのです。つまり、道綽の『安楽集』では「顕大及以権大」は歴劫修行であると言っていますけれども、これは法華経以前の大・小乗教のことを意味しているのであって、密大に臨んで顕大と名づけ、実大に臨んで権大と名づけているのであります。ですから『安楽集』では顕大および権大を捨てよとは言っていますけれども、法華経ということは、はっきりとは言っていないのです。

ところが法然は、この文を「乃至之に準じて之を思ふに、応に密大及以実大を存すべし」と言って、飛躍してしまうのです。この「密大」というのは真言のことで、「実大」というのは法華経のことです。法然は『安楽集』の意を乗り越えて、歴劫迂回の行のなかには密大すなわち真言門と、実大すなわち法華経も入るのであるから、その法華経も捨てなければならないと、飛躍して解釈しているのでありま す。まさにここに法然の邪義があるのであって、法然の我見我意に基づく邪説にほかならないのです。ですから、この省略されたところを読みますと、そのことがよく解るのであります。

しかも法然は**「然れば則ち今の真言・仏心・天台・華厳・三論・法相・地論・摂論、此等の八家の意正しく此に在るなり」**と言っています。このなかの「仏心」というのは禅宗のことで、「天台」というのは法華経です。「地論」とか「摂論」というのは、あまり聞いたことがないのでないかと思いますが、地論というのは昔、中国において盛んになりましたけれども、華厳宗が起こったあと、そのなかに吸収されてしまった宗派であります。また摂論というのも一時は盛んになるのですが、これは法相宗に吸収されてしまったので、日本には伝わってこなかった宗旨であります。

続いて**「曇鸞法師の往生論の註に云はく」**とあります。「曇鸞」というのは、先程も言いました通り中国浄土宗の祖で、曇鸞・道綽・善導という流れの一番最初の人であります。この「往生論の註」というのは、曇鸞が世親の『往生論』を註釈したものであります。世親というのは天親菩薩のことで、この方が書かれた『往生論』を註釈したものが「往生論の註」であります。このなかには念仏思想の教学実践が論じられ、そこに難行道と易行道を立てて、易しい行こそが必要だということを言っております。つまり、浄土に往生するためにはすべて阿弥陀仏の本願によらなければならないという、いわゆる他力本願の思想が「往生論の註」のなかで説かれているのであります。

この「往生論の註」には**「謹んで竜樹菩薩の十住毘婆沙を案ずるに云はく、菩薩阿毘跋致を求むるに二種の道有り、一には難行道、二には易行道なりと。此の中の難行道とは即ち是聖道門なり、易行道とは即ち是浄土門なり」**と述べられています。

「竜樹菩薩」というのは聞いたことがあるかと思いますが、大乗の論師でありまして、大乗思想の大成者、また八宗の祖と言われている方で、『中観論』や『大智度論』等を著しております。この竜樹菩薩が、悟りを得るための方法には難行道と易行道の二種の道があると述べています。このうちの難行道とは実践が困難な修行のことで、易行道というのは易しい修行の道であります。法然は竜樹の『十住毘婆沙論』の文を釈して「此の中の難行道とは即ち是聖道門なり、易行道とは即ち是浄土門なり」と言っているのであります。

つまり法然が説くことには、難行道とは自力によって現実世界で成仏することができると説く聖道門のことであり、これは浄土三部経以外の教えに当たる。それに対して、易行道というのは現実世界を穢土（えど）と嫌い、他力によって極楽浄土に往生することを説く浄土門のことであって、これは浄土三部経の教えそのものであると言っているのであります。

これらのことは念仏の法門を言っているので、皆さんも聞いていてよくお解りにならないかも知れません。要するに、わけの解らないことを言っているのであります。自分の我意我見の上から、聖道門や浄土門、難行道や易行道などということを言って、浄土宗が正しいのだ、阿弥陀仏が正しいのだと言いわけをしているわけであります。

さらに、法然は**「浄土宗の学者先づ須く此の旨を知るべし」**と、浄土宗の者は、難行道というのは聖道門であり、易行道というのは浄土門であると知らなければならないと言っています。したがって**「設ひ先より聖道門を学ぶ人なりと雖も、若し浄土門に於て其の志有らん者は須く聖道を棄てゝ浄土に帰すべし」**と、このように言っているのであります。つまり以前から聖道門を学んでいる人であっても、もし浄土門に入って学びたいという志がある人は、聖道門を捨てて浄土門に帰依すべきであるということであります。

この法然の主張も、実は竜樹菩薩の『十住毘婆沙論』の文の真意を失うものであって、要するに曲解しているのです。すなわち、これについて大聖人様は『守護国家論』で、

「十住毘婆沙論には法華已前に於て難易の二道を分かち、敢へて四十余年已後

の経に於て難行の義を存せず」（同一三六ページ）

と仰せであります。つまり、もともと竜樹の『十住毘婆沙論』で説かれる難行道や易行道というのは法華以前の諸経を二つに分けたものであって、法華経はこの難行道や易行道と言われるものの範疇にはないのだとおっしゃっているのです。それを法然は、竜樹の真意を曲げて法華経も含むとしているのであり、末法の衆生には難行道は合わないから易行道を行ずべきだと、敢えて誑かしているのが法然の姿なのであります。これは明らかなる邪義でありますから、それを大聖人様がはっきりと指摘しておられるのであります。このように、法然は敢えて『十住毘婆沙論』を曲解し、人々を惑わせているということであります。

続いて**「又云はく」**、またも法然の言うには、**「善導和尚は正・雑の二行を立て、雑行を捨てゝ正行に帰するの文」**とありますが、「善導和尚」というのは曇鸞・道綽・善導という浄土宗の流れの三番目の人であります。善導の著書には『往生礼讃』などがありますが、この善導に対して大聖人様は非常に厳しく破折されております。

『念仏無間地獄抄』という御書がありますが、そのなかにおいて、善導は精神がおかしくなってしまって、お寺の前の柳の木に登って自殺を図ったと書かれております。極楽往生の見本を見せようとでもしたのでしょうか。ところが、それが果たせず、地面に落ちて腰を打って、七日七晩苦しんで死んでしまったのであります。これはやはり謗法の現証であり、このことを大聖人様は『念仏無間地獄抄』におっしゃっているのであります。

この善導が『観経疏』というものを作りまして、浄土往生の修行を二つに大別して、正行と雑行とに分けたのであります。正行とは阿弥陀仏を対象とする行であり、雑行とは阿弥陀仏以外を対象とする行のことであると言っているのでありますが、勝手にそのような説を立てて、阿弥陀仏を対象とする正行に付かなければならないと言っているのであります。

そしてさらに、阿弥陀仏を念ずる行である正行には五種あるとしていますが、雑行については一つにまとめて言っているだけであります。ところが法然は、正行には五種あるが、雑行にも五種あるなどと、これまた邪説を立てるのであります。つまりは正行と数の上で対比したのであります。こういう邪説を展開して、末法の衆生を惑わしているのであります。

これを詳しく申しますと、読誦正行、観察正行、礼拝(らいはい)正行、称名(しょうみょう)正行、讃歎供養正行というのが五種の正行と言われるものであります。では、五種の雑行とは何かと言いますと、五種の正行を雑行と言い換えただけのものであります。

読誦正行というのは、彼らに言わせると、浄土三部経の経典を一心に読誦することを言いまして、その反対の読誦雑行とは、浄土三部経以外のお経を読むことであるとするのです。要するに、子供だましのようなことを言っているわけであります。人が説いたものをさらに曲解して、法門の解らない末法の本未有善(うぜん)の衆生をだましているのです。ですから、法然がいかに邪義邪説を唱えていたかということが、これによってもお解りになると思います。もちろん、善導による正行と雑行の二つの立て分け、あるいは正行に五種あるなどという説も全くもっておかしいのでありますが、それを法然はさらにおかしくしているのであり、そうして末法の衆生を誑かしているのであります。

今言った通り、**「第一に読誦雑行とは、上の観経等の往生浄土の経を除いて已外、大小乗・顕密の諸経に於て受持読誦するを悉く読誦雑行と名づく」**ということは、法然が勝手に言っているのであります。読誦正行、観察正行、礼拝正行、称名正行、讃歎供養正行というのは、たしかに善導が立てました。しかし雑行ということに関してはこのような立て方はしていないのであり、法然は勝手に陳腐なことを言っているわけであります。

また**「第三に礼拝雑行とは、上の弥陀を礼拝するを除いて已外、一切の諸仏菩薩等及び諸の世天等に於て礼拝し恭敬するを悉く礼拝雑行と名づく」**というのも、善導が言っていないことを法然がでっち上げて説いているのであります。

ここで大聖人様は、五種の全部を破折しないで二つだけを挙げられているのです。つまり第一と第三の雑行、いわゆる読誦と礼拝だけを挙げられているのであります。なぜそうなったかと言いますと、日寛上人の御指南に、

「読誦は経を謗ずるに在り、礼拝は仏に逆うに在るが故なり」

（御書文段二一六ページ）

とあるように、読誦と礼拝というのは法華経を謗じ、仏を謗ずる罪がまことに深いので、五種雑行の全部を挙げないで、この二つだけを挙げることによって法然の陳腐な説の代表とされているとおっしゃっております。

次に**「私に云はく」**とありますが、これも法然の『選択集』の文で、**「此の文を見るに須く雑を捨てゝ専を修すべし。豈百即百生の専修正行を捨てゝ、堅く千中無一の雑修雑行を執せんや。行者能く之を思量せよ」**とあります。

「此の文」というのは善導の『往生礼讃』でありますが、そのなかには「十即十生、百即百生」ということが説かれているのです。どういうことかと申しますと、雑修雑行を捨てて念仏を称えれば、十人が十人、百人が百人とも極楽浄土に往生できるということであります。

それから「千中無一」という言葉もありますが、これは念仏以外の教えによって極楽往生できる者は、千人のなかに一人もいないということであります。こういう邪説を立てているのであります。

そうこうしているうちに時間となってしまいました。この続きの御文に入ってしまいますと区切りが悪くなってしまいますので、今日はここまでにいたします。

皆さんも、念仏の話でありますからお聞きになっていて解りにくい部分もあったかと思います。要するに、法然がでたらめなことばかり言っていて、法に則った話ではなく、勝手な解釈をして人を誑かしているということなのであります。

最後に念仏宗について申し上げますと、これにははっきりとした切り口があるのです。これは念仏に限らず、大聖人様の御指南をしっかりと拝していけば解るのでありますが、無量義経に、

「四十余年。未顕真実（四十余年には未だ真実を顕さず）」（法華経二三㌻）

とおっしゃっているのでありますから、このお経文一つがあれば、法華経のほかの教えは全部消えてしまうのであります。念仏が何を言おうと、結局、四十二年間は真実を示していないのであり、随他意の法門なのであります。法華経において初めて随自意、仏様が本来説こうとした教えが説かれるのでありますから、この御文があれば邪宗は全部切れるのであります。もしも折伏や問答をするような機会があるならば、この御文を教えてあげればいいのです。はっきりと、このことは明記され

ているわけですから、間違いないのであります。そして法華経に入っては、

「世尊法久後　要当説真実（世尊は法久しうして後　要ず当に真実を説きたもうべし」（同九三ページ）

と、法華経において本当に真実が説かれることを、仏様御自身がお述べになっているのであります。

ですから、「四十余年。未顕真実」と「世尊法久後　要当説真実」という二つのお経文は仏様のお言葉でありますから、けっして逆らうことはできないのです。他の者が何を言おうが、それは屁理屈でしかないのです。念仏などを破折するときには、まずそれをきちんと言うことが大切であります。

それから、もともと念仏で言うところの阿弥陀仏は架空の仏なのであります。お釈迦様は現実にインドに出現せられて歴史上に存在した仏様でありますが、それ以外の仏様は皆、垂迹の仏であって、仮りの仏なのです。ですから、架空の仏と言っていいのであります。

例えば、小さい子供に勧善懲悪を教えるときに花咲じじいの話をすることがあり

ます。しかし、皆さんは花咲じじいが本当にいると思いますか。実際にはいないのであります。カチカチ山のお話なども同じであります。ですから、方便としての教えというものが、たしかに子供を育てる上には必要なのです。ですからこれは、悪いことはしてはいけないよ、ということを教えるための仮りの話なのです。そういう方便の話を現実にすり替えて、でっち上げているのが浄土宗の教えなのであります。ですから我々は、このことをよく知らなければなりません。

特に法華経の譬喩品を拝しますと、お釈迦様は、

「今此の三界は　皆是れ我が有なり」（同一六八ページ）

とおっしゃっておりますが、この「我が有なり」ということは主師親の三徳のなかの主徳を表しているのであります。そして、次の、

「其の中の衆生　悉く是れ吾が子なり」（同ページ）

というのは親の徳であります。さらに、

「而も今此の処　諸の患難多し　唯我一人のみ　能く救護を為す」（同ページ）

とある、この人を救うというのは師の徳であります。このように、お釈迦様こそ主

す。

師親三徳兼備の仏様であるということが、法華経のなかに説かれているのでありま す。

もちろん根本のところから言えば、大聖人様が末法の主師親三徳の仏様でありま

しかし、ここでは法華経の文上の意義から特に迹門の三徳を表しているわけで ありますから、このようにきちんと主師親の三徳が兼備していれば、我々が拝し奉 るところの仏様となるのであります。

ところが、阿弥陀仏はそうではないのです。ありもしない極楽世界へ行って幸せ になろうと言っても、それは結局、逃避に過ぎないのであります。彼らは色々と、 難行道とか易行道とか、さらには聖道門や浄土門、正行や雑行などと、わけの解ら ない陳腐な法門を立てていますけれども、これらは全く彼らがためにする邪義邪説 であるということが明らかであります。

そういうことでございますので、本日は聞いていても解りにくい話が多かったか も知れませんが、今言った通り、念仏に対して我々はきちんと破折できるのであり ますから、念仏に取り憑(つ)かれて不幸に喘(あえ)いでいる方がいらっしゃったならば、是非

とも救っていっていただきたいと思います。

また、もう一つは、先程の法要の際にも申し上げましたけれども、来年は平成二十一年の「プレ大会」を行いたいと考えております。これには僧俗一致して皆で参加し、完全勝利いたしましょう。そして、その勢いで平成二十一年を迎えましょう。僧俗が一体となり一人ひとりが心を合わせて、日顕上人からいただいた「地涌倍増」と「大結集」の御命題を達成する、そのためにプレ大会を行うのであります。

そして、プレ大会も大事な大会でありますが、その目的とするところは平成二十一年の御命題達成でありますから、そこにすべての焦点を合わせて戦っていくのであります。その意味で、平成二十一年の前年である明年、四会場でプレ大会を開くのであり、まずここで我々は完全勝利をしなければなりません。そして、その勢いで平成二十一年に向かって大前進をしていくことが大事であります。

ですから、これから先、一人ひとりが励まし合って御精進していっていただきたいことをお祈りいたしまして、本日のお話を終了いたします。

（大日蓮　平成二十年三・四月号）

立正安国論（七）

平成二十年八月二十日
日香寺創立三百四十周年記念
本堂新築落慶法要の砌
於　鳥取県鳥取市

又云はく「貞元入蔵録の中に、始め大般若経六百巻より法常住経に終はるまで、顕密の大乗経総じて六百三十七部・二千八百八十三巻なり、皆須く読誦大乗の一句に摂すべし」「当に知るべし、随他の前には暫く定散の門を開くと雖も随自の後には還って定散の門を閉づ。一たび開いて以後永く閉ぢざるは唯是念仏の一門なり」と。又云はく「念仏の行者必ず三心を具足すべきの文、観無量寿経に云はく、同経の疏に云はく、問うて曰く、若し解行の不同邪雑の人等有りて外邪異見の難を防がん。或は行くこと一分二分にして群賊等喚び廻すとは、即ち別解・別行・悪見の人等に喩ふ。私に云はく、又此の中に一切の別解・別行・異学・異見等と言ふは是聖道門を指すなり」已上。又最後結句の文に云はく「夫速やかに生死を離れんと欲せば、二種の勝法の中に且く聖道門を閣きて選んで浄土門に入れ。浄土門に入らんと

欲せば、正・雑二行の中に且く諸の雑行を抛ちて選んで応に正行に帰すべし」已上。（御書二三九ページ一八行目～二四〇ページ八行目）

本日は、当日香寺の創立三百四十周年記念本堂新築落慶法要に参上いたしました。また今回、住職の願いもありまして、ただいま拝読いたしました『立正安国論』の御文について、少々申し述べたいと思う次第でございます。

先程の法要の時にも申し上げましたが、この日香寺はたいへん由緒のあるお寺でございます。鳥取池田藩の初代藩主の光仲（みつなか）公が、自分の生母である芳春院殿の第三十三回忌に当たり建立せられたお寺であります。

この芳春院殿という方は、重々御承知のことかと思いますが、阿波徳島の藩主・蜂須賀至鎮（よししげ）殿と、その奥方である敬台院殿の間にお生まれになった方でございます。敬台院殿は信心がたいへん強盛（ごうじょう）で、それを受けて芳春院様も、おそらくこの鳥取に嫁がれてからも信心強盛に励んでおられたのではないかと思う次第であります。そういう意味からも、非常に本宗と縁が深いということがあるのであります。

また現在、テレビで放送している「篤姫(あつひめ)」という大河ドラマがあります。あの篤姫も、この鳥取池田家とは実に深い因縁があります。どういうことかと言いますと、篤姫の養父は島津斉彬(なりあきら)であります。これは薩摩藩第十一代の殿様でありますけれども、その父である第十代の殿様・島津斉興(なりおき)に嫁いでいたのが、鳥取池田家の第六代藩主である池田治道(はるみち)の娘・弥姫(いよ)という方でありまして、その間に生まれたのが島津斉彬であり、その島津斉彬の養女として篤姫がおられるわけです。

実は、この島津斉彬という方も、総本山第五十一世日英上人の教化を受けて信心をしていた方でありまして、強盛な信心を貫いてきたのであります。したがって、その斉彬の縁によって、養女の篤姫も信心をしていたということが明らかになっております。

そうしますと、鳥取の池田家は本宗と色々なところで縁があり、そのような深い縁によって建てられたお寺が日香寺でありますから、日香寺に参詣されている皆様も、またさらに深い因縁があるのではないかと思います。このように歴史を色々とたどっていきますと、様々な因縁があり、その因縁を大事にしていくということが、私達にとりましても大事なことではないかと思う次第であります。先程の経過報告やお祝辞等にもありましたように、この深い因縁をもとに、皆様方もこれから御命題達成に向けて一生懸命に御精進をいただきたいと思う次第であります。

さて本日は、ただいま拝読いたしました『立正安国論』につきましてお話をさせていただきます。そもそも、私が『立正安国論』をお話し申し上げさせていただいておりますのは、一昨年の平成十八年四月に、私の総本山第六十八世登職の祝いの儀式がございました。御代替法要と言いますが、その時に初めて説法させていただいたのが『立正安国論』でありました。そして、この『立正安国論』を、そのあとも親修のたびごとにお話をさせていただいているのであります。

これは今日、私達は日顕上人から『立正安国論』正義顕揚七百五十年の大佳節における御命題を頂戴しており、その意義から『立正安国論』の御正意を今一度、私達がしっかりと拝し奉って、『立正安国論』の精神をもって折伏逆化の大前進をしていっていただきたいと、このように思って『立正安国論』を拝読させていただいているのであります。

今回は、初めから数えて七回目でございまして、末寺では浜松市浜北にあります妙重寺からスタートいたしまして、そのあと富士宮市の法明寺、それから東京・杉並の仏乗寺、姫路の仏恩寺、東京・府中の妙観院、横浜の久遠寺、そして今回、鳥取の日香寺という次第であります。

これもまた深い因縁がありまして、日香寺ではこのように木造和風のすばらしい本堂を新築いたしましたが、実はこの日香寺の御住職と、一番最初に『立正安国論』をお話しさせていただいた妙重寺の御住職とは仲が良いらしいのです。その妙重寺もこのような木造和風の建て物を新築したのですが、使用する材木一つにしても、よそから持ってくるのではなく、地元の木材を使って建てたのです。そうすると、材木が長持ちをして、建築の上からも良いらしいのです。そういったことを日香寺の御住職も妙重寺さんから色々と聞いて知っておりまして、その良いところを取り入れて、今回、このように立派な本堂が出来上がったという次第です。奇しくも『立正安国論』を初めにお話しさせていただいたのが妙重寺であり、七五三と言いますけれども、七回目に日香寺ということで、色々な因縁が重なっていて、まことに有り難い話だと思う次第であります。

さて、本日拝読した御文は、念仏のことについて仰せになっております。そのため、ここの御文だけを聞いていても、よく解らないのではないかと思うのです。そこで、まず『立正安国論』の全体について、簡単に申し上げます。

この『立正安国論』は今から七百四十八年前の文応元（一二六〇）年、大聖人様が三十九歳の御時にお認めあそばされ、時の最高権力者である北条時頼に提出した国主への諫暁書です。国主への諫暁書でありますから、重みのある大事な意味がそこに込められているのであります。

また、この『立正安国論』は客と主人による十問九答の形式を取られておりまして、全部で十の問いがあるのに対して、答えは九つしかないのです。つまり最後の十番目には、答えである「主人の曰く」というところがないのであります。しかし、「主人の曰く」という答えの意味は、実は既に十番目の問いのなかに含まれているのであり、そこには非常に大事な意味があるのです。

それでは、本日拝読したところまでの概略を申し上げますと、まず第一問答におきまして、客が来て、近年より近日に至るまで、様々な天変や、地震などの地夭、また飢饉で餓鬼道に苦しむ姿があったり、疫病がはやるなど、色々なことが起きているのと申すのであります。そして客はこういった現状を見て、一体なぜ、このような天変・地夭・飢饉・疫癘が起きるのか、それらの災難の原因について主人に尋ねたのであります。

それに対して主人は、世の中の多くの人々が正しい法に背き、悪法に帰しているために、正法を守護すべき善神が国を捨てて去ってしまい、聖人も所を辞していなくなってしまって、そこに魔や鬼が来て、災難が起きるのであると答えられるのです。

この答えに対して客は、それでは一体いかなるお経にそのようなことが出ているのかと、詰問するのでありますが、この客の問いに対しまして、主人は金光明経や大集経、仁王経あるいは薬師経というお経を引いて、災難の由来について詳しくお述べになられております。この第二問答においては、お経の証拠を出して、なぜ世の中が混乱するのかという理由をお示しになるのであります。

しかし、この第二問答での主人の答えは、実は客の思うことと違っていたのです。つまり、客はもう少し違うことを主人が答えると思っていたのだけれども、まことにもって厳しい答えをしたため、客の心中は穏やかではなく、主人の答弁が奇怪であるとして、今度は食って掛かったのであります。すなわち第三問では、たとえ金光明経や大集経などのお経に文証があるにしても、今の天下世上はそうではない。現実に民衆は仏様や諸々のお経を捨てるような心を持ってはいないし、みんな仏様を崇め、それぞれのお経をしっかりと尊び崇めているではないか、と主人に対して血相を変えて詰問するのです。

これに対して主人は、たしかに今、比叡山にしても、あるいは南都七大寺や園城寺においても、仏閣は立派に甍を連ねており、そこには僧侶もたくさんいる。だから一見、みんなが仏教に帰依し、繁盛しているように思うけれども、実はそれらの僧侶はみんな権力に媚び諂い、正しいことを正しいと言わない者達ばかりであって、そのような僧侶達が多くの人々を迷わしているのだ、とおっしゃるのです。そして今度は仁王経や涅槃経、法華経を挙げてこれらを諭し、悪い僧侶を戒めなければだめだと厳しくおっしゃっているのであります。

次の第四問答に入りますと、さらに客が怒るのです。すなわち第三問答の最後の、

「悪侶を誡(いまし)めずんば豈(あに)善事を成さんや」（御書二三九ページ）

という言葉に対しまして、客は前にも増して憤慨(ふんがい)して、では一体だれが、その悪侶なのかと詰問するのです。

これに対して主人は、それはずばり、念仏の法然(ほうねん)であり、法然の著した『選択(せんちゃく)集』の間違った教え、間違った考えが、まさに諸難の元凶(げんきょう)なのだと断じて、

「如(し)かず彼(か)の万祈(ばんき)を修せんよりは此(こ)の一凶を禁ぜんには」（同二四一ページ）

と、色々な祈りを捧げることよりも、一凶を禁じることが大事であると仰せになり、その一凶とはまさに法然の邪義であると断ぜられ、厳しく破折されているのであります。これが第四問答の概略であります。

中国の『十八史略』のなかにも、

「一利を興(おこ)すは一害を除くに若(し)かず」

という有名な言葉がありますが、やはりこれも同じことなのです。要するに、今日の世の中の混乱の原因はすべて、邪義邪宗の害毒なのです。だから邪義邪宗を破折

して、その害毒を取り除かなければだめなのです。仏法というのはそういうものなのです。

本日お集まりの方のなかには絶対にいないと思いますが、なかには創価学会や邪宗の者を見て、「あの人達は悪い信心をしているから、いずれ天罰がくだって、そのうちに滅びるだろう」と言う人がいるとすれば、それは違います。邪義邪宗は、我々が破折しなければ絶対に滅びないのです。今の念仏を見てごらんなさい。本当に巨大な勢力を誇っています。ですから、邪義邪宗は我々が破折しなければならないのです。

「立正安国」すなわち、正を立てて国を安（やす）んずるということは、まさに破邪顕正なのです。正を立てるというところには、必ず破邪があるのです。そこに今日、我々が日顕上人猊下から「地涌倍増」という御命題をいただいている所以（ゆえん）があるのです。

地涌倍増とは折伏です。本当に不幸のどん底に喘（あえ）いでいる人達の因縁を全部たどっていってごらんなさい。そこには必ず邪義邪宗の害毒があるのです。それによって、みんな苦しめられているのです。ですから、これを破折しなければ全く意味がないのです。このことをよく解っていただきたいと思います。

それでは本題に戻ります。いきなり今日の本文に入ってしまっても理解しにくいのではないかと思いますので、第四問答の初めから本日拝読のところに至るまでを簡単に申し上げます。

第四問答におきましては、先程も言った通り、だれをもって悪比丘(びく)と言うのかと客に問われたのに対して、主人は、それは法然であり、法然の著した『選択集』が元凶であるということを破折するのでありますが、これは第四問答の最後の部分であります。実はその前に、法然の邪義がどうやって出来てきたかということをお説きになっているのです。

では、法然の邪義はどこから来ているかというと、中国には浄土の三師と言われる曇鸞(どんらん)・道綽(どうしゃく)・善導という僧侶がいたのですが、これらの人の邪説を鵜呑(うの)みにしてしまって、わけの解らないことを言っているのが法然の『選択集』なのだとおっしゃっているのであります。ここまでが前回の親教で申し上げたところであります。

本日はその続きからお話をするのですが、先程拝読した御書のなかに、なんのことか、よく解らない言葉がたくさん出てきたと思うのです。本日拝読の部分は法然の『選択集』の文を引かれている関係上、念仏の言葉が色々と出てくるので、少し解りづらい点があるかも知れませんが、しばらく御辛抱いただきたいと思います。

まず**「又云はく『貞元入蔵録の中に、始め大般若経六百巻より法常住経に終はるまで、顕密の大乗経総じて六百三十七部・二千八百八十三巻なり、皆須く読誦大乗の一句に摂すべし』」**とあります。初めにある「又云はく」とは、法然の『選択集』で言うには、ということです。

この「貞元入蔵録」というのは、中国の円照が編纂をされた『貞元釈教録』のことであります。呼び方がいくつかありまして、このほかにも円照という人が編纂をしたので『円照録』とも言いますが、正式には『貞元新定釈教目録』と言うのであります。その内容は、後漢時代から唐の貞元年間に至るまでの訳経の目録です。

法然は、この「貞元入蔵録」には大般若経六百巻から法常住経に至るまでの、顕教・密教の大乗経、総じて六百三十七部、二千八百八十三巻が収められているけれども、これらはすべて「読誦大乗」の一句に含めるべきだと言っているわけです。

念仏以外の一切の大乗経は、読誦大乗の一句のなかに含めるべきであると言っているのです。

この読誦大乗とは、読んで字の如く、大乗経典を読誦することなのですけれども、これがまた念仏に言わせると、屁理屈を付け始めるのです。日寛上人の御指南のなかに、

「『読誦大乗』は是れ第三福の文なり。故に法華等を以て散善に属するなり」（御書文段二七ページ）

とあります。これはどういうことかと言いますと、読誦大乗というのは観無量寿経のなかに説かれているのです。この観無量寿経は浄土の三部経の一つで、浄土の三部経とは無量寿経と観無量寿経と阿弥陀経の三つです。

その観無量寿経に行門ということが説かれており、その行門のなかに散善門、定善門、念仏門というものがあります。さらにその散善門に世福、戒福、行福の三つがあり、その行福の第三の読誦大乗を指すのです。煩雑になるので結論から言いますと、法然は読誦大乗が指す大乗経のなかに法華経も含むと言っているのです。つ

まり法華経を含むすべての大乗経を読誦することは、散善門のなかの一分の修行に過ぎないと言っており、散善門というのは、念仏では随他意の法門とされるのであります。

この次にも随自意の法門と随他意の法門とが出てまいりますが、随自意というのは仏様が自らの意志に随って説かれる教えで、それに対して随他意というのは相手の機根に応じて説くことであります。だから小さい子供には、子供にも解るように勧善懲悪の花咲じいさんのお話をするのです。しかし、大人に対してその話をしても、「莫迦にするな」と怒られてしまいます。つまり機根に応じて説くのが随他意、仏様が自ら説こうとして説くのが随自意で、この二つがあります。

それについて法然は、法華経を含む大乗経はすべて随他意の散善門であるから読む必要はないのであり、ただ念仏を称えていればいいのだと言うのです。これが法然の主張なのです。言うならば読誦大乗の一句のなかに法華経の読誦も含まれるということは、それは称名念仏に対すれば雑行であるから、捨閉閣抛すべきであると言っているのです。捨閉閣抛とは、捨てよ、閉じよ、閣け、抛てということで、法然は法華経に対して、このように言っているのであります。

次に「『当に知るべし、随他の前には暫く定散の門を開くと雖も随自の後には還って定散の門を閉づ。一たび開いて以後永く閉ぢざるは唯是念仏の一門なり』と」とあります。これも『選択集』の文で、法然が言っていることです。

「随他の前」というのは随他意の法門が説かれる前ということで、そのあとの「定散の門」というのは念仏で言う定善門と散善門の二つのことであります。このうちの定善門は定まるという意味があり、雑念を除き心を一つにして仏道を修するという修行法です。また散善門というのは散心と言いまして、心が散乱して一つに定まらないで行う修行法です。念仏では、そういうことを言うのです。

法然は阿弥陀仏を頼った他力本願の教えを説くのですから、自力の修行というものを嫌うわけです。ですから自力の行を説く教え、あるいは自行化他といった教え、特に法華経を指して、散善の門だとけなすのです。要するに、法華経は心が散乱していて定まらない教えであるから、それは随他意であるということを言うのです。

これに対して「随自の後」からは念仏のことを言っております。つまり念仏の教えが説かれたのちは、随他意の法門である法華経などの教えは全部、閉じることになるのだと言っているのです。どういうことかと言いますと、これは法華経に当てはめればすぐに解ります。本当は法華経以前の教えが随他意の教えで、法華経が随自意の教えです。だから法華経が説かれれば、それ以前に説かれた教えは捨てなければなりません。ですから、法然はそれをまねて、念仏が説かれた以降は法華経を捨てればいいのだと、全く反対な、莫迦なことを言っているのです。

このように、理不尽なことでも平気で、もっともらしく言うのが邪義なのです。池田創価学会を見てごらんなさい。間違ったことを、もっともらしい顔をして言っているのです。だからおかしくなってしまうのです。邪義にはみんな、そういう特徴があるのです。法華経に当てはめれば正しいことだから、それを念仏にも当てはめようなどと、平気で莫迦なことを言っているというところに、邪義の邪義たる所以(ゆえん)があるのです。

要するに、念仏の法門を一度開いたならば、末永く閉じる必要はないと言っているのです。簡単に言いますと、念仏が随自意の教えであって、法華経を含むその他の大乗経は随他意の教えだから、これらの教えは捨てなければならない。随自意の念仏だけを持っていればいいのだと言っているのです。

次に**「又云はく『念仏の行者必ず三心を具足すべきの文、観無量寿経に云はく、同経の疏に云はく、問うて曰く、若し解行の不同邪雑の人等有りて外邪異見の難を防がん。或は行くこと一分二分にして群賊等喚び廻すとは、即ち別解・別行・悪見の人等に喩ふ。私に云はく、又此の中に一切の別解・別行・異学・異見等と言ふは是聖道門を指すなり』已上」**とあります。

この「又云はく」は、先程と同じように法然の『選択集』にいわく、ということです。

続いて「念仏の行者必ず三心を具足すべきの文」とあります。これは、念仏の行者は極楽往生をするために、必ず三つの心を具足すべきであると言うのです。その三心は、一つ目は至誠心で、真実に浄土を願う心のことを彼らは至誠心と言っています。また二つ目は深心で、深く浄土を願う心であります。それから三つ目は回向発願心で、功徳を回向して浄土に往生しようと願う心です。これらは観無量寿経に説かれてありまして、この三つを具足すべきであると言っているのです。

次の「同経の疏」というのは観無量寿経を善導が釈した書のことで、その「同経の疏」には「問うて曰く、若し解行の不同邪雑の人等有りて外邪異見の難を防がん」とあるのです。

この「解行の不同」とは念仏の修行に同調しない人という意味で、念仏者と理解を異(こと)にして修行を同じくしない人のことです。それから「邪雑の人」というのは邪見雑行の人ということで、これも念仏から見れば邪(よこし)まな考えを持っている者であり、阿弥陀仏以外を対象として修行をしている人達は皆、邪雑の人ということになるのです。そして「外邪異見の難」というのは、今言った解行の不同や邪雑の人達が、念仏の行者に対して迫害を加えることで、さも、もっともらしく言っているのであります。

要約しますと、もし念仏者と理解を異にして、修行を同じくしない邪見雑行の人がいて、念仏者を妨害するようなことがあれば、その外邪異見の難を防がなければならないということで、このようなことを念仏の者が言っているのであります。

また「或は行くこと一分二分にして群賊等喚び廻すとは、即ち別解・別行・悪見の人等に喩ふ」というのも善導の観経の疏にある言葉でありますが、これについては「二河白道の譬え」という譬えによって説かれております。

これは、旅人が原野を西に向かって歩いて行くと、なぜ西に向かうかと言えば、浄土教では西方十万億土に行って極楽往生するという彼らの主張があるからなのですが、そのように西に向かっていくと、忽然として二つの河が現れた。その河は、南に火の河、北には水の河があって、それぞれの河幅は百歩ほどしかないが、深くて底がない河である。その両方の河の間に、幅がわずか四、五寸の白い道があるが、両側の河から火と水が絶えず押し寄せている。原野には頼るべき人もなく、ひとりぼっちで、しかも群賊、野獣等が後ろから迫ってくる。つまり引き返しても、立ち止まっても、大変な状況である。

そこで河に挟まれた白い道を進んでいこうと決意をすると、後ろの東の岸から「汝、早く渡れ。もし止まらば、すなわち死なん」と聞こえてきた。また、西の岸からは「汝、直ちに来たれ。我れ、汝を護らん」という声が聞こえてきた。旅人は意を決して、その狭い白い道を西に向かって歩み出した。しかし、その白い道を行くことわずかにして、今度は背後から、群賊達が誑かそうとして、「この道は危険である。死ぬに違いないから、我々の所へ戻れ」と誘った。だが、その誘いに乗ることもなく、白い道を直進して西側に着くと、そこは安楽の世界であり、諸難から離れて、善友と共に喜びを楽しむことができた、という譬え話が念仏の教えにあるのです。

彼らに言わせると、火の河は人間の怒りや憎しみを表しており、水の河は愛着や欲望といった貪愛を表している。そして白い道は浄土に往生するための清浄心を表しており、群賊達は人間の迷いや悪い考えを譬えている、としています。つまりは、念仏の者がまともに極楽に向かって歩んでいこうとすると、必ず色々な妨害が出てくるので、それを振り払って西方十万億土に行かなければならないと言っているのです。そして、それを妨害する人達こそが「別解・別行・悪見の人等」だと言っているのです。

「別解」とは念仏者と見解を異にすることです。それから「別行」とは念仏以外の修行をしている人のこと、「悪見」というのは念仏往生を妨げる考えのことで、この善導が述べた「別解・別行・悪見の人等」を法然はさらに曲解して、これはすなわち聖道門である浄土三部経以外の教えを信じる人のことであると言っているのです。

今お話をしているのは全部、念仏の話ですから、真剣に聞かなくても結構であります。いかに念仏の者達が、法華経の良いところを盗み取って、いい加減なことを言っているかということです。

そして**「又最後結句の文に云はく『夫速やかに生死を離れんと欲せば、二種の勝法の中に且く聖道門を閣きて選んで浄土門に入れ。浄土門に入らんと欲せば、正・雑二行の中に且く諸の雑行を抛ちて選んで応に正行に帰すべし』已上」**とあります。これが法然の『選択集』の最後の文であり、有名な捨閉閣抛を言っているところです。

法然は、先程も申し上げましたが、法華経をはじめとする聖道門の教えを捨てよ、閉じよ、閣け、抛てと言っているのであります。つまり、早く生死の苦しみから離れようと思うならば、二種の勝法である聖道門と浄土門のうち、浄土門に入らなければだめだと言うのです。この聖道門とは法華経の修行であり、浄土門が念仏の修行であります。ですから聖道門を閣いて、浄土門を選ばなければならないと言っております。

そして、また浄土門に入ろうとするならば、今度はそこに正行と雑行の二つの修行法があります。正行が正しい行で、雑行は雑な行です。この二つのうちから正しい行を選ばなければならない、正行に帰すべきであるというのが法然の主張であります。

しかし、そもそも浄土教の考え方自体が全く狂っているのです。まず一つは、浄土教というのは未顕真実の教えなのです。ですから浄土教がいくら立派なことを言っていても、無量義経の、

「四十余年。未顕真実（四十余年には未だ真実を顕さず）」（法華経二三ページ）

の一文で破折できるのです。何を言ったところで、釈尊が法華経を説くまでには真実を顕していないとおっしゃっているのであり、法華経には、

「要当説真実（要ず当に真実を説きたもうべし）」―（同九三㌻）

とおっしゃっているのです。つまり、それ以前の教えは方便の教えであると、はっきりとおっしゃっているのですから、浄土教で崇める阿弥陀経や観無量寿経などのお経は、すべて爾前経であり、四十余年の権りの教えなのです。

それから次に、阿弥陀仏とは一体どういう仏様かということです。すなわち、阿弥陀如来は架空の仏でありますから、これを権仏と言うのです。

先程、花咲じいさんの話をしましたけれども、子供達に「善いことをしなければいけない」とか「悪いことをしてはいけない」と教えるためには、桃太郎の話をしたり、花咲じいさんの話をしたりするかと思います。しかし、大人になってからその話を聞いても、本当にあった実際の話だと思いますでしょうか。おそらくは思わないはずです。

この阿弥陀仏の話というのは、そういう類の話なのです。つまり西方十万億土という架空の世界の如来なのです。だから、これらを信じて、どうして幸せになれるのかということです。釈尊はきちんと法華経の譬喩品に、

「今此の三界は　皆是れ我が有なり　其の中の衆生　悉く是れ吾が子なり　而も今此の処　諸の患難多し　唯我一人のみ　能く救護を為す」（同一六八ページ）

と仰せです。

この御文の「今此の三界は　皆是れ我が有なり」とは、主師親のうちの主の徳を表しております。また「其の中の衆生　悉く是れ吾が子なり」とは親の徳を表しており、それから「而も今此の処　諸の患難多し　唯我一人のみ　能く救護を為す」とは師の徳を表しているのです。まさに釈尊こそが、主師親三徳兼備の仏様だということです。しかも現実の娑婆世界で、一切衆生を救われる仏様です。ですから、阿弥陀仏のように架空の話、架空の仏とは全くわけが違うのであり、どちらを拝すべきかは一目瞭然であります。

それから、浄土の教えは阿弥陀仏の本願そのものに背いているということがあります。すなわち浄土の三部経のなかの無量寿経には、西方浄土の阿弥陀仏が念仏を称える者を救うことが説かれておりますが、阿弥陀仏が法蔵比丘という因位にあった時に立てた四十八種の誓願のなかには、例外として、

「唯五逆と誹謗正法を除く」（御書二四〇ジペー等）

とあるのです。つまり五逆罪を犯した者、それから正法を誹謗した者は救済の対象から除外すると言っているのです。

五逆罪は、父を殺す、母を殺す、阿羅漢を殺す、仏様の身体から血を出だす、和合僧を破るという五つの罪です。また、正法を誹謗した者ともありますが、この正法とは法華経のことなのであります。つまり法華経を誹謗した者は救わないと、阿弥陀仏自身が言っているのです。

ところが曇鸞や道綽、善導あるいは法然達は、法華経をけなしているのです。ですから彼らが言っていることは、阿弥陀仏が誓願したことに反しているのです。そういう自語相違があるということです。このことからも、法然の主張自体が阿弥陀仏の教えとは全く違っているということがお解りになるのではないかと思います。

このあとから大聖人様による念仏の破折に入りますので、大事な部分でもあるのですが、本日は時間の関係で終わりにします。

本日は念仏の話ばかりで、頭に入りづらい方もいらっしゃったのではないかと思いますが、その点は御容赦いただいて、このあとの箇所は指導教師の方の御指導を受けていただきたいと思います。このあとの御文を読んでいくと、本日の話も少しはお解りになるはずですので、よろしくお願いする次第であります。

さて、本年も残りわずかになりましたけれども、日顕上人からいただいた御命題達成に向けて、僧俗一致、異体同心して、本当に晴れやかに、本年度の誓願を達成していただきたいと心から念ずる次第であります。

明年は、今ここに来られている皆さんが「七万五千名大結集総会」に参加をいたしましょう。そして「五十万総登山」にも参加いたしましょう。御登山をされて、戒壇の大御本尊様に心から御報恩謝徳をしていきましょう。そこに大きな功徳があるのです。また、功徳をたくさん積んで、その功徳によって、さらに広宣流布の戦いを進めていただきたいと思います。

皆様方は山田貴道房という、たいへん立派な指導教師を得て、本当に幸せだと思います。どうぞ僧俗一致して、これからも御精進くださることをお祈りいたしまして、本日の私の話といたします。

（大日蓮　平成二十年十一月号）

立正安国論（八）

平成二十年十一月二十四日
本教寺新築落慶法要の砌
於　大阪府豊中市

之に就いて之を見るに、曇鸞・道綽・善導の謬釈を引いて聖道浄土・難行易行の旨を建て、法華・真言総じて一代の大乗六百三十七部二千八百八十三巻、一切の諸仏菩薩及び諸の世天等を以て、皆聖道・難行・雑行等に摂して、或は捨て、或は閉ぢ、或は閣き、或は抛つ。此の四字を以て多く一切を迷はし、剰へ三国の聖僧・十方の仏弟を以て皆群賊と号し、併せて罵詈せしむ。近くは所依の浄土の三部経の「唯五逆と誹謗正法を除く」の誓文に背き、遠くは一代五時の肝心たる法華経の第二の「若し人信ぜずして此の経を毀謗せば、乃至其の人命終して阿鼻獄に入らん」の誡文に迷ふ者なり。是に代末代に及び、人聖人に非ず。各冥衢に容りて並びに直道を忘る。悲しいかな瞳矇を樹たず。痛ましいかな徒に邪信を催す。故に上国王より下土民に至るまで、皆経は浄土三部の外に経無く、仏は弥陀三尊の外に仏無しと謂へり。仍って伝教・義真・慈覚・智証等、或は万里の波涛を渉りて渡せし所の聖教、或は一朝の山川を廻りて崇むる所の仏像、若しくは高山の巓に華界を建てゝ以て安置し、若しくは深谷の底に蓮宮を起てゝ以て崇重す。釈迦・薬師の光を並ぶるや、威を現当に施し、虚空・地蔵の化を成すや、益を生後に被らしむ。故に国主は郡郷を寄せて以て灯燭を明らかにし、地頭は田園を充てゝ以て供養に備ふ。而るを法然の選択に依って、則ち教主を忘れて西土の仏駄を貴び、付嘱を抛ちて東方の如来を閣き、唯四巻三部の経典を専らにして空しく一代五時の妙典を抛つ。是を以て弥陀の堂に非ざれば皆供仏の志を止め、念仏の者に非ざれば早く施僧の懐ひを忘る。故に仏堂は零落して瓦松の煙老い、僧房は荒廃して庭草の露深し。然りと雖も各護惜の心を捨てゝ、並びに建立の思ひを廃す。是を以て住持の聖僧行きて帰らず、守護の善神去りて来たること無し。是偏に法然の選択に依るなり。悲しいかな数十年の間、百千万の人魔縁に蕩かされて多く仏教に迷へり。謗を好んで正を忘る、善神怒りを成さゞらんや。円を捨てゝ偏を好む、悪鬼便りを得ざらんや。如かず彼の万祈を修せんよりは此の一凶を禁ぜんには。

（御書二四〇ジペー九行目～二四一ジペー九行目）

本日は、当本教寺の新築落慶法要に当たりまして、当寺住職の願いによりまして参上をした次第でございます。

当寺住職の南原評道房は平成十七年七月、当寺に赴任をいたしました。赴任以来、寺檀の和合を図り、寺院の興隆発展に努め、今回、かねて前住職、現総本山大石寺内事部主任理事の佐藤慈暢房以来の念願であった当寺の建て直しを図り、全面的に再建新築して寺域を荘厳し、仏祖三宝尊に対し奉り心からの御報恩を申し上げましたことは、まことに尊いことであり、仏祖三宝尊におかれましては、さぞかし御嘉納あそばされていることと拝する次第でございます。

これもひとえに前住職の長年にわたる丹精と、現住職をはじめ今まで寺院を護ってこられた御信徒御一同の外護の赤誠の賜物(たまもの)であり、当寺総代、講頭をはじめ御信徒の皆様には心からお祝いを申し上げるものであります。本当におめでとうございました。どうぞこれからも僧俗一致・異体同心して、さらなる御精進をお願いするところでございます。

さて、本日は住職の願いもございまして、ただいま拝読いたしました『立正安国論』について、少々お話を申し上げたいと思います。

私は平成十八年四月の代替(だいがわり)法要の時、初転法輪で『立正安国論』についてお話をした次第で、以来、親教のたびに『立正安国論』についてお話をさせていただいております。これは御承知の通り、今、宗門は御隠尊日顕上人猊下より賜った平成二十一年の『立正安国論』正義顕揚七百五十年の大佳節におけるところの御命題、すなわち「地涌倍増」と「大結集」の達成に向けて、僧俗一致・異体同心をして前進すべき、まことに大事な時であり、私達一同が改めて『立正安国論』の御正意を拝し奉り、もって御命題の達成を誓い、万分の一なりとも御本尊様の御恩徳に報い奉ることができればと考えまして、『立正安国論』を拝読してお話をさせていただいている次第でございます。

この『立正安国論』は、今申し上げました通り、初めに総本山の御影堂においてお話しいたしまして、そのあと親教があり、静岡県浜松市浜北区の妙重寺でお話をいたしました。次に静岡県富士宮市の法明寺、三番目が東京都杉並区の仏乗寺で、四番目に兵庫県姫路市の仏恩寺、五番目に東京都府中市の妙観院、そして神奈川県横浜市の久遠寺、鳥取県鳥取市の日香寺でお話をさせていただきました。本日、ここ本教寺は第八番目でございます。八という字は開くという意味がございますから、まことに結構なことではないかと存じます。

次に『立正安国論』の概略を説明したいと思います。

『立正安国論』は今を去る七百四十八年前、文応元（一二六〇）年の七月十六日、大聖人様御年三十九歳の時に宿屋左衛門入道を介して、時の最高権力者である北条時頼に提出されたところの国主への諫暁書であります。この『立正安国論』は、全体が客と主人の問答形式になっておりまして、十問九答の構成であります。十問九答というのは、十の問いに対して九つの答えということであります。これは十問十答ではなく、最後の客の問いがそのまま答えになっており、それで十問九答の形式をもって述べられているのであります。

本日拝読いたしましたところは、第四問答の途中からの御文でございます。そこで、本文に入る前に、第一問答から第四問答までの概略を申し上げたいと思います。

まず第一問答において、客が「近年より近日に至るまで、様々に起きているところの天変・地夭、あるいは飢饉・疫癘といったものが、いったいなぜ起きるのか」と、その原因について主人に尋ねるのであります。これに対しまして、主人は「世の中の人が皆、正法に背（そむ）いているからである。そのために正法を守護すべきところの善神が国を捨てて相（あい）去り、正法を護持する聖人は所を辞して還（かえ）らず、そこに魔や鬼が来て災難が起きるのだ」とおっしゃって、災難の由来について述べられております。

この主人の答えに対して、客が「それはいったい、いかなるお経に出ているのか」と、経文に証拠があるのかと問うのです。それに対しまして、今度は主人が金光明経、大集経、仁王経、薬師経という四つのお経の七文を挙げまして、災難の経証について答えるのであります。これが第二問答です。

第三問答に入りますと、第二問答における主人の答えが、客の思っていたことと違ったために、客の心中は穏やかでなく、主人の答えが奇怪であると言うのです。そして、たとえ主人が金光明経とか仁王経、あるいは大集経、薬師経の文証を挙げて言っていることについても、今、天下世情は仏に対し、あるいは色々なお経に対しても捨て去る心はなく、かえって皆、盛んに崇（あが）め奉っているではないかと、主人に対して血相を変えて詰問（きつもん）したのであります。

主人は客の問いに対して「叡山や南都、園城寺といった有名な寺々は、たしかにそうであるかも知れない。仏閣は甍を連ねているし、僧侶も大勢いる。けれども、それらの僧侶は全部、権力に媚び諂っている僧侶なのだ」と仰せられます。つまり真実の僧侶はいないのであり、それらの悪い僧侶が多くの人々を迷わせているのだと指摘したのです。そして最後に、

「悪侶を誡めずんば豈善事を成さんや」（御書二三九ページ）

とおっしゃって、第三問答が終わるのです。

そして第四問答に入るのですが、第四問答は今申し上げました「悪侶を誡めずんば豈善事を成さんや」という主人の前段の答えに対して、客は前にも増して怒りを露わにし、「ではいったい、だれがその悪比丘なのだ」と述べ、それを、

「委細に聞かんと欲す」（同ページ）

とあるように、詳しく聞きたいものだと主人に詰め寄るのです。それに対して主人は「それは法然である」と言い、初めて法然の名前を出すのです。すなわち、法然が著した『選択集』を指摘して、法然の邪義こそが諸難の元凶であると断じ、当段

の最後の、

「如かず彼の万祈を修せんよりは此の一凶を禁ぜんには」（同二四一ジペー）

という御文に至ります。すなわち、法然の『選択集』に説かれる念仏の邪義を破折しなければならないというのが、第四問答の括りになっております。

以上が第四問答までの概略であります。

本日は前回、日香寺で説法をいたしました時に、時間がなくて途中で終わってしまったので、その続きである第四問答の途中からお話を申し上げる次第です。少し経過が省略されますが、そのところは御承知の上でお聞きいただきたいと思います。

では、本文に入ります。

まず**「之に就いて之を見るに」**とあります。これはどういうことかといいますと、法然の『選択集』の邪義について考えてみると、という意味です。つまり拝読した御文の前までは、法然の『選択集』を挙げて、法然がいかに邪義を唱えてきたかを述べられていますので、それに対して、ここからは法然の邪義を破折されているのです。ですから、ここが一番大事なところなのです。まず、法然の悪書と言われる『選択集』を挙げて、その『選択集』を見ると、と言われているのです。

そこでは、法然は、**「曇鸞・道綽・善導の謬釈を引いて」**いるのです。この「謬釈」というのは誤った解釈です。法然は中国浄土宗の祖と言われる曇鸞や、あるいは道綽、善導という中国浄土宗の三師の間違った教えを挙げているのです。

まず、曇鸞は『往生論註』という本を書きまして、念仏の邪説を唱えております。これはどういう邪説かといいますと、浄土に往生するためには阿弥陀仏の本願によらなければならない、つまり他力本願でなければだめだという思想を述べているのです。この『往生論註』は、その後の浄土思想の展開に大きな影響を与え、それを法然は信じているのです。

次に道綽でありますが、この人は『安楽集』という本を書いたのです。『安楽集』では、釈尊の教えを聖道門と浄土門の二つに分けて、聖道門はだめだと言い、浄土門によらなければいけないと述べるのです。そして、末代の衆生はすべて浄土門に入って西方の阿弥陀如来に帰依し、安楽世界に往生すべきだという邪説を立てるのです。これが『安楽集』であります。

その次の善導は『往生礼讃』という本を書いております。これには、極楽浄土へ往生するためには色々な行儀作法があるということを、こまごまと書いてあるのです。

ですから、もともと曇鸞、道綽、善導の書き著した内容は、みんな誤りなのです。だから、大聖人様は「謬釈」と言われているのです。

しかし法然は、この三師の間違った解釈をそのまま鵜呑みにするばかりではなく、さらに輪を掛けて邪義を構えて説いているわけです。ですから、続いて**「聖道浄土・難行易行の旨を建て」**と、曇鸞とか道綽、善導の邪義にさらに我見を加え、聖道門と浄土門、あるいは難行道と易行道という邪説をますます盛んにしているのです。

これはどういう邪説かといいますと、聖道門は今言いました通り、娑婆世界で自力によって仏果を得ようとする教えであります。彼らに言わせますと、浄土三部経以外の教えはみんな聖道門だと言うのです。浄土三部経というのは無量寿経・観無量寿経・阿弥陀経の三つです。これが彼らの依り所としているお経であります。それ以外の教えは全部、聖道門に入ってしまうのだと言うのです。

では、浄土門とは何かといいますと、この娑婆世界は穢れているから、穢れた娑婆世界を嫌って、他力によって極楽往生を願うべきだという教えなのです。つまり他力本願です。浄土三部経の教えは浄土門であり、それによって我々は極楽浄土へ行ける、それ以外の教えは聖道門だから捨てなければならないと言うのです。法然は『選択集』のなかで、

「速やかに生死を離れんと欲せば、二種の勝法の中には、且く聖道門を閣きて選んで浄土門に入れ」

と、聖道門を捨てて浄土門に入らなければいけないという邪説を唱えるのであります。

また「難行易行」というのも同じようなもので、難行道と易行道ということは、もともとは竜樹菩薩の『十住毘婆沙論』において説かれているのです。この『十住毘婆沙論』におきましては、菩薩が不退の位に入るに際して、難行道と易行道の二

種類の方法があると説かれております。それを元にして、浄土教では勝手に邪説を立てているわけです。

要するに彼らが言う難行道とは、実践が困難な修行のことであります。つまり浄土三部経以外の一切の教えは皆、娑婆世界で長時間にわたって修行を積まなければならない。自力によって仏果を得ることはまことに困難であるから、これではだめだと言うのです。では、どうするのかといいますと、他力本願で阿弥陀如来の名前を称(とな)え、他力によって往生するという易行道が正しいということを言っているのです。

ところが、今言いましたように、この難行道と易行道というのは、もともと竜樹菩薩の『十住毘婆沙論』に説かれたものなのです。この『十住毘婆沙論』を読みますと、全く違うことを言っているのです。どう違うかといいますと、そもそも『十住毘婆沙論』では法華経以前の経々について難行道と易行道の二つに分け、そして難行道は捨てて易行道に入らなければだめだとおっしゃっているのです。だから、この立て分けには、法華経は入っていないのです。

ところが法然はそれを悪用して、法華経も難行道なのだとすり替えたのです。そういう邪説であります。ですから、もともと竜樹菩薩の言わんとしているところと全く違うことを言っているのです。つまり、法華経は入っていなかったにもかかわらず、法華経を入れてしまって、勝手な解釈をしているのが法然なのです。

難行道と易行道と言いますけれども、そもそも教法が正しいか正しくないかは、修行が難しいか易しいかで決まるのではないのです。難しい修行は功徳がなく、易しい修行は功徳があるなどということは聞いたことがないでしょう。浄土宗は、そういうとんちんかんなことを言っておるのです。

何が正しいのかという判断基準は、一往、法門的には五義三証が判断基準になりますが、一番の根本のところでは御本尊が正しいか正しくないかで決まるのです。けっして修行が難しいか易しいかで正邪が決まるという話はありません。これは全くのすり替えなのですが、浄土宗はこれを平気でやるのです。要するに、これが彼らの実態ということになります。このように、法然は勝手に邪説を立てているのです。

次に**「法華・真言総じて一代の大乗六百三十七部二千八百八十三巻、一切の諸仏菩薩及び諸の世天等を以て、皆聖道・難行・雑行等に摂して、或は捨て、或は閉ぢ、或は閣き、或は抛つ」**とあります。つまり、浄土の三部経以外の大乗経、総じて六百三十七部二千八百八十三巻の一切の経文と一切の諸仏菩薩の教えは全部、聖道門あるいは難行道であり、雑行だと言って打ち捨ててしまったということです。

ここに「雑行」とあります。聖道と難行については先程言いましたが、雑行については法然が『選択集』のなかに、

「往生の行多しと雖も、大に分かちて二と為す。一には正行、二には雑行なり」

と言っているのです。つまり修行を正行と雑行の二つに分けて、そのうち阿弥陀仏を対象として礼拝し、あるいは読誦し、観察し、名を称える称名をし、あるいは讃歎供養するといった修行をしていくのが正行であり、その正行こそ、人々が浄土に往生するための最高の行なのだと言うのです。

これに対して、阿弥陀仏以外を対象とする修行、つまり念仏以外はみんな粗雑な

行、雑行であるとして、用いてはならないと言っているのです。ですから、理論的には聖道門や難行道と一緒のような解釈です。そのようにして、法華経を含めた一切の教えは、すべて「或は捨て、或は閉ぢ、或は閣き、或は抛つ」と、打ち捨ててしまえと言うのです。つまり、捨閉閣抛（しゃへいかくほう）という**「此の四字を以て多く一切を迷はし」**ているのであります。

そして**「剰へ（あまつさ）三国の聖僧・十方の仏弟（ぶってい）を以て皆群賊（ぐんぞく）と号し、併せて罵詈（めり）せしむ」**とあります。「三国」というのはインドと中国と日本の三国です。この「三国の聖僧」と言いますのは、言うならばインドの竜樹菩薩あるいは天親菩薩、中国では天台大師あるいは妙楽大師で、日本では伝教大師です。こういった、仏法を正しく伝えて弘めた人々や十方の仏弟子を指して「群賊」すなわち多くの賊だと言っているというのです。法然に言わせると、浄土の三部経によらない者、法華経を一生懸命に行じている人とか、竜樹や天親、天台や伝教は皆、群賊ということになるのです。自分が仏法上の賊であるのに、勘違いをして他の人が悪いと思ってしまうのです。そして、それらの人達に対して悪口を言っているのが法然だということです。

次に**「近くは所依の浄土の三部経の『唯五逆と誹謗正法を除く』の誓文に背き」**とあります。法然は、三国の聖僧である天台大師や伝教大師といった方々に対して、群賊と言って悪口を言っているけれども、それは違うということです。

浄土の三部経というのは、先程言いました無量寿経・観無量寿経・阿弥陀経の三つでありますが、実は、この無量寿経のなかには西方十万億土という西方浄土の阿弥陀仏が念仏を称える者を救うということが説かれているのです。その阿弥陀仏が、法蔵比丘として因位の修行をしている時に立てた四十八の誓願があるのですが、その四十八願のなかに、

「設ひ我仏を得んも、十方の衆生至心に信楽して我が国に生ぜんと欲して、乃至十念せんに若し生ぜずんば正覚を取らじ。唯し五逆と誹謗正法を除く」

（御書一六六三ジペー）

というものがあります。やさしく言いますと、念仏を称えていれば、いかなる衆生も極楽浄土に往生できるけれども、殺父・殺母・殺阿羅漢・破和合僧・出仏身血という五逆罪を犯した者と正法を誹謗する者は、いかに念仏を称えても極楽浄土に生

ずることはできないと言っているのです。つまり、五逆罪を犯した者と正法を誹謗した者は、念仏の教えでは救われないということです。

阿弥陀仏自身が、正法であるところの法華経を謗った者は救えないと、このように言っているのです。ですから、法然が説くところの法華経を否定する念仏の信仰というのは、自分達が本尊と仰ぐ阿弥陀仏の本願からも背いていることになるのです。

本生譚と言うのですが、阿弥陀如来が昔、法蔵比丘として修行をしていた時に立てた誓願のなかに、五逆罪を犯した者と正法を誹謗した者は、どんなに念仏を称えても救われないと言っているのに、その正法を誹謗しているのはだれだということになるわけです。誓いの文に背いているのは念仏であり、矛盾していると指摘されているのであります。

さらに**「遠くは一代五時の肝心たる法華経の第二の『若し人信ぜずして此の経を毀謗せば、乃至其の人命終して阿鼻獄に入らん』の誡文に迷ふ者なり」**というのは、釈尊一代五時の説法の肝心である法華経の譬喩品のなかに「若し人信ぜずして此の経を毀謗せば、乃至其の人命終して阿鼻獄に入らん」という有名な御文があります。もし人がこの法華経を信じないで誹謗するならば、その人は命が終わってのち阿鼻地獄に堕ちてしまうと仰せられているのです。したがって、法華誹謗の法然こそが釈尊の誡文に迷う者であり、必ず命終して阿鼻地獄に堕ちてしまうのであるということです。このように、浄土の教えというのは、言っていることが仏法の道理の上から矛盾しているのです。

次からは、念仏の隆盛が天台の仏法を衰退させ、仏法の正統学派の流れを混乱させて、亡国の根源となっていることを指摘されております。すなわち、法然の邪義に対して**「是に代末代に及び、人聖人に非ず。各冥衢に容りて並びに直道を忘る」**とあります。つまり人々は凡愚で、聖人の如く法の邪正を弁えることができないから、人々はみんな念仏の邪義に惑わされてしまう。「冥衢」とは暗い道のことであるのに対して、「直道」というのはまっすぐな道という意味です。迂曲をしないで直ちに成仏の境界に至る道のことを直道と言うのです。成仏の「直道」に対して、迷いの道を「冥衢」と言うのであります。つまり、念仏によって暗い迷いの道に入ってしまい、正しい一生成仏の直道を忘れているということであります。

法華経の開経である無量義経に説かれていることでありますが、伝教大師は『守護国界章』という書物のなかで、悟りに至る道には三通りあるとおっしゃっております。一つは迂回道で、寄り道をしていくことです。また、二番目が歴劫(りゃっこう)道で、これは歴劫成仏とも言いまして、多くの時間を経て修行をすることです。そして三番目が直道であり、この三つがあると仰せであります。

このうちの迂回道というのは、言うならば小乗の修行であります。それから歴劫道というのは菩薩の修行です。菩薩の修行を何回も生まれ変わって行い、成仏していくという修行です。そして最後の直道とは、法華直道の修行道であるとおっしゃっております。この直道は「飛行無礙道(ひぎょうむげどう)」とも言います。飛行機が空を飛ぶときにはまっすぐ飛ぶように、なんの障りもないということです。ですから法華経の直道とは、まっすぐ成仏の境界に行けるのであり、今、我々の行っている修行がこれであります。

成仏の大直道とは、寄り道をしないで御本尊の功徳によって成仏できるのです。

これがまさに飛行であります。ですから小乗の修行とも違う、また菩薩の修行とも違って、我々の修行は法華一乗の修行なのであります。我々の修行というものは本当に尊いのです。差し障るものがなく、まっすぐに成仏の境界に行き着くことができる、すばらしい修行を我々は積んでいるのです。

次は**「悲しいかな瞳矇（どうもう）を樹（う）たず。痛ましいかな徒（いたずら）に邪信を催（もよお）す」**との御文です。「瞳矇」とはものが見えないという意味で、何が見えないかといいますと、ただ単に物理的に見えないのではなく、物事の善悪を正しく見ることができない、物事の正しいところが判らないという意味です。ここに「樹たず」とあるのは、衆生が念仏の邪師に惑わされて暗い道に入り込んでいる姿を見て、その人の目を開かせないことです。善悪の判断がつかない人達に対して「樹つ」ということは折伏と同じです。つまり、目を覚まさせることを「瞳矇を樹つ」と言うのです。

ところが、ここでお示しなのは「樹たず」です。正法を立てて謗法を責め、正邪を明らかにすることが「瞳矇を樹つ」ということなのですが、ここでは「樹たず」とお示しでありますから、ここの意味は、悲しいことに多くの人達が法然を信じ、だれ一人として法然の謗法を責める者がいないとおっしゃっているのです。すなわち、法然の邪義が盛んになっているということです。その上、痛ましいことに「徒に邪信を催す」、法然の邪説に迷って、ますます邪信を増すばかりである、これが今の状態だとおっしゃっているのです。

そのため**「故に上国王より下土民に至るまで、皆経は浄土三部の外に経無く、仏は弥陀三尊の外に仏無しと謂へり」**、つまり一番上は国王から、下は一般庶民に至るまで、多くの人々が、お経といえば無量寿経・観無量寿経・阿弥陀経の浄土三部経以外にはないと思っている。また、仏といえば弥陀三尊、阿弥陀仏とその脇士の観世音菩薩、勢至菩薩という三尊しかないと思っているということです。

そして、次からは仏法の壊乱の姿を述べられるのであります。

まず**「仍って伝教・義真・慈覚・智証等」**とありますが、日本に念仏がはびこる一方で、法然の先輩に当たるのが伝教、義真、慈覚、智証等なのであります。どういうことかと言いますと、法然は比叡山で修行をしたので、その比叡山の先輩のなかに伝教大師や義真、慈覚、智証という人達がいるのであり、それをここでは挙げられているのです。

続いて**「或は万里の波涛を渉りて渡せし所の聖教、或は一朝の山川を廻りて崇むる所の仏像、若しくは高山の巓に華界を建てゝ以て安置し、若しくは深谷の底に蓮宮を起てゝ以て崇重す」**とあります。「華界」とは僧院で、「蓮宮」とは僧坊のことです。法然にとれば先輩に当たる人達が、艱難辛苦の末にインドや中国から万里の波涛を渡ってもたらしたところの経典や、全国各地を巡って崇めたところの仏像は、高山の頂に僧院を建てて安置し、深谷の底に僧坊を建てて安置していたということをおっしゃっております。

先程の御文に、法然が流行した比叡山の先輩達の名前がありましたが、このなかには慈覚と智証も入っているのです。この慈覚とはどういう人かといいますと、伝教大師の弟子でありながら、結局は真言の宗義に傾倒してしまったのです。それから智証も同じで、智証は空海の甥っ子であると言われていますが、結局、天台密教である台密に流れてしまったのです。もちろん伝教大師は問題ありませんけれども、そのあとの慈覚や智証をこのなかに入れているのは、どうしたことかと思う人もいるかと思います。

しかし、この当時は念仏がはびこっており、法然は念仏以外の教えはみんなだめだと言っていたのです。そうしますと一往は、慈覚も智証も曲がりなりにも叡山の座主であった人達ですから、ここではこの人達も含めて名前を挙げられているわけです。つまり、ここのところで二人の名前が挙がっているのは、これらは法然の大先輩であるにもかかわらず、その人達に対して批難をし、悪口を言っているということです。

そして**「釈迦・薬師の光を並ぶるや、威を現当に施し、虚空・地蔵の化を成すや、益を生後に被らしむ」**というのは、当時、比叡山においては、西塔の宝幢院には釈迦如来が安置され、東塔の止観院根本中堂には薬師如来が安置されており、この釈迦如来と薬師如来が共に威光を現当二世に施していたということです。また、同じく横川の戒心谷には虚空蔵菩薩が安置され、さらに般若谷には地蔵菩薩が安置されていて、特に「益を生後に被らし」めていたということです。

「故に国主は郡郷を寄せて以て灯燭を明らかにし、地頭は田園を充てゝ以て供養

に備ふ」とありますが、比叡山においては、像法時代の正法を立てていたのです。だから、国主は所領の一部を寄進し、灯明料を供養したし、地頭は田園を供養していたのです。つまり、ここでは法華経を中心とする比叡山の天台宗が隆盛を極めていたことを述べられているのです。過去においては、そういう姿が比叡山の法華経を中心にした流れの上からあったのであります。

ところが**「而るを法然の選択に依って、則ち教主を忘れて西土の仏駄を貴び」**とありますように、曲がりなりにも法華経迹門を弘めた姿があったが、法然の『選択集』によって情勢は全く一変してしまったということです。つまり、比叡山においては法華経を中心とする教えが隆盛を極めていたのだけれども、結局は『選択集』によって、人々は教主である釈尊を忘れてしまい、架空の仏である西方の阿弥陀仏を貴ぶようになってしまったのです。

これはどういうことかと言いますと、もともと阿弥陀如来は権仏といって架空の仏なのです。釈尊は実際にインドに出現せられて、十九歳で出家し、三十歳で成道を遂げられ、八十歳で入滅された実在の仏様であります。しかしながら、阿弥陀如来というのはお経のなかに出てくるだけの仮りの仏なのであり、本物ではないのです。

例えば、子供に勧善懲悪を教えるときに、花咲(はなさか)じいさんの話や浦島太郎の話をすることがあるかと思います。しかし、花咲じいさんや浦島太郎が本当にいたのかというと、おそらくいなかったでしょう。このなかに花咲じいさんや浦島太郎が本当にいたと思っている人はいますか。あまりいないはずです。でも、話としては勧善懲悪で、善いことをしなければだめだ、悪いことをしてはいけないということを教えているわけです。

実は爾前権教もそういうものなのです。そこで説かれるのは仮りの仏であり、阿弥陀如来もその類(たぐ)いなのです。だから権仏なのです。もちろん、話の物語としてはあるのであり、それだけの役目はするのです。しかし、いったん法華経が説かれたならば、そういった仮りの教えは切り捨てなければならないのです。

これは家を建てるときの話でありますが、家を建てるときには足場が必要です。本教寺だってそうだったでしょう。しっかりと足場を組んで、お寺を建てたのです。ところが、家が出来たあとは、足場はどうなりますか。いつまでも足場があったならば、邪魔になります。爾前権教は、この足場のようなものなのです。ですから、阿弥陀如来はあくまでも架空の権仏ですから、それに頼りきってしまって本家本元の教主釈尊を忘れたならば、これはなんにもならないわけです。「教主を忘れて西土の仏駄を貴び」とあるのは、こういうことをおっしゃっているのです。

次に**「付嘱を抛ちて東方の如来を閣き」**というのは、釈尊は法華経の嘱累品において、薬王菩薩等の迹化の菩薩に像法時代の法華経流布を委託したわけです。その薬王菩薩の再誕として、像法時代に出現されたのが天台大師であり、天台大師は法華経迹門を流布したのであります。また、その後身として日本に出現されたのが伝教大師で、そこに釈尊からの付嘱の次第があるのです。しかるに法然はこうした流れを無視しているということです。

また、天台大師は寿量品の良医病子の譬えを顕す意味から、薬師如来を本尊として用いたのでありますが、「東方の如来」とはこの薬師如来のことです。ですから、言うなれば天台、伝教等が法華経迹門の意によって建立したところの東方薬師如来を闇いて、全く架空の仏を崇めているのです。つまり、片一方は教主釈尊からのきちんとした筋道があるのに、阿弥陀如来のほうはそうした筋道は何もないということであります。

そして**「唯四巻三部の経典を専らにして空しく一代五時の妙典を抛つ」**とあるように、阿弥陀如来の浄土三部経だけを頼りにして、法華経をないがしろにしてしまっているというのが念仏の考えなのであります。

さらに**「是を以て弥陀の堂に非ざれば皆供仏の志を止め、念仏の者に非ざれば早く施僧の懐ひを忘る」**、阿弥陀如来でなければだめだといって、仏様に供養をする志をみんなやめてしまい、また念仏の僧でなければ一切の布施はしなくなってしまったのです。これは全部、『選択集』の悪影響であります。

次に**「故に仏堂は零落して瓦松の煙老い、僧房は荒廃して庭草の露深し」**とありますが、建物が古くなっても修理をする人がなく、屋根の瓦に苔が生えて、あたかも松の木のようであるということを「瓦松の煙老い」と言われているのであります。つまり、仏閣が落ちぶれて荒れ果ててしまい、僧坊が荒廃して庭の草ばかりが茂って、見る影もなくなってしまったということであります。
「然りと雖も各護惜の心を捨てゝ、並びに建立の思ひを廃す」というのは、人々は法を護り、仏堂や僧坊を護るという心を捨ててしまい、盛り返そうとする思いもなくなってしまったということです。

そこで**「是を以て住持の聖僧行きて帰らず、守護の善神去りて来たること無し。是偏に法然の選択に依るなり」**、お寺の住職達は皆どこかに行ってしまい、守護の善神も去っていなくなってしまったということです。これはひとえに法然の『選択集』によるものだと指摘されています。そして**「悲しいかな数十年の間、百千万の人魔縁に蕩かされて多く仏教に迷へり」**というのは、法然によって多くの人が魔縁に蕩かされて仏法に迷っているということです。

さらに**「謗を好んで正を忘る、善神怒りを成さゞらんや」**、謗法を好んで正しい信心を忘れてしまっているのですから、どうして善神が怒らないわけがあろうかということです。また**「円を捨てゝ偏を好む、悪鬼便りを得ざらんや」**、この「円」とは丸いということで、法華経のことです。その法華経を捨てて、偏った教えである念仏を好むのだから、どうして悪鬼が便りを得ないでいようか、つまり色々な災難が起きるのは当然であるということであります。

そこで**「如かず彼の万祈を修せんよりは此の一凶を禁ぜんには」**と示され、だから念仏の一凶を禁じなければならないのだとおっしゃっているのです。

この御文について、御隠尊日顕上人猊下は「現代の一凶とは創価学会である」とおっしゃっております。彼らには『ニセ本尊』を作り、血脈を否定し、本尊を否定している姿が現実にあるわけです。ですから、現代の一凶は創価学会なのです。この創価学会をきちんと折伏しなければいけません。『十八史略』のなかにも、

「一利を興(おこ)すは一害を除くに若(し)かず」

という有名な言葉があります。みんなが心を合わせて邪義邪宗を、特に創価学会を徹底的に破折しなければならないのです。

今日の混乱を見て、何か感じるものはありませんでしょうか。政治の混乱にしても、邪義邪宗がはびこっているからです。我々はしっかりと邪義を破折して、池田大作に誑(たぶら)かされている人達を救っていかなくてはなりません。一人ひとりを救って

いくことが大事なのです。創価学会の人達だって、昔は日蓮正宗の正しい信心をしていた姿があったのです。ところが、池田大作によっておかしくなってしまったのです。だから、その人達に対して我々が折伏をし、正しい信心を呼び起こさなければならないのです。その戦いが必要ではないかと思います。

いよいよ宗門も『立正安国論』正義顕揚七百五十年を迎えます。立正安国の正義を顕揚することは、まさに「正を立てて国を安(やす)んずる」ということです。この「正を立てる」ということには、破邪と顕正の意味があるのです。

そこで大事なのが、ここに「如かず彼の万祈を修せんよりは此の一凶を禁ぜんには」とあるように、一凶を禁ずるということなのです。これは先程の「一利を興すは一害を除くに若かず」と同じことで、ここが肝心であります。もちろん、そのほかにも邪宗教はたくさんあります。私達以外はみんな邪義邪宗に惑わされているのですから、我々が広宣流布の戦いをしていかなくては意味がないのです。

仏様はすべての人を救うために御出現されたのであります。仏様は、けっして自分の説いた法に満足して、それでいいとは思われておりません。すべての人達を幸せにするために御出現されたのです。だから我々は、仏様の意志に従わなければならないのです。それが本当の信心なのです。自分の都合だけで信心してはいけません。広宣流布という大事な目的があるのですから、その目的達成のために、我々は日夜、精進していかなくてはなりません。

どうぞ本教寺の皆様には、御住職の指導をしっかりと受けて、講頭をはじめとする幹部の方々と一致協力し、僧俗一致の姿勢をもって来年の大佳節に臨んでいただきたいと思います。

本当に立派なお寺が出来ました。あとはその威容にふさわしい信心を、是非ともこれからみんなで作り上げていただきたいと念願いたしまして、私の本日の話といたします。

（大日蓮　平成二十一年三・四月号）

立正安国論（九）

平成二十年十二月二十三日
慧光山法遍寺本堂・庫裡新築・
寺号公称落慶入仏法要の砌
於　愛知県尾張旭市

客殊に色を作して曰く、我が本師釈迦文、浄土の三部経を説きたまひてより以来、曇鸞法師は四論の講説を捨てゝ一向に浄土に帰し、道綽禅師は涅槃の広業を閣きて偏に西方の行を弘め、善導和尚は雑行を抛ちて専修を立て、恵心僧都は諸経の要文を集めて念仏の一行を宗とす。弥陀を貴重すること誠に以て然なり。又往生の人其れ幾ばくぞや。就中法然聖人は幼少にして天台山に昇り、十七にして六十巻に渉り、並びに八宗を究め具に大意を得たり。其の外一切の経論七遍反覆し、章疏伝記究め看ざることなく、智は日月に斉しく徳は先師に越えたり。然りと雖も猶出離の趣に迷ひ涅槃の旨を弁へず。故に遍く覿、悉く鑑み、深く思ひ、遠く慮り、遂に諸経を抛ちて専ら念仏を修す。其の上一夢の霊応を蒙り四裔の親疎に弘む。故に或は勢至の化身と号し、或は善導の再誕と仰ぐ。然れば則ち十方の貴賤頭を低れ、一朝の男女歩みを運ぶ。爾しより来春秋推し移り、星霜相積もれり。而るに忝くも釈尊の教へを疎かにして、恣に弥陀の文を譏る。何ぞ近年の災を以て聖代の時に課せ、強ちに先師を毀り、更に聖人を罵るや。毛を吹いて疵を求め、皮を剪りて血を出だす。昔より今に至るまで此くの如き悪言未だ見ず、惶るべく慎むべし。罪業至って重し、科条争でか遁れん。対座猶以て恐れ有り、杖を携へて則ち帰らんと欲す。

（御書二四一ページ一〇行目～二四二ページ三行目）

本日は、法遍寺新築・寺号公称落慶入仏法要に当たり、当寺住職の願いによりまして参上した次第でございます。

当寺住職の近藤道正房は、平成十七年の七月まで総本山の百貫坊の住職をしておりましたが、命（めい）によって当寺へ赴任いたしました。以来、よく寺檀の和合を図り、寺運の興隆発展に努め、今回、かねて歴代住職である現福岡県の法恵寺住職・秋山堅栄師、静岡県富士宮市の要行寺住職・磯村如道師、大阪府豊中市の本教寺住職・南原評道師以来の念願であった当寺の建て直しを図り、全面的に再建新築して、このように立派に寺域を荘厳いたした次第であります。このように御荘厳申し上げましたことは、まことに尊いことであり、仏祖三宝尊におかれましても、さぞかし御嘉納あそばされていることと存ずるものであります。

これもひとえに歴代住職である三師の方々、また現住職の近藤道正房、そして今までこの寺院を護ってこられた御信徒御一同の赤誠の賜物(たまもの)でありまして、当寺総代ならびに講頭をはじめ御信徒御一同に対し、心からお祝いを申し上げるものであります。まことにおめでとうございました。どうぞこれからも僧俗一致・異体同心をして、さらなる御奉公に励んでいただきたいと思う次第であります。

さて、本日は住職からの願いもございまして、『立正安国論』の一文を拝読して少々お話を申し上げたいと思います。

この『立正安国論』については初め、一昨年の平成十八年四月の代替(だいがわり)法要の時、初転法輪におきましてお話をさせていただいたのであります。それ以来、親教のたびごとに『立正安国論』についてお話をしている次第であります。

これは今、私達が御隠尊日顕上人猊下より賜った平成二十一年の御命題、すなわち「地涌倍増」と「大結集」の御命題を達成するために、僧俗が心を一つにして前進すべき大事な時を迎えているのであります。私達一同は改めて『立正安国論』の御正意をしっかりと心肝に染め、御命題達成を誓い、万分の一なりとも仏祖三宝尊の御恩徳に報い奉ることができればと思いまして、この『立正安国論』を拝読しているのであります。

初転法輪のあとには、静岡県浜松市浜北区の妙重寺で『立正安国論』のお話をいたしまして、それから今までに八カ寺でお話をしてまいりました。本日は九カ寺目に当たりまして、これまでの続きをお話しする次第でございます。

そこで、まず『立正安国論』についてでございますが、これは御承知の通り、今を去る七百四十八年前、文応元（一二六〇）年の七月十六日に、時の権力者である北条時頼（ときより）に対して提出したところの国主諫暁（かんぎょう）書でございます。

この『立正安国論』は、全体が客と主人との十問九答の形式になっております。十問九答とは、十の問いに対して答えが九つしかないわけでありますが、この『立正安国論』の十番目の問いは、実はそのまま答えになっているのです。

ただいま拝読いたしましたのは、第五番目の問答の問いに当たるところであります。そこでまず、本文に入る前に、今までの概要について少々申し上げたいと思います。

まず第一問答におきまして、客が「近年より近日に至るまで、様々な天変・地夭・飢饉・疫癘が、なぜ起きるのか」と、その原因について主人に尋ねたのであります。それに対して主人は「世の中の多くの人が正法に背き、悪法に帰している故に、正法を守護すべきところの善神が国を捨てて所を去り、守護の任に当たるべき聖人は所を辞して還らず。そこに魔が来たり、鬼が来て、それによって災難が起きるのだ」とおっしゃり、まず第一問答においては災難の由来について主人が答えるのであります。

この主人の答えに対して、客は「それはいったい、いかなるお経に出ているのか」と、主人にその証拠を挙げてほしいと質問するわけであります。その質問に対しまして、主人は金光明経、大集経、仁王経、薬師経という四つのお経を挙げて証拠を示されます。これが第二問答であります。

そして第三問答に入りますと、第二問答における主人の答えが客の思っていたことと相異していたため、客は心中が穏やかでなく、主人の答弁が奇怪であるとして、「たとえ金光明経や大集経、仁王経、薬師経に色々と文証があるにしても、今、天下世上は仏様や諸々のお経に対して捨て去る心などは全くない。むしろ、かえって盛んに尊び崇め奉っている」と、主人に対して血相を変えて難詰するのであります。

この客の問いに対して主人は、

「仏閣甍を連ね経蔵軒を並べ、僧は竹葦の如く侶は稲麻に似たり」（御書二三八ページ）

等と、「たしかに比叡山や南都、園城寺等の大きな寺々は立派に栄えており、僧侶もたくさんいる。しかし、それらの僧侶は、実は全員が権力に媚び諂っている者達で、多くの人々を迷わしているのだ」と答えたのであります。そして、

「悪侶を誡めずんば豈善事を成さんや」（同二三九ページ）

と、謗法の僧侶を破折しなければだめだとおっしゃっているのです。これが第三問答であります。

そして第四問答に入りますと、この「悪侶を誡めずんば豈善事を成さんや」と仰せられた主人の言葉に対して、客が前にも増して憤慨し、「それではいったい、だれをもって悪比丘と言うのか。詳しくその話を聞きたい」と質問するのです。

これに対して主人は「その悪侶とは法然のことである」と断定し、さらに法然が著した『選択集』が悪いのだと言ったのです。つまり法然が悪侶であり、『選択集』が悪書であることを指摘して、法然の邪義こそが諸難の元凶だと述べるのです。このときに主人が客に対して言った言葉が、

「如かず彼の万祈を修せんよりは此の一凶を禁ぜんには」（同二四一ページ）

という御文です。つまり法然の邪義を「一凶」と断ぜられて、これを徹底的に厳しく破折しなければいけないとおっしゃったのです。これが第四問答の一番最後の御文で、先程拝読いたしました御文のすぐ前にある言葉であります。

今まで申し上げたことが第四問答までの概略であり、本日はその続きの第五問答に入るわけであります。

では、本文に入ります。

立正安国論（九）（御書二四一ページ一〇行目〜二四二ページ三行目）

まず**「客殊に色を作して曰く」**とあります。先程も言いましたように、第四問答において主人が法然を指して悪比丘だと断じたのです。そして今日のあらゆる災難の原因は、ひとえに法然の『選択集』によると指摘をして、「如かず彼の万祈を修せんよりは此の一凶を禁ぜんには」と、いかなる祈祷を行うよりも、災いの根源である法然の邪義を禁ずることが大事であると答えられた主人の話を聞いて、客はとうとう怒り出してしまったのです。怒り出した客が、主人に対して血相を変えて詰問するというところから第五問答が始まります。したがって、本日拝読する御文では、念仏が最も正しいということを言おうとする客の言い分がずっと出ているのです。

次に**「我が本師釈迦文、浄土の三部経を説きたまひてより以来」**とありますが、「釈迦文」というのは釈迦牟尼と同じで、釈尊のことを言っているのです。また「浄土の三部経」というのは浄土宗の依経である三つのお経のことで、無量寿経・観無量寿経・阿弥陀経のことであります。

客がここで、釈迦牟尼仏が浄土の三部経を説かれて以来と言っている通り、浄土の三部経は阿弥陀如来が説いたのではなく、実は釈尊が説かれたのであります。普通、世間の人は、無量寿経・観無量寿経・阿弥陀経は阿弥陀如来が説いたと思っているようですけれども、実は釈尊が説かれたお経であり、ここが大事なところなのです。

だいたい阿弥陀如来というのは、釈尊が様々な法を説くなかで、相手の機根に応じて仮りに説かれた仏様であります。ですから実際にこの世に出現して法を説かれた仏様ではないのです。つまり釈尊のように実際にインドに出現をして、十九歳で出家し、三十歳で成道され、八十歳で入滅した実在の仏様ではなく、方便の仏様なのです。

ですから譬えて言えば、花咲(はなさか)じいさんや浦島太郎の話と同じなのです。このなかで花咲じいさんや浦島太郎が、本当にいたと思っている人はいないでしょう。私達が小さな子供に対して難しい話をしても解ってもらえないから、そのようなときに花咲じいさんや浦島太郎の話を聞かせて、勧善懲悪を教えるわけです。子供にはそう教えるのが適しているのですが、子供が成長したあとは、花咲じいさんのように灰をまけば桜が咲くなどと本気で思う人はだれもいないのです。

そのように、阿弥陀仏は方便の仏様なのですから、本来の釈尊の教えを蔑ろにして、仮りの仏の言うことのほうが正しいという考え方は間違いなのです。これはだれが見ても解るはずです。ですが、念仏の人達はだまされてしまって、阿弥陀如来が極楽浄土にいると思ってしまっているのです。しかし、阿弥陀如来は実在しないのです。仮りの話として釈尊が説かれた仏様なのですから、ここのところを混同してしまうといけないのです。

法華経の譬喩品に、

「今此の三界は　皆是れ我が有なり　其の中の衆生　悉く是れ吾が子なり　而も今此の処　諸の患難多し　唯我一人のみ　能く救護を為す（今此三界　皆是我有　其中衆生　悉是吾子　而今此処　多諸患難　唯我一人　能為救護）」

（法華経一六八ジペー）

とあります。このなかの「今此三界　皆是我有」とは主人の徳を顕しており、「其中衆生　悉是吾子」は親の徳を、「而今此処　多諸患難　唯我一人　能為救護」は師の徳を顕しているのです。つまり釈尊こそが主師親三徳を兼備した仏様であり、この現実の娑婆世界で一切衆生を救っていく真実の仏であるということなのです。その仏様を蔑ろにし、しかも釈尊が真実の教えとして説かれた法華経よりも阿弥陀経のほうが尊いなどということを言ってしまえば、本末顛倒になってしまうのです。このように法華経を説かれた真実の仏様を捨てて、架空の仏を拝む念仏宗の教えでは、成仏は絶対にありえないのです。

次は、中国の念仏の三師である曇鸞（どんらん）・道綽（どうしゃく）・善導について述べているところであります。

まず**「曇鸞法師は四論の講説を捨て〻一向に浄土に帰し」**とありますが、曇鸞は五世紀から六世紀にかけての南北朝時代の人と言われ、中国浄土宗の祖とされる人物です。また「四論」とは竜樹菩薩の『中観論』『十二門論』『大智度論』と提婆菩薩の『百論』の四つの論であります。曇鸞はこの四論を学んだのですが、のちに病気にかかったため、不老不死の薬を求めて江南に行くわけです。そこで陶弘景（とうこうけい）という人に仙教を教わるのですが、北へ帰る途中に洛陽という場所で今度は菩提流支（るし）に会うのです。そこで菩提流支より観無量寿経を授かって感銘を受け、それまでの仙教を捨てて浄土教に帰依をしたということです。

この菩提流支は南北朝時代の訳僧という、インドの言葉の経典を中国の言葉に訳す人でした。この方はたくさんの経典の翻訳をしており、三十九部百二十七巻を訳したと言われております。曇鸞はこの菩提流支から観無量寿経を授けてもらって浄土信仰に入ったのです。

曇鸞の著書には『往生論註』とか『讃阿弥陀仏偈』『略論安楽浄土義』という書物がありますが、そのなかでも代表的な書物が『往生論註』であります。この『往生論註』において、曇鸞は仏道修行に難行道と易行道を立てているのです。「難行」とは難しい修行で、「易行」とは易しい修行のことです。その元は竜樹菩薩の『十住毘婆沙論』にあるのですが、曇鸞が仏道修行をするに当たって難行と易行に分け、難行よりも易行を修すべきであると言っているのです。

曇鸞は法華経以前の諸経について難行と易行に分け、そのなかで取捨選択をするのですが、法然はその説に背いてこれを悪用し、法華経を難行道に入れて、法華経は難しい修行であるから極楽浄土に行けないと言い、念仏のように易しい修行が本当の修行であると言ったのです。しかし『往生論註』の主旨は、あくまでも法華経を除いた爾前経における難行と易行の立て分けなのです。それを法然は、法華経も入れてしまって邪説を作り出したのです。

続いて**「道綽禅師は涅槃の広業を閣きて偏に西方の行を弘め」**とありますが、この道綽という人は六世紀から七世紀の僧侶で、中国浄土宗の第二祖であります。初めは涅槃宗によって修行をしたのでありますが、玄中寺で曇鸞の浄土教の教理が述べられている碑文を見て、感心をして浄土教に帰依したのです。そして「涅槃の広業」を差し置いて、念仏を弘めたのであります。

涅槃の広業とは何かと言いますと、涅槃経は釈尊が法華経を説いたのちに、入滅に臨んで説かれたお経であります。これは法華経の会座より退去した増上慢の五千人の人達、そしてまた釈尊一代の教化に漏れて成仏できなかった人のために説かれたものであります。ですから、法華経が一切衆生を成仏せしめることを秋の収穫の意味の「大収」に譬えられるのに対して、涅槃経は法華経の教えに漏れた人達を導くことから落ち穂拾いに譬えられ、「捃拾」と言われるのです。

この涅槃経には仏身の常住であるとか、一切衆生悉有仏性ということが説かれており、また五味と言いまして、一代聖教を乳味・酪味・生蘇味・熟蘇味・醍醐味の五つに配当することも説かれております。さらに菩薩の様々な修行についても説かれておるのですが、菩薩の修める行法として、戒定慧の三学を修める聖行、浄い心で人々の心の苦を除き楽を与える梵行、それから天然の理に従って修めるところの天行、慈悲の心で正善を行ずる嬰児行、悩める人々と同じように病苦を示現する病行といったものが説かれているのであります。

道綽は、このような広い教えの実践が難しいために涅槃経を嫌ってしまい、簡単に弘められる西方念仏の行に走ってしまったわけです。ですから「水は低きに流る」という言葉がありますように、だれしも楽なほうがいいと思うので、難しい涅槃の広業を修行するよりも、簡単な念仏を称えればいいと思ってしまったのです。

皆さんはそうではないはずですが、楽をしようとして、勤行はお題目三唱だけでいいと思ってしまってはいけないのです。やはり五座・三座の勤行をしっかりと行わないと、功徳はありません。この道綽という人は間違った考えによって、簡単な修行へと流れてしまったのです。仏道修行というのは厳しいものです。厳しいから修行と言うのです。楽なことは修行とは言いません。勉強にしてもそうです。人生一般、何事も厳しいことを行い、それに耐えていくことが大事なのです。その努力を忘れて、ただ楽をしようなどと思うのが念仏の考え方なのです。

曇鸞は『往生論註』で難行と易行の二つを立てましたけれども、道綽も『安楽集』という書物を著しまして、そのなかで法華以前の大小乗経について聖道門と浄土門の二つを立てて、そのうちの浄土門を採るべきだと言ったのです。ただ道綽の言っているのは、曇鸞と同じように、法華以前の経々について聖道門と浄土門を立て分けて浄土門に入るべきだと述べたのであって、法華経は含まれていないのです。

しかし、法然はこの説を利用して、法華経も捨てるべき聖道門に入るという邪説を唱えたのです。このことからも、いかに法然が物事を正しく見ていないかが伺え、法然の『選択集』が仏説を蔑ろにする暴論であることが解ります。つまり、中国浄土宗の三師の説くこととも違っているのが法然の論説なのです。三師の論説に従うのならまだいいのですが、それさえも破ってしまい、釈尊の法華経の教えからは遠く離れたことを述べているのが法然であります。

次は善導です。**「善導和尚は雑行を抛ちて専修を立て」**とありますが、この善導という人は中国浄土宗の第三祖と言われる人です。この人は二十歳のころ、道綽の門に入って念仏の信奉者となったのであります。そして玄中寺で道綽の教えを受けて、以後、念仏を弘めたのです。

ここに「雑行」とありますが、善導は正行と雑行という二行を説いております。これはどういうことかと言いますと、阿弥陀仏を対象とする五種の行を正行とし、念仏以外の雑多な教えを修行することを雑行とするのです。そして雑行は不必要であるから捨てて、正行に入らなければだめだと説くのです。この善導には『観無量寿経疏』とか『往生礼讃』という書物があるのですが、結局は自分勝手な解釈をして、雑行を捨てて正行を立てる、つまり極楽往生をするために専修念仏を立てなければだめだと言っているのであります。

ところが法然は、善導の『観無量寿経疏』の説をも作り変えているのであります。元々、善導が正行と雑行の二つを立てたのは、摂論宗を破るために考えたのです。ですから、雑行の内容に法華経は入っておらず、先程の曇鸞の難行道・易行道と同じように、法華経以前の教えについて正行と雑行を立て分け、正行を採らなければだめだと言っているのです。ところが法然は、ここにおいても法華経を雑行のなかに入れてしまっているのです。このように、法然は中国浄土宗の曇鸞、道綽、善導の言っていることを悪用して、法華経を蔑ろにしているのであります。

この善導という人は、最後に罰が当たってしまいます。すなわち、大聖人様の『念仏無間地獄抄』に、

「三世諸仏の大怨敵と為り、十方如来成仏の種子を失ふ、大謗法の科甚だ重し。大罪報の至り、無間大城の業因なり。之に依って忽ちに物狂ひにや成りけん（中略）邪法のたゝり踵を回らさず、冥罰爰に見はれたり。最後臨終の言に云はく、此の身厭ふべし諸苦に責められ暫くも休息無しと。即ち所居の寺の前の柳の木に登り、西に向かひ願って曰く、仏の威神以て我を取り、観音勢至来たって又我を扶けたまへと。唱へ畢って青柳の上より身を投げて自絶す云云。三月十七日頸をくゝりて飛びたりける程に、くゝり縄や切れけん、柳の枝や折

れけん、大旱魃の堅土の上に落ちて腰骨を打ち折きて、廿四日に至るまで七日七夜の間、悶絶躄地しておめきさけびて死し畢んぬ」（御書四一ページ）

と仰せであります。

つまり善導は法華経を誹謗して頭がおかしくなってしまい、寺の前の柳の木に登って縄を掛けて首を括ったのです。ところが縄が切れたか、枝が折れたかして、善導は堅い土の上に落ちて腰の骨を折ってしまい、七日七夜、苦しみ悶えて死んでしまったのです。これは法華誹謗の現罰であります。だから大聖人様は「念仏無間」とおっしゃっているのです。法華経の誹謗をすると、このような現証があると、大聖人様ははっきりとおっしゃっているのであります。

これら中国浄土の三師も大謗法の者でありますが、法然に比べれば、まだかわいいものです。法然こそは、それらの説をも自分勝手に作り変えてしまって邪説を立てているため、この三師に輪を掛けて悪いということになるのです。

『守護国家論』のなかに、

「而るに浄土の三師に於ては鸞・綽の二師は十住毘婆沙論に依って難易聖浄の

二道を立つ。若し本論に違して法華・真言等を以て難易の内に入れば信用に及ばず。随って浄土論註並びに安楽集を見るに多分は本論の意に違せず」

（同一三二ページ）

と仰せであります。これはどういうことかと言いますと、曇鸞や道綽は法華経を含めて否定をしているわけではなく、法華経以前のお経について聖道門・浄土門という立て分けをしたのです。つまり法然はこれを利用したのだと言われているのです。だから同じように、

「善導和尚も雑行の言の中に敢へて法華・真言等を入れず」（同ページ）

と仰せです。

この人達が良いと大聖人様はおっしゃっていませんが、決定的な法華誹謗まではしていなかったのです。むしろ、それを利用した法然が大謗法であると仰せなのです。もちろん浄土の三師も悪人であることは間違いありません。大聖人様は真言・禅宗・浄土の元祖らを「三虫」とおっしゃっています。よく「師子身中の虫」と言いますが、そういう意味であります。

次に**「恵心僧都は諸経の要文を集めて念仏の一行を宗とす」**とあります。今までは中国浄土宗の人でしたが、この恵心は日本の人であります。この人は比叡山の第十八代座主の慈恵大師良源の弟子で、教相を重んずる檀那流に対して、観心を重んずる恵心流を立てた学僧であります。法然が浄土信仰に転ずる動機となったのも、この恵心が著した『往生要集』だったのであります。

『往生要集』は、のちの念仏の基礎になった書でありまして、彼はここで多くの経典のほか、インド・中国・日本の諸師の論説を引いて、人間は穢土を厭離して極楽に往生することにより、初めて仏陀の覚りに入ることができると述べて、往生するためには念仏以外にないと説いているのであります。

しかし、恵心は『往生要集』のあとに『一乗要決』という書も著したのですが、そこでは天台宗の教義を基として法華経の一乗思想を強調し、一切衆生に仏性があることを明かしているのであります。

例えば法相宗の「五性各別」という法門がありますが、そこでは人間は生まれながらにして五つの性分のどれかに決まっていて、それ以外には変えられないと説かれているのです。ですから、初めから菩提の心を持っている人は救われるけれども、それ以外の人は救われないとされます。しかし、そうしますと、人間は生まれながらに幸・不幸が決まっていて、あとからは変えられないことになってしまいます。

これは仏教の慈悲の上から言えばおかしなことです。仏様はどんな人でも救われるとおっしゃっているのです。一切衆生悉有仏性と言うように、どんな人にでも必ず仏性があるのであり、その仏性が開けば必ず救われるのが仏様の慈悲です。ところが五性各別というのは、そうではないのです。このように生まれながらにして決まっているというのが爾前経の考え方なのです。

また、二乗は絶対に成仏できないという二乗不成仏や、女人不成仏という考えも爾前経であります。しかし法華経に来れば、悪人成仏も女人成仏も説かれ、すべての人が妙法を唱えることによって救われるのです。ですから、法相宗の考えているような五性各別を破折するために『一乗要決』を書いたわけですが、そのなかで、

「一乗は真実の理、五乗は方便の説」

と説いているのであります。ということは、恵心の本意は『往生要集』にあるので

のです。

はなく、あとに書かれた『一乗要決』にあって、法華経の正義をそこで顕している

ところが、先程と同じように、法然はその意を読みきれずに『往生要集』のみに執われて、法華経を蔑ろにしているのです。いかに法然が無智であり、浅学であったかを証明するものと言わざるをえません。ですから、きちんと『往生要集』を読んで、『一乗要決』も読んでおけば、そういう間違った考え方には至らないのだけれども、一つだけしか読まない、あるいは読んでいても敢えてそうしたのかは判りませんが、結果として自分の邪論を作り上げてしまったということであります。

先程も言いました通り、曇鸞にしても道綽、善導にしても、あるいは恵心にしても、与えて言えば一往の理はあるわけですが、奪って論ずれば、法然が念仏の邪義を考えついた元であることは間違いないのです。ですから、この邪義について大聖人様は『撰時抄』のなかで、

「法然が念仏宗のはやりて一国を失はんとする因縁は恵心の往生要集の序よりはじまれり。師子の身の中の虫の師子を食らふと、仏の記し給ふはまことなる

かなや」（同八五九㌻）

とおっしゃっているのです。また同抄に、

「日蓮は真言・禅宗・浄土等の元祖を三虫となづく。又天台宗の慈覚・安然・恵心等は法華経・伝教大師の師子の身の中の三虫なり」（同八六六㌻）

と、与えて言えば、法然の邪義の元は浄土の三師あるいは恵心であると、一往の理は認めることができても、奪って言うならば、この者達は悪い考えを持っていたということをはっきりとおっしゃっているのであります。

続いて**「弥陀を貴重すること誠に以て然（しか）なり。又往生の人其（そ）れ幾（いく）ばくぞや」**とあります。ここは、今まで中国の曇鸞・道綽・善導、そして日本の恵心を挙げて、「これらの者達は阿弥陀仏を崇め尊び、重んじているのではないか。その上、念仏によって往生できた人は数えきれないほどいるのではないか」と、主人に対して客が反論をしているところであります。

次の**「就中（なかんずく）法然聖人は幼少にして天台山に昇り、十七にして六十巻に渉（わた）り、並びに八宗を究（きわ）め具（つぶさ）に大意を得たり」**というのは、これは前の御文と同じように、客が主人に反論をしているところで、ここでは法然がいかに立派な僧侶であるかということを述べております。

つまり、法然は幼少にして天台山に登った。天台山というのは中国にあるのですが、ここでは比叡山のことを言っております。比叡山の別名を天台山とも言うのです。つまり法然は天台山に登って修行した優れた人だと、客が言っているわけです。そして、天台大師が著した書物である『法華玄義』『法華文句』『摩訶止観』や、そのあとに註釈書として著された『法華玄義釈籤(しゃくせん)』『法華文句記』『摩訶止観輔行(ぶぎょう)伝弘決』の各十巻、合計六十巻を学んで、法然聖人は十七歳にして天台宗の学問はすべて知っていたのだということ、さらに南都六宗と天台・真言の二宗を合わせた八宗の内容をすべて究め、得ていたということを、客が主人に自慢して述べるのです。法然は本当のところは解っていないのですけれども、客はそう思って、主人に対してこのように言うのです。増上慢になると、このようなことを平気で言うのです。

さらに続けて**「其(そ)の外(ほか)一切の経論七遍反覆(はんぷく)し、章疏(しょうしょ)伝記究め看(み)ざることなく、智**

は日月に斉しく徳は先師に越えたり」と、法然がいかにすばらしいかということを盛んに言っております。

そして**「然りと雖も猶出離の趣に迷ひ涅槃の旨を弁へず」**とありますが、「出離の趣」というのは成仏の境界に至ることです。つまり、法然は一切の経論をよく反覆して読み、八宗の章疏を究めたといっても、これは難行にして末法相応の行ではないと、愚かにも考えたわけです。そして出離の趣に迷う、つまり成仏できないと思って「涅槃の旨」を弁えることができなかったのです。

「故に遍く覿、悉く鑑み、深く思ひ、遠く慮り、遂に諸経を抛ちて専ら念仏を修す」と、色々なことを勉強したのだけれども、今まで勉強したなかでは本当に極楽浄土へは行けないと思い至り、さらにまた広く諸師の書を見て、すべてをよく考えて深く思い、遠く慮り、何が末法にふさわしい行であるかと思慮を巡らした結果、諸経・諸仏を投げ捨てて、専ら念仏を称えることこそが最高の修行だという結論に至ったということです。

これは、何回も言いますが、客が主人に対して、法然はたくさんの書物を読んで勉強したのだけれども、そのなかには得るものがなく、ただ念仏の行だけが正しいということが解ったのだと言っているのです。

次に**「其の上一夢の霊応を蒙り四裔の親疎に弘む」**、つまり夢を見たというのです。ある夜、夢に善導が現れて、汝が専修念仏を弘通することは我が説くところであり、しかも仏意に適っていると言ったというのです。ところが、これがまたおかしい話でありまして、日寛上人は、

「法然は専修念仏を説いたが、いまだ確信がなく、夢のお告げを待った。本来は直ちに仏説によって検えるべきところを、なぜ夢のお告げなどに頼るのか」（御書文段三一ページ取意）

とおっしゃって、利根と通力に頼ってしまうような、法然のいい加減な教えに従ってはいけないと仰せです。やはり何が正しいかということは、しっかりと仏説によるべきであり、利根や通力によって、ものの正邪を判別してはならないのであります。だから夢を見て確信を得たなどというのは、とんちんかんなことであるとおっしゃっているのです。

そして「**故に或は勢至の化身と号し、或は善導の再誕と仰ぐ**」、民衆は法然のことを、勢至菩薩の化身であるとか、あるいは善導の生まれ変わりだとして騒いでいると、客が主人に盛んに言うわけです。本当はすごいことではないのですが、客はそう思っているのです。

だから「**然れば則ち十方の貴賤頭を低れ、一朝の男女歩みを運ぶ**」と、法然のもとに様々な人達が頭を垂れて、多くの人達が法然のところに足を運んでいるではないかと言っております。

「**爾しより来春秋推し移り、星霜相積もれり**」、それより時は移って、今日に至ったということです。

そして「**而るに忝くも釈尊の教へを疎かにして、恣に弥陀の文を譏る。何ぞ近年の災を以て聖代の時に課せ、強ちに先師を毀り、更に聖人を罵るや**」とあります。ここでは客の言い分として、法然の教義を誹るだけならまだしも、最近、相次いで起きている災難の原因をわざわざ法然の時代にまでさかのぼり、その責任を法然に転嫁するとは何事であるかと、客が怒っているわけです。

立正安国論（九）（御書二四一ページ一〇行目～二四二ページ三行目）

「近年の災」というのは、『立正安国論』の冒頭に示される、

「旅客来たりて嘆(なげ)いて曰く、近年より近日に至るまで、天変・地夭・飢饉・疫癘遍く天下に満ち、広く地上に迸(はびこ)る。牛馬巷(ちまた)に斃(たお)れ、骸骨路(みち)に充(み)てり。死を招くの輩(ともがら)既に大半に超え、之(これ)を悲しまざるの族(やから)敢へて一人も無し」

(御書二三四ジペー)

という状況であります。要するに、客がここで何を言おうとしているかと言いますと、そのような惨憺(さんたん)たる近年の災いの原因を、「聖代」とは法然のことを聖人と言う上から、法然が盛んに念仏を弘めた後鳥羽院の時代のことを言うのでありまして、遠く法然の時代に災いの原因があるとするのは、はなはだ遺憾であり、その上、中国の曇鸞・道綽・善導などの先師を謗り、さらになぜ法然聖人までも罵るのかと、客が主人に対して文句を言っているところであります。

それはあたかも**「毛を吹いて疵(きず)を求め、皮を剪(き)りて血を出(い)だす」**ようなものである。つまり、毛を吹き分けてまでして小さな傷を探し出し、人の欠点を指摘して追求するようなものであり、また、わざわざ皮を切って血を出すようなもので、無用

にして有害な詮索であると言うのです。

そして**「昔より今に至るまで此くの如き悪言未だ見ず、惶るべく慎むべし。罪業至って重し、科条争でか遁れん。対座猶以て恐れ有り、杖を携へて則ち帰らんと欲す」**と、ここは客が主人に対して、まだ怒っているわけです。だから「昔より今日に至るまで、このような悪言を聞いたことがなく、慎むべきである。悪口を言うあなたの罪は至って重く、その罪科はどうしても逃れることはできない。あなたと対座しているだけでも恐ろしいことであり、杖をついてすぐに帰ろうと思う」と言ったのであります。

本当はこのあとが大事で、続く、

「主人咲み止めて曰く」（同二四二ページ）

からが主人の答えになります。しかし、時間が迫ってまいりましたので、本日はここまでといたします。

所々に破折をしましたからお解りになったと思いますが、所詮、念仏宗はだれが見ても、

「四十余年。未顕真実（四十余年には未だ真実を顕さず）」（法華経二三ページ）の教えであり、全くの邪義であります。先程、阿弥陀如来の話もいたしましたけれども、仮りの仏、架空の仏ですから、念仏を信仰する人の末路というのは、善導のような姿になってしまうということを、大聖人様はお示しになっておられるのです。

今でも念仏は、日本において信仰している人が一番多いのだそうです。ですから、世間を見渡せば、そういう人達がたくさんいます。そういう人達を、我々は救っていかなければいけないのです。

明年は『立正安国論』正義顕揚七百五十年、「正義顕揚の年」であります。「正義」とは何かと言いますと、正とは三大秘法であり、三大秘法の仏法を立てるところに義があるわけです。また「顕揚」とは正義を顕すということです。何をもって顕すかと言えば、折伏以外にありません。

これはいつも私が申し上げていることでありますけれども、今日、色々な邪義邪宗がはびこっています。今日の様々な混乱のすべての原因は、まさしく邪義邪宗の害毒なのです。これは大聖人様が『立正安国論』のなかで、はっきりとおっしゃっていますす。ですから、この邪義邪宗を放っておいてはいけないのです。

皆さんのなかにはいないと思いますが、邪義邪宗がたくさんある姿を見て、「彼らはとんでもない大謗法を犯し、天罰が当たるから見ていよう」などと考えてはいけません。なぜかと言えば、邪義邪宗は破折しなければ絶対に滅びないのです。正を立てて国を安んずるのであり、その「立正」とは破邪顕正なのです。念仏などがはびこっている現在、我々は邪義邪宗を徹底的に破折しなければだめなのです。

我々法華講が地涌の菩薩たる所以は、ここにあるのです。大聖人様の御意を体して折伏をしていく、人を救っていくということが大事なのです。この根本である化他行を忘れてしまったら、信心の意味がありません。やはり自行化他が大事ですから、しっかりと勤行・唱題を行い、そして折伏をするのです。両輪の如く自行と化他行をしっかりと行じていかなければいけないということです。

破折というのは、ただ相手をやっつけるのではなく、救っていく行為であります。放っておけば、不幸な人が増えていくのです。その人達に罰が当たるのを見ているだけではいけません。必ず我々が自身の手で邪義邪宗を破折していくということを是非、覚えていただきたい。それが正義顕揚であり、『立正安国論』の正義を立てるという意味です。

正とは三大秘法で、大御本尊様のことです。その正はどうしたら立つのかとなれば、これは折伏以外にないのです。ここには当然、破邪顕正という意味が含まれているのです。ただ立正だけではないのです。破邪顕正なのであります。

皆さん方は、本当に信心強盛(ごうじょう)な方々ばかりですから、おそらく今年の残りの期間もしっかりと頑張って、また来年も一生懸命に「地涌倍増」「大結集」の御命題達成へ向けて御精進していただけるものと思っております。

来年は、一月三日の出陣式に始まって、七月十五日・十六日には「記念大法要」、それから七月二十六日には「七万五千名大結集総会」、そして年間を通じての「五十万総登山」があります。いずれもみんなで力を合わせて、大勝利を収めていきましょう。

そうしますと、必ず世界が変わります。日本の国を変えたければ、まず我々が変わらなければだめなのです。我々が折伏を行じれば、本当に日本の国が変わります。日本が変われば世界が変わるのです。『立正安国論』の原理というものは、そこにあるのです。だから一つひとつの折伏は、わずかな歩みかも知れませんが、そのわずかな歩みを一致団結して続けていけば、大きな力になるのです。人の和というのは尊いのです。

天・地・人とありますが、天の時も、地の利も共に大事です。しかし、それらも「人の和に如かず」という言葉があるのです。天の時も地の利も勝つためには大事であるが、それよりもっと大事なのは人の和なのであり、異体同心であります。この異体同心して、住職のもとに講中が力を合わせて折伏を行じ、多くの人達を救っていくということを覚えておいていただきたいと思います。

来年は、みんなが戦いきって、笑顔でお山へ来てください。皆さん方の晴ればれとした顔を私も見たいと思いますので是非、頑張ってください。

以上をもって、本日の話を終わります。

（大日蓮　平成二十一年十・十一月号）

立正安国論（十）

平成二十四年四月三十日
法忍寺移転新築落慶法要の砌
於　東京都八王子市

主人咲み止めて曰く、辛きを蓼葉に習ひ臭きを溷厠に忘る。善言を聞いて悪言と思ひ、謗者を指して聖人と謂ひ、正師を疑って悪侶に擬す。其の迷ひ誠に深く、其の罪浅からず。事の起こりを聞かんとならば、委しく其の趣を談ぜん。釈尊説法の内、一代五時の間先後を立てゝ権実を弁ず。而るに曇鸞・道綽・善導既に権に就いて実を忘れ、先に依って後を捨つ。未だ仏教の淵底を探らざる者なり。就中法然其の流れを酌むと雖も其の源を知らず。所以は何。大乗経六百三十七部・二千八百八十三巻、並びに一切の諸仏菩薩及び諸の世天等を以て、捨閉閣抛の字を置いて一切衆生の心を薄す。是偏に私曲の詞を展べて全く仏経の説を見ず。妄語の至り、悪口の科、言ひても比無く、責めても余り有り。人皆其の妄語を信じ、悉く彼の選択を貴ぶ。故に浄土の三経を崇めて衆経を抛ち、極楽の一仏を仰いで諸仏を忘る。誠に是諸仏諸経の怨敵、聖僧衆人の讐敵なり。此の邪教広く八荒に弘まり周く十方に遍す。抑近年の災を以て往代を難ずるの由強ちに之を恐る。聊先例を引いて汝の迷ひを悟すべし。止観の第二に史記を引いて云はく「周の末に被髪袒身にして礼度に依らざる者有り」と。弘決の第二に此の文を釈するに、左伝を引いて曰く「初め平王の東遷するや、伊川に被髪の者の野に於て祭るを見る。識者の曰く、百年に及ばざらん。其の礼先づ亡びぬ」と。爰に知んぬ、徴前に顕はれ災ひ後に致ることを。「又阮籍逸才にして蓬頭散帯す。後に公卿の子孫皆之に教ひて、奴苟して相辱しむる者を方に自然に達すといひ、撙節競持する者を呼んで田舎と為す。司馬氏の滅ぶる相と為す」已上。又慈覚大師の入唐巡礼記を案ずるに云はく「唐の武宗皇帝の会昌元年、勅して章敬寺の鏡霜法師をして諸寺に於て弥陀念仏の教を伝へしむ。寺毎に三日巡輪すること絶えず。同二年回鶻国の軍兵等唐の堺を侵す。同三年河北の節度使忽ち乱を起こす。其の後大蕃国更た命を拒み、回鶻国重ねて地を奪ふ。凡そ兵乱は秦項の代に同じく、災火邑里の際に起こる。何に況んや武宗大いに仏法を破し多く寺塔を滅す。乱を撥むること能はずして遂に以て事有り」已上取意。此を以て之を惟ふに、法然は後鳥羽院の御宇、建仁年中の者なり。彼の院の御事既に眼前に在り。然れば則ち大唐に例を残し吾が朝に証を顕はす。汝疑ふこと莫れ汝怪しむこと莫れ。唯須く凶を捨てゝ善に帰し源を塞ぎ根を截るべし。

（御書二四二ジペー四行目～二四三ジペー七行目）

本日は、無生山法忍寺の移転新築落慶法要、まことにおめでとうございます。

当寺住職の願いにより、お伺いをいたしまして、先程は移転新築落慶法要ならびに客殿の御本尊様の入仏法要を奉修した次第であります。このたびの移転新築落慶法要に当たりましては、当寺住職・水谷慈浄房をはじめ御信徒各位には、僧俗一致・異体同心してこの事業に当たり、立派に落慶法要ができましたことを、心からお祝い申し上げるものであります。皆様、まことにおめでとうございました。

当寺住職の水谷慈浄房は、当寺に赴任して以来、よく寺檀の和合を図り、寺院の興隆発展に努め、今回、当寺を移転新築して寺域を荘厳し、もって仏祖三宝尊に対し奉り御報恩を申し上げたことは、まことに尊いことであり、仏祖三宝尊におかれましては、さぞかし御嘉納あそばされていることと存じ上げます。

住職の水谷慈浄房は、宗内にありまして富士学林の主任教授をしております。そのほか様々な要職に就いておりまして、宗門の興隆発展のために尽力されております。

先程の秋元渉外部長のお話にもありましたけれども、いわゆる正信会問題の時、そしてさらに今回の創価学会問題の時に、当寺住職の慈浄房は本当に真剣に、一つひとつの破折に対して取り組んでいただきまして、その功績に対しては、私も心から御礼を申し上げる次第であります。

実は私も、庶務部長時代に正信会裁判があり、裁判に証人として出廷することになりまして、それが足かけ三年ぐらいかかりました。その時に色々な方にお世話になったわけでありますが、そのなかの一人に慈浄房がおりまして、会議をしていても非常に克明に記録を取って、残しておいてくれる人です。私はどちらかというとぞんざいなほうですから、簡単にしかメモを取りませんで、知ったようなつもりでも、あとから振り返ると「はてさて、ここはどうであったか」ということが多々ありまして、そのたびごとに私は、慈浄房に電話しまして、「これはどうなっているのか」と尋ねたことがあります。また、ときには、当時、私は大願寺(東京都新宿区)にいましたので、慈浄房に大願寺に来てもらい、どうなっていたかを聞いて、つつがなく証人を務めることができました。

今回の学会問題においても、本当に正義感あふれる行動をとって、邪義破折のために頑張っている姿は、だれもが等しく認めるところであります。
そうしたすばらしい住職を得て、皆さん方もきっと、広宣流布の戦いを心おきなくできるのではないかと思います。どうぞ新築落慶を契機に、さらに頑張っていただきたいと思う次第でございます。

さて、ただいま拝読いたしました御文につきまして、少々申し上げたいと思います。

この『立正安国論』につきましては、実は私が平成十八年四月の代替(だいがわり)法要における初転法輪、私が登座して最初の説法を、初めて法輪を転ずるということで初転法輪と言うのですが、その折にこの『立正安国論』を拝読し、それ以降、親教のたびに『立正安国論』をずっと拝読させていただき、お話をしている次第であります。

本日で十回目になるわけでありますけれども、今日(こんにち)の様々な状況を見た時に、やはり私達は大聖人様の『立正安国論』の聖意を噛(か)みしめて、しっかりと折伏をしていかなければならないと思うものであります。

まさしく、国を安(やす)んずる方法は正を立てるということであります。もちろん、この正を立てるという意味は、ただ単に正を立てるのではなくして、やはりその前に破邪ということがあるのです。ですから、邪義邪宗を徹底的に破折していかなければなりません。

これは何かというと、『立正安国論』にお示しの通り、今日のすべての混乱、世の中が乱れ、人心が乱れる原因は、ひとえに邪義邪宗の謗法の害毒にあるのです。この邪義邪宗の謗法を徹底的に破折していかなければならないというのが『立正安国論』の精神であります。したがって今、本当に大事な時に当たり、一人ひとりが心して破邪顕正の精神に立って折伏をしていくことが、極めて大事であると思う次第であります。

本文に入る前に、簡単に概略を申し上げますと、御承知の通り『立正安国論』は、大聖人様が文応元（一二六〇）年七月十六日、時の最高権力者に対して国主諫暁のために出された文書であります。時の最高権力者というのは北条時頼であり、それに対して国主諫暁という意味をもって上呈したのが、この『立正安国論』であります。

『立正安国論』は、全体が客と主人の問答形式になっております。全部で十問あるのですけれども、答えは九つで、十問九答なのです。最後の十問目は、そのまま答えの意味があるので、形式的には十問九答という形をもって締め括(くく)られております。

本日、拝読いたしましたのは、このうちの第五問答の答えのところからです。

まず、第一問答におきましては、客が近年より近日に至るまで、様々な天変・地(ち)夭(よう)・飢饉(ききん)・疫癘(えきれい)等がなぜ起きるのか、その原因について尋ねられたことに対して、主人は、世の中の人が正法に背(そむ)き、悪法に帰(き)している故に、護持すべきところの守護の善神が国を捨てて相去(あい)り、守護の任に当たるべき聖人は所を辞して還(かえ)らず、そこに魔が来たり、鬼が来たりして災難が起こるのだ、と仰せになるのであります。つまり、災難の由来はどこか、その原因は何かということを、まず第一問答でお示しになるのです。

この主人の答えに対しまして第二問答では、客が、それではいったい、そのようなことはいかなるお経のなかに出ているのか、証拠を聞かせろと問うのです。

この客の問いに対しまして、主人は金光明経とか大集経、あるいは仁王経といったお経を挙げまして、災難の証拠について詳しく述べるわけであります。

　第三問答は、第二問答における主人の答えが、客が思うところと大いに違ったために、客の心が穏やかでなく、主人の答えがまことに奇怪千万だということから、たとえ仁王経とか金光明経、あるいは大集経等にそのようなことが説かれていたとしても、今、天下世上は仏様を盛んに信仰し、諸々のお経を捨て去る心などは全くないではないかと、主人に対して色をなして、つまり血相を変えて詰問したわけであります。

　これに対して主人は、たしかに、例えば比叡山とか園城寺といった仏閣は甍を連ねており、それらの僧侶はまさに竹葦の如く、稲麻の如く大勢いる。けれども、それらの僧侶は全部、権力に対して媚び諂って、正しい法を弘めていない、と断ずるわけです。そして、それらの悪い僧侶、すなわち邪義邪宗の邪師を破折しなければ善事を行うことはできないのだとおっしゃるのであります。

　次の第四問答に行きますと、今、主人が言った、

「悪侶を誡めずんば豈善事を成さんや」（御書二三九ページ）

という言葉に対して、客が前にも増して怒りを露わにし、その悪侶というのはいったい、だれなのだと聞くのです。そこで主人は、それは法然であり、法然が書いた『選択集』こそが悪の元凶だと指摘するわけです。

このように、法然の邪義こそが諸難の元凶であることを指摘したあと、

「如かず彼の万祈を修せんよりは此の一凶を禁ぜんには」（同二四一ページ）

と、法然の邪義を一凶と断じられて、厳しく破折せられるのであります。

そこで第四問答が終わって第五問答に入りますと、第四問答におきまして法然の邪義を一凶と決めつけ、いかなる祈祷を行うよりも、災いの根源である法然の邪義を禁ずることが第一であると答えられた主人の話を聞いた客が、とうとう怒り出しまして、主人に対して、

「殊に色を作して」（同ページ）

というのですから、顔色を変えて怒って詰問したのです。これが第五問答の始まりです。

そして「あなたのような悪言は、いまだかつて聞いたことがない。まさに恐るべ

きであり、かかる悪言は慎むべきであろう。その悪言の罪は至って重く、掟を逃れることはできないであろう。されば、あなたのような悪言を吐く人とは、もう一緒にお話しできない」と言って、杖を携えて帰ろうとするわけです。

ここまでが第五問答の客の問いであります。本日、拝読したのは、このように杖を携えて帰ろうとする客に対して、主人が答えられるところからであります。つまり**「主人咲み止めて曰く、辛きを蓼葉に習ひ臭きを溷厠に忘る」**というところからが主人の答えでありまして、客の間違った考えを破折されるのであります。

「主人咲み止めて曰く」というのは、客が主人の話を聞き、顔色を変えて怒っているのに対して、にこやかに笑みを浮かべ、客が帰ろうとするのを止めておっしゃるのには、ということです。

次に「辛きを蓼葉に習ひ」とありますが、「蓼葉」というのは蓼の葉のことであります。蓼は河原や湿地などに自生する草でありますけれども、葉に辛みがありまして、その辛い蓼の葉を、いつも食べていると、次第にその辛さを感じなくなってしまいます。「習う」ということは繰り返しやってみることで、そういったことを繰り返していくと、だんだん辛さが判らなくなってしまうということです。

また「臭きを溷厠に忘る」とありますが、「溷厠」というのはお便所、かわやのことです。今は水洗ですけれども、昔はそうではないので、とても臭いのです。しかし、その中にずっと入っていると、臭さが判らなくなってしまう。

そのように、ずっと悪に染まっていると、悪が悪であることが、いつの間にか判らなくなって、それに慣れてしまうのです。そのことを、ここでは言っているのです。

現実に、こういった人はたくさんいますよね。邪義邪宗の害毒に惑(まど)わされていながら、それを正しいと思っている。池田創価学会の者達がそうです。そういう者が、たくさんいるのです。そういう姿を見て、私達は何をすべきか。やはり、きちんと正法正義を説いて、大聖人様の仏法に帰依せしめる、正しい信仰に立ち戻らせるということが極めて大切なのであり、このことをおっしゃっているのです。

そして**「善言を聞いて悪言と思ひ」**とあるのは、法然の念仏を信ずる者達は邪法を習うことが長く、ずっと悪に染まってしまっているために、邪を邪と思わない、正しいことが正しいと判らないのです。だから、いくら善いことを聞いても、かえって悪口に思ってしまうことになるということです。

さらに**「謗者を指して聖人と謂ひ」**の「謗者」というのは謗る者ですから、ここでは法然を指しているのであります。つまり客は、いつの間にか誑かされてしまって、法然を聖人君子だと思い込んでいる。また逆に**「正師を疑って悪侶に擬す」**、正法正師を疑って、法然の如き間違った悪侶のほうが正しいと思ってしまうのです。

そして**「其の迷ひ誠に深く、其の罪浅からず」**とありますが、どんなに善いことを聞いても、それを悪口に思ってしまうような、あるいは正しい話を聞いても、それは間違いだと見るような、今の創価学会のような姿が現にあるわけです。そのように思ってしまう罪はまことに深いのです。邪法のなかにずっと入っていると、人間の感覚が狂ってきて、正しいものを正しいと見ることができなくなってしまうのです。そのことを、ここではおっしゃっているのです。

そこで**「事の起こりを聞かんとならば、委しく其の趣を談ぜん」**と、曇鸞、道綽、善導ならびに法然の謗法は何によって起こったかということを聞こうとするならば、詳しくその理由を談じましょうと仰せであります。

そこで、その内容について**「釈尊説法の内、一代五時の間(あいだ)先後を立てゝ権実を弁ず」**と、釈尊五十年の説法の上から、ことの起こりを説明されております。

すなわち、釈尊五十年の説法は、御承知の通り、華厳、阿含、方等、般若、法華・涅槃の五時に分かれております。このうち、先に説かれた華厳・阿含・方等・般若の四時に説かれたお経は、いったい何であったかというと、これは皆さん方も御存じのように、爾前経の権(か)りの教え、つまり爾前権教なのであります。ですから、法華経の開経である無量義経には、

「四十余年。未顕真実（四十余年には未(いま)だ真実を顕さず）」（法華経二三ページ）

とおっしゃっているのです。

しかし、四時のお経が方便の教え、権りの教えであるということを、世間の人達は知らないのです。それを、ここでは「先(せん)」すなわち先判の権教と言われております。先判というのは先に説かれた教えということで、権教というのは権りの教えということです。

そして、権に対する実の教え、これが法華経です。方便品では、このことを、

「世尊法久後　要当説真実（世尊は法久しうして後　要ず当に真実を説きたもうべし）」（同九三ページ）

とおっしゃっております。法華経は、四十余年の方便権教と異なって、仏が自らの悟りのままに説かれたところの真実の教えであり、これが「後」すなわち後判の実教であります。

つまり、釈尊が一代五十年にわたって法を説くに当たりまして、それぞれ先判、後判というけじめをつけ、そして権教と実教との区別を立て分けて、法を説かれたのであります。

このことを、世間の人達は何も解っておりません。釈尊が説かれた教えだから、どれも尊いというのが、一般世間の人達の考え方でありますが、今も申し上げた通り、先判の権教、後判の実教といって、法華経が一番尊いのであり、この法華経を説くために、四十二年間にわたって様々な方便の爾前権教を説かれたということなのであります。

このことは他の御書のなかにも説かれておりまして、例えば『上野殿母尼御前御返事』には、

「たとへば大塔をくみ候には先づ材木より外に足代と申して多くの小木を集め、一丈二丈計りゆひあげ候なり」（御書一五〇九ページ）

云々と示されております。つまり、皆さん方も御承知のように、家を建てるときには「足代」といって、いわゆる足場を組みます。この足代が爾前権教なのです。しかし、この足代は、家が建ったあとでも必要ですか。要らないでしょう。そういうことなのです。

むしろ、その足代は取り払わなければいけません。屋根を作ったり、壁を塗ったりする時には、たしかに必要ですが、家が建ってしまえば、むしろそれは邪魔なのであって、あってはならないのです。したがって、それらは取り払いなさい、ということです。これが、先判の権教、後判の実教という意味なのです。このことを大聖人様は『上野殿母尼御前御返事』のなかにおっしゃっているのです。

このように仏教においては、先判の権教と後判の実教という、きちんとした取り

決めがあるのです。つまり、先に説いた教えは権りの教え、方便の教えであり、法華経こそが真実の教えであるということを、大聖人様は大塔を建てる時の足代に譬えられておっしゃっているのであります。

このような事実も解らないから、**「而るに曇鸞・道綽・善導既に権に就いて実を忘れ、先に依って後を捨つ。未だ仏教の淵底を探らざる者なり」**とおっしゃっているのであります。

つまり、中国念仏宗の祖であるところの曇鸞、あるいは道綽、善導などは仏説に背いて、「権に就いて実を忘れ」ておると指摘されております。そして、釈尊一代五十年の説法のうち、先の四十余年に説かれた権教によって、のち八年に説かれた実教である法華経を捨ててしまっているということは、まさしく「未だ仏教の淵底を探らざる者なり」、仏教の淵底とは仏法の極意・奥義ということで、つまり一番肝心なところを知らない者である。それ故に、実を権と言い、権を実と言って、間違ってしまっている、とおっしゃっているのであります。

次の**「就中法然其の流れを酌むと雖も其の源を知らず」**というのは、特に法然は、曇鸞とか道綽、善導などの流れを酌むとはいっても、その源である釈尊の教えに従わず、これら念仏宗の祖師達の権実雑乱の誤った考えをもって、それを金科玉条としておる大謗法の者であると指摘されているのです。

すなわち、最も根本であるところの釈尊の教えに従って、きちんとその法を見ていけば、一目瞭然、解るはずなのですけれども、結局は法然も、曇鸞、道綽、善導の三師の悪言に惑わされたまま何も気がつかないでいる、と指摘されているのです。

その理由はなぜかというと、**「所以は何。大乗経六百三十七部・二千八百八十三巻、並びに一切の諸仏菩薩及び諸の世天等を以て、捨閉閣抛の字を置いて一切衆生の心を薄す」**、法然は念仏以外の教えの「大乗経六百三十七部・二千八百八十三巻、並びに一切の諸仏菩薩及び諸の世天」、諸の世天というのは世間の諸天善神のことですが、これらに「捨閉閣抛」の四字を置いて、つまり捨てよ、閉じよ、閣け、抛てと言って、一切衆生の心を誑かしている、と大聖人様は言われるのであります。

念仏では必ず、この四字を言うのです。つまり、法華経が第一であるということを難ずるためには、捨閉閣抛という詭弁を弄するのが、念仏宗の者達であります。

そして、この捨閉閣抛の説に惑わされて、みんな、どんどん正しい信仰を見失ってしまったということであります。

続いて**「是偏に私曲の詞を展べて全く仏経の説を見ず」**と、こういった法然の言葉は「私曲の詞」だと指摘されています。私曲の「私」とは公に対する言葉ですから、自分だけの立場の言葉という意味であります。「曲」とは曲がるという意味ですから、ゆがんでいるということです。つまり「私曲」というのは、法然の邪見、我見、間違った考えのことを指し、法然が勝手に作った言葉だと仰せであります。ですから「全く仏経の説を見ず」と、法然の言葉は全く経文によらない、間違った説であるとおっしゃっているのです。

そして**「妄語の至り、悪口の科、言ひても比無く、責めても余り有り」**と、法然の言葉は嘘、偽りの言葉がはなはだしくて、その悪口の罪科は、どれほど言っても、他に比類がないほど、ひどいものである。だから、その科を責めても、責め足りないぐらいのものであるとお示しであります。要するに、多くの人を誑かしている法然の悪言に対して、大聖人様が厳しく破折されているのであります。

しかし**「人皆其の妄語を信じ、悉く彼の選択を貴ぶ」**とあるように、世間の人々は法然の妄語を信じてしまって、法然の書いた『選択集』を尊んでいるということです。これはまさしく、先程も言いました通り、長くお便所にいると臭いのを忘れてしまうように、念仏のような邪義邪宗のなかにはまってしまうと、いつの間にか、それが当たり前のように思ってしまうのです。

今日の創価学会も同じようなものです。彼らも、それが当たり前になっているのです。それを目覚めさせていくのが、私達、法華講の役目なのであります。これが大事な使命だと思います。

次に**「故に浄土の三経を崇めて衆経を抛ち、極楽の一仏を仰いで諸仏を忘る」**とありますが、ここに出てくる「浄土の三経」というのは無量寿経・観無量寿経・阿弥陀経の三つで、これを浄土の三部経と言って、念仏宗では所依の経典としております。

この浄土の三部経を崇めて、念仏以外の教えを抛ち、「極楽の一仏」である西方十万億土にいるという阿弥陀如来を仰いで、そのほかの仏様については全く忘れている、と指摘されています。

そして**「誠に是諸仏諸経の怨敵、聖僧衆人の讐敵なり」**と、この法然こそが、まことに諸仏や諸経の怨敵であり、聖僧や一切衆生の敵であると、大聖人様は仰せであります。

しかも**「此の邪教広く八荒に弘まり周く十方に遍す」**、この法然の邪教は広く「八荒」に弘まっている。八荒というのは、国のなかの八方の果てのことを言います。つまり、日本国の隅々ということで、法然の邪教が日本のあらゆる所にまで弘まっているということです。

また「十方」というのは、東西南北の四方に四維を合わせて八方になり、それに上下の二方を合わせて十方となります。ですから、法然の邪義が、全国にはびこっていることを言われているのです。

次の**「抑近年の災を以て往代を難ずるの由強ちに之を恐る。聊先例を引いて汝の迷ひを悟すべし」**からは、大聖人様が中国における亡国、つまり国の亡びる様々な現象の具体例を挙げられ、客の間違った考えを破折されているところであります。

つまり「抑近年の災を以て往代を難ずるの由強ちに之を恐る」というのは、あなたが近年の天変・地夭の災難の原因を、昔、法然が間違った教えである念仏を弘めたためだとする主人の指摘に対して、異常なまでに恐れているが、「聊先例を引いて汝の迷ひを悟すべし」、今、若干の先例を引いて、あなたの迷いを諭しましょう、と言われるのです。

以下、ここに三つの例を挙げられています。これらは全部、中国の例であり、周の末の話、それから晋の時代の話、それから唐の末の三つの例を挙げて、いずれも国家が大きく乱れた時には必ず、その前兆があるということを、ここでおっしゃっているのです。

初めに**「止観の第二に史記を引いて云はく『周の末に被髪袒身にして礼度に依らざる者有り』と。弘決の第二に此の文を釈するに、左伝を引いて曰く『初め平王の東遷するや、伊川に被髪の者の野に於て祭るを見る。識者の曰く、百年に及ばざらん。其の礼先づ亡びぬ』と。爰に知んぬ、徴前に顕はれ災ひ後に致ることを」**と示されております。これは『摩訶止観』の第二巻に引用されている『史記』の文を挙げて、周末の事例を示されているのであります。
「止観」というのは、御承知の通り、天台大師の「三大部」として『法華玄義』『法華文句』『摩訶止観』という三つの書がありますが、そのうちの一つであります。特に『摩訶止観』は天台の本懐の書とされており、『玄義』と『文句』は天台の教相を説かれたものであるのに対し、『摩訶止観』は観心を示され、天台教学のなかでも、たいへん大事な法門が説かれております。

また、その『止観』に引かれている『史記』というのは、前漢の歴史家であった司馬遷が書いたもので、中国の上古の黄帝から前漢の武帝に至るまでの、二千数百年にわたる歴史書です。これは全部で百三十巻に及ぶもので、それほど膨大なものであります。

これを書いた司馬遷は前漢の歴史家でありまして、それまで中国では、春秋から戦国時代にかけて、諸子百家と言われるように、色々な人が出て、色々な書物を書いているのですけれども、まとめて書いた人はいなかったのです。しかるに、それらをまとめて書き上げたものが、司馬遷の『史記』なのです。ですから、たいへん貴重な資料とされております。

このなかには、宮廷に残っていた様々な資料等が収められておりまして、例えば、本紀十二巻、年表十巻、部門別の制度史でもある書八巻、それから国史であるところの世家三十巻、個人の伝記集である列伝七十巻というように分けておりますけれども、そのように細かく、克明に歴史を綴っているのであります。

その『史記』のなかに「周の末に被髪袒身にして礼度に依らざる者有り」とあるのです。「周」とは、中国の古代の王朝の名前です。これは文王の子の武王が、殷の紂王を亡ぼして建てた国であります。

大聖人様は『異体同心事』のなかに、

「異体同心なれば万事を成じ、同体異心なれば諸事叶ふ事なしと申す事は外典三千余巻に定まりて候。殷の紂王は七十万騎なれども同体異心なればいくさにまけぬ。周の武王は八百人なれども異体同心なればかちぬ。一人の心なれども二つの心あれば、其の心たがいて成ずる事なし」(同一三八九ページ)

と示されておりますが、ここに出てくる「武王」のことであります。

この武王が周の国を建てるのでありますが、建国ののち、第十二代の幽王までは鎬京（こうけい）に都を置いておりましたけれども、これが犬戎（けんじゅう）と呼ばれる、中国の北西のほうに住んでいた異民族の侵略を受けて、殺害されてしまいます。

この幽王は、歴史書を見ると、大変な悪王であったとされています。つまり、側室を寵愛（ちょうあい）し、正室の申后（しんこう）とその子の太子を廃し、側室の褒姒（ほうじ）を正室にして、その子供に王位を継がせようとしたのです。それによって、申后の父の申侯をはじめとする諸侯に背かれ、ついに犬戎に驪山（りざん）という所で殺されてしまったのです。

そののち、第十三代・平王の時に鎬京を捨てて、成周に都を建てたと言われます。これは今の洛陽付近とされておりますけれども、そこに遷（うつ）りました。周は、東の成周へ遷る以前を西周と言い、東遷した以後を東周と言いますが、いずれにいたしましても、周は三十七代、約八百年で滅亡するのであります。

この御文のなかに「周の末に」とありますが、これがいつを指すのかということになりますと、これは周代最後の三十七代目の王の時、いわゆる周が最終的に滅亡した時を言うのではなく、第十三代・平王の時に、既に国の勢力は衰えつつあったために、ここでは「周の末に」とおっしゃっているのであります。つまり、衰えが見えてきた時ということです。

実際には八百年、続くわけでありますけれども、第十三代・平王の時には、既に国は衰え始めていたのであり、滅亡の前兆は既にあったということです。どういう前兆かというと、ここに「被髪袒身にして」と書いてありますが、この「被髪」というのは、髪の毛を結ばずに振り乱していることで、古代中国では最も身だしなみの悪いこととされていたようです。また「袒身」とは衣を解（と）いて、肩などの膚（はだ）を露わにすることです。つまり、髪はバラバラで、着物もまともに着ないで、だらしない格好をしている、という意味です。

そして「礼度に依らざる者有り」と、礼儀を全く弁（わきま）えない、あるいは礼儀を守ることを古くさいとか、いなか者などと言って、さげすむ者が多く出たということです。

そのような姿を見て、これは国が亡びる前兆であることを見抜くわけであります。

また『弘決』の第二巻に『左伝』を引いておっしゃっておりまして、この『左伝』とは『春秋左氏伝』の略称であります。それから『弘決』とは、中国の妙楽大師の作でありまして、天台大師の三大部について、天台大師の滅後に色々な解釈が出たようなこともあり、それをしっかりと統一するため、また天台教学を高めるために著したのが、妙楽大師の解釈書です。すなわち、『摩訶止観』には『弘決』、『法華玄義』には『釈籤（しゃくせん）』、『法華文句』には『記』という解釈書が作られているのですが、ここでは『弘決』の第二巻を引かれております。

ついでに申しますと、ここに引かれる『春秋左氏伝』という書は、孔子の著した『春秋』の注釈書で、文書や記録などを書き留めておく史官という役人であった左丘明（さきゅうめい）という人が書いたものであります。『春秋』というのは、「五経」といって儒教で尊重される五種の教典があり、いわゆる『易経』『書経』『詩経』『礼記』『春秋』の五つのうちの一つであります。これは、春秋時代に孔子あるいはその教えを受けた魯（ろ）の国の史官が編（あ）んだ歴史書であり、『春秋』自体は事件のあらましを記したに過ぎないので、その注釈として『春秋左氏伝』いわゆる『左伝』が著されたのであります。

その『左伝』に、周の第十三代・平王が犬戎の襲撃を受け、侵略を避けるために今までの都を捨てて、東の成周、今の洛陽に遷った時、伊川に至ると、髪を結ばず、振り乱したままの姿で、野原で神を祭っているのを見たというのです。その光景を見た識者は「あと百年も経たないうちに、この国は亡びるであろう。その前兆として、まず礼が亡びてしまった」と予言した、とあるのです。それが「初め平王の東遷するや、伊川に被髪の者の野に於て祭るを見る。識者の曰く、百年に及ばざらん。其の礼先づ亡びぬ」という、『左伝』の文意であります。

古代の中国におきましては、祭りは神聖な行事でありますから、身だしなみをきちんと整えるべきであるにもかかわらず、髪も結ばず、振り乱したままで神事を行うということは、周の世を支えてきた礼節が、根本から崩れ去ってしまったことを示すわけであります。ですから、識者はこれを見て「これは周の国が亡びる前兆である」というように見抜いたのであります。実際その通り、周の国は亡び去ったわけでありますが、既に前兆は、その時にあったということであります。

そして「爰に知んぬ、徴前に顕はれ災ひ後に致ることを」、このことからも判るように、災難が起きる前には、まず何がしかの前兆、しるしが現れ、そののちに災いが起きるのである、と仰せであります。つまり、人々の様々な動きのなかにも、国の盛衰をうかがわせる前兆が必ずあるということを、ここでおっしゃっているのであります。

ですから、ただいま申し上げたように、髪を振り乱して、礼儀を知らないでいる者や、あるいは大事な神事を行うに当たって、だらしない格好でいるのが当たり前だと思っているような姿があると、必ず国が亡びていくのです。だから、人々の姿を見ると、その国が栄えていくか、亡んでいくかが判ります。このことは今でも、はっきり言えるのではないでしょうか。一人ひとりの生活姿勢、生活に取り組む姿勢がきちんとしている国は、必ず栄えていく。けれども、そうではない国は必ず亡び去っていくというのは、古今の例にもある通りです。

現在でも、そういう危険な状態が、往々にしてあります。ここで示される「被髪袒身にして」などという姿は、今も髪がバラバラで、裸に近いような格好で歩き回っている人を、たまに見かけますね。やはり、ああいうのは、よくないのです。やはり、身だしなみをきちんとしなければならないということです。ですから、我々の普段の生活姿勢も、きちんとしていくことがたいへん大事であると思います。

これが、まず一つ目の例です。

次に、晋の時代の例を挙げて、**「又阮籍逸才にして蓬頭散帯す。後に公卿の子孫皆之に教ひて、奴苟して相辱しむる者を方に自然に達すといひ、撙節兢持する者を呼んで田舎と為す。司馬氏の滅ぶる相と為す」**と、『摩訶止観』の文を引いて、このようにおっしゃっています。これも同じように、国家が大きく乱れる時には、必ずその前兆があるということを、晋の時代の例を挙げて言っておられるのです。

このなかにある「阮籍」というのは、竹林の七賢の一人です。竹林の七賢というのは、中国の後漢の末から、魏を経て西晋に至る間、三世紀から四世紀の初めぐらいの百年足らずの間ですが、その間に、文学を愛し、酒や囲碁や琴を好み、世を白眼視して、竹林に集まって清談を楽しんだグループがあったのです。清談というのは、儒教の仁義的な学問や道徳を否定して、老荘の空理つまり無為自然の道を談ずることで、そういうグループがあったのです。その七賢とは、阮籍をはじめ、嵆康（けいこう）・山涛（さんとう）・向秀（しょうしゅう）・劉伶（りゅうれい）・阮咸（げんかん）・王戎（おうじゅう）という七人です。

この阮籍は、たしかに逸材ではあったのですけれども、「蓬頭散帯」、頭髪をボウボウに生やして、帯をだらしなく締め、言うなれば、とんでもない格好をして、礼儀も全く弁えていなかった。また、自分の好きな人には青眼で見るけれども、そうでない人には白い目で見たというのです。

また「後に公卿の子孫」すなわち朝廷とか王室に仕える貴族の子供達は「皆之に教ひて」つまり、阮籍達に倣（なら）って礼儀を乱し、「奴苟して相辱しむる者」の「奴」も「苟」も共に賤（いや）しいという意味で、賤しい者達が礼儀を無視し、乱暴な言葉を使ってお互いに相手をはずかしめ合う。そして、そのような在り方を「方に自然に達す」つまり、これが自然なのだと言っているということです。

さらに「撙節兢持する者を呼んで田舎と為す」の「撙節」とは互いに礼儀をもって敬い合うことであり、「兢持」とは自らを慎み戒めるという意味ですが、そういう「撙節兢持する者」は、いなか者だとか、時代遅れだといって卑しみ、嘲笑したというのです。

自由闊達に、奔放に生きるのが、ごく自然なのだといって、好き勝手なことをするような者に限って、正しい在り方の人を見ると「あれは、いなか者だ」といって蔑むというようなことは、現在でもよくある話でしょう。これは今も昔も、似たようなことがあるのではないでしょうか。そういった姿を見て、「司馬氏の滅ぶる相と為す」、まさにこれは国の亡びる前兆であると『史記』にあるということです。ですから、きちんとしている人を見て、それは時代遅れだとか、あれはいなか者だと言っているような者が一番、危ないのです。そういう人が増えると、国が変になってしまうのであります。

次に**「又慈覚大師の入唐巡礼記を案ずるに云はく『唐の武宗皇帝の会昌元年、勅して章敬寺の鏡霜法師をして諸寺に於て弥陀念仏の教を伝へしむ。寺毎に三日巡輪すること絶えず。同二年回鶻国の軍兵等唐の堺を侵す。同三年河北の節度使忽ち乱を起こす。其の後大蕃国更た命を拒み、回鶻国重ねて地を奪ふ。凡そ兵乱は秦項の**

代に同じく、災火邑里の際に起こる。何に況んや武宗大いに仏法を破し多く寺塔を滅す。乱を撥むること能はずして遂に以て事有り』已上取意」とありますが、これは三番目に唐の末の例を挙げ、仏法においても同じように、邪法が流布する時にはまず前兆が現れ、そののち、それが一国の災難に及ぶということを言っているのであります。

「慈覚大師」は比叡山延暦寺の第三代の座主でありますけれども、伝教大師の弟子でありながら真言の宗義に傾倒し、大日経が第一だというようなことを述べた者であります。言うなれば、真言の邪義に惑わされてしまったために金剛界の大日如来を本尊と立て、真言の善無畏三蔵を師匠としたため、それ以後、比叡山は狂っていったのです。その、比叡山を狂わせた張本人が、この慈覚大師なのです。

その慈覚大師が著した『入唐巡礼記』という書があるのですが、この『入唐巡礼記』というのは、慈覚が遣唐使となって、十年間ほど中国に渡っていたのです。その間に、中国で起きた色々なことを克明に記録したものです。そのなかには、歴史的に貴重な資料となる部分もあります。

その『入唐巡礼記』には、昔「唐の武宗皇帝の会昌元年」、これは西暦で言うと八四一年ですから、ずいぶん古い話ですが、この時、武宗は「章敬寺の鏡霜法師」に勅命して、弥陀念仏の教えを諸寺に伝えしめ、寺ごとに三日ずつ「巡輪」、寺を順に回って説法をさせたというのです。そして、その巡輪を続けたところ、勅命を下した翌年の会昌二年に「回鶻国の軍兵」、この「回鶻国」というのは辺地にいたウイグル族のことではないかと思われますが、その軍兵が唐の境界を侵して、侵略してきたというのです。

さらにまた、その翌年の会昌三年には「河北の節度使忽ち乱を起こす」ということで、「節度使」というのは異民族の侵入を防ぐために置いた、辺境の守備隊の司令官のことであります。この節度使の力がだんだん強くなってきて、中央に脅威を及ぼすようになり、結局、反王朝的と言いますか、中央の命令に背くような勢力になって、様々な反乱を起こすようになったのであります。

次の「其の後大蕃国更た命を拒み」というなかの「大蕃国」というのは、チベットのことです。チベットは唐朝の初期に唐の属国となったのですが、この時、混乱に乗じて離反し、そうしたことが何回も繰り返されたわけです。今でも時々、中国とチベットとは争っているようですね。歴史をひもといてみると、昔からそういうことが繰り返されているのです。この時にもそういうことがありまして、要するに、色々な混乱が続いたということであります。

その上「回鶻国重ねて地を奪ふ」と、先程言った「回鶻国」も再び、唐の国内に侵略してきたということです。

そのため「凡そ兵乱は秦項の代に同じく」、あたかも秦の始皇帝や楚の項羽の時代と同じように、「災火邑里の際に起こる」、村も町も皆、災火に巻き込まれてしまった、ということであります。

つまり、秦の始皇帝は中国を統一するわけですが、この人は過酷な面がありまして、いわゆる専制政治を敷いたのです。そのために、その死後、数年でもって秦は亡び去ってしまうのですが、その原因を作ってしまったということです。

その秦のあとの天下を八年間にわたって争ったのが、漢の劉邦と楚の項羽です。その結果、沛公と呼ばれた劉邦が勝って漢王朝を築くのでありますけれども、その間は、全く戦乱の絶えるひまがなく、村里も皆、戦火に巻き込まれて、民衆は塗炭の苦しみに喘いだということであります。

ましで「何に況んや武宗大いに仏法を破し多く寺塔を滅す」というように、この武宗皇帝は仏法を大いに破り、多くの寺院を破壊するという暴挙に出たのです。

武宗は中国の唐の第十五代の皇帝で、即位のあと、前のところに「唐の武宗皇帝の会昌元年、勅して章敬寺の鏡霜法師をして諸寺に於て弥陀念仏の教を伝へしむ。寺毎に三日巡輪すること絶えず」とありましたように、初めは仏教に対して理解のある王様だったのです。ただし、これは念仏の教えを保護したのであって、同じ仏教でも、正しい教えを弘めたわけではないのですが、そのうちに今度は道教を崇拝するようになりまして、会昌五(八四五)年に大規模な仏教弾圧を行ったのであります。これが有名な「会昌の廃仏」で、記録によれば、寺院四万数千を破壊し、僧尼二十六万余を還俗せしめたと言われます。この文章のなかに「武宗大いに仏法を破し多く寺塔を滅す」とあるのは、この会昌の廃仏のことを言っているのであります。

それの結果、武宗はどうなったかと言いますと、ここに「乱を撥むること能はず」とある通り、武宗は兵乱を収めることができず、「遂に以て事有り」と記されているのです。この「事有り」というのは、金丹と言いまして、金を練って作った不老不死の薬というものがあるらしいのですが、武宗はその金丹という妙薬を手に入れ、それを飲んで中毒になって結局、死んでしまったというのです。武宗は武運長久のために手に入れたはずなのですが、結局、その薬の毒によって死んでしまったということでありますから、まさしくこれは念仏や道教を信仰した謗法のしるしであり、そういったものは必ず顕れてくるのです。

続いて**「此を以て之を惟ふに、法然は後鳥羽院の御宇、建仁年中の者なり。彼の院の御事既に眼前に在り」**とありますが、これは中国の前例に続いて日本の承久の乱を挙げ、念仏を弘めることが国の災いの原因となり、前兆であることを示されているのであります。

すなわち「此を以て之を惟ふに」というのは、この前に中国の三つの例を挙げて、国家が大きく乱れる時には必ず前兆があることを示された上から、今度は日本における法然の謗法の害毒を思うには、ということです。

そして「法然は後鳥羽院の御宇、建仁年中の者なり」、法然が盛んに念仏の教えを弘めたのは建仁年中、後鳥羽院の時代のことであるとお示しであります。

この法然の念仏の害毒によって、「彼の院の御事既に眼前に在り」、つまり後鳥羽院が承久の乱によって流されたことをおっしゃっているのです。やはり、後鳥羽院が流されたのは、ひとえに法然の邪義、謗法の害毒なのだということを、ここで指摘されているわけです。

皆さん方も御承知の通り、承久の乱というのは大変な乱でありまして、この時に、後鳥羽上皇は隠岐に、土御門(つちみかど)上皇は土佐に、順徳上皇は佐渡に、それぞれ流されてしまったのであり、いわゆる下剋上の事件であったのです。

また、この承久の乱は『立正安国論』御提出の四十年前に起きた事件ですから、まさに「眼前に在り」とおっしゃっているわけです。さらに、この姿は、まさに法然の念仏の邪義の結果だということを、大聖人様はおっしゃっているのであります。

そして**「然(しか)れば則(すなわ)ち大唐に例を残し吾(わ)が朝(ちょう)に証(しょう)を顕はす」**、念仏の邪義が大きな災難を呼び起こすということは、中国においても、そしてこの日本においても、このように示されているではないか。だから**「汝疑ふこと莫れ汝怪しむこと莫れ。唯須く凶を捨てゝ善に帰し源を塞ぎ根を截るべし」**と、その災いの元凶、根本のところを切らなければ、正しくはならないと仰せであります。

今日の様々な日本国の混乱、世界の混乱の原因はどこにあるか、また、それを克服する色々な方策とか政策について、色々なことが述べられておりますけれども、やはりその根本は邪義邪宗の害毒にあるのです。このことを、この『立正安国論』から私達はしっかりと学び取って、なにしろ今、我々がしなければならないこと、また唯一できることは何かを考えなければなりません。

我々は、政治家ではなく、大聖人様の仏法を捧持する法華講衆です。地涌の菩薩の眷属です。その地涌の菩薩の眷属のできることは何かといったならば、これはもう折伏です。大聖人様の「正を立てて国を安んずる」という精神は、そこにあるのです。ですから、一人ひとりが折伏をしていくことが大事なのです。

御隠尊日顕上人猊下が御在職当時に、我々に御指南あそばされた「一年に一人が一人を折伏しなさい」ということを、本当に一人ひとりが肝に銘じて実行したならば、必ず日本は良くなります。世界は良くなります。この日顕上人猊下の御指南をしっかりと守って、本日ここに参詣されている方々が、この一年、本当に真剣に一人が一人を折伏してごらんなさい。世の中は本当に変わります。見違えるように変わります。これは間違いのないことなのです。このことを是非、本日は決意していただいて、皆さん方が異体同心、一致団結して、折伏に励んでいただきたい。

宗門は今、僧俗一致して、平成二十七年の五〇％増、三十三年の八十万人体勢の構築を目指しておりますが、この目標は前倒しして達成していいのです。明日にでも五〇％増を達成していいのです。本当に勢いをもって前進すれば、必ずできるのです。

本日のこの落慶法要を機に、一人ひとりが、心を新たにして、御精進いただきたいということを、心から願う次第であります。

以上をもちまして、本日の法話といたします。

（大日蓮　平成二十五年四・六月号）

立正安国論（十一）

平成二十五年一月二十三日
啓正寺災害復興新築落慶法要の砌
於　千葉県我孫子市

客聊和らぎて曰く、未だ淵底を究めざれども数其の趣を知る。但し華洛より柳営に至るまで釈門に枢楗在り、仏家に棟梁在り。然れども未だ勘状を進らず、上奏に及ばず。汝賤しき身を以て輙く莠言を吐く。其の義余り有り、其の理謂れ無し。

主人の曰く、予少量たりと雖も忝くも大乗を学す。蒼蠅驥尾に附して万里を渡り、碧蘿松頭に懸かりて千尋を延ぶ。弟子、一仏の子と生まれて諸経の王に事ふ。何ぞ仏法の衰微を見て心情の哀惜を起こさゞらんや。その上涅槃経に云はく「若し善比丘ありて法を壊る者を見て置いて呵責し駈遣し挙処せずんば、当に知るべし、是の人は仏法の中の怨なり。若し能く駈遣し呵責し挙処せば是我が弟子、真の声聞なり」と。余、善比丘の身たらずと雖も「仏法中怨」の責めを遁れんが為に唯大綱を撮って粗一端を示す。其の上去ぬる元仁年中に、延暦・興福の両寺より度々奏聞を経、勅宣御教書を申し下して、法然の選択の印板を大講堂に取り上げ、三世の仏

恩を報ぜんが為に之を焼失せしめ、法然の墓所に於ては感神院の犬神人に仰せ付けて破却せしむ。其の門弟隆観・聖光・成覚・薩生等は遠国に配流せられ、其の後未だ御勘気を許されず。豈未だ勘状を進らせずと云はんや。

（御書二四三㌻八行目～同㌻一八行目）

本日は、本円山啓正寺の災害復興新築落慶に当たり、当寺住職の願いによりお伺いをいたし、先程は落慶法要を奉修した次第でございます。

このたびの災害復興に当たりましては、当寺住職・藤本値道房をはじめ御信徒各位には僧俗一致・異体同心して復興事業に当たり、本日このように立派に完成し、盛大に新築落慶法要が奉修できましたことを、心からお祝い申し上げます。まことにおめでとうございました。

振り返って見ますと、平成二十三年三月十一日、東日本を襲う未曽有の大震災が発生いたしまして、各地で大きな被害を受けました。その結果、啓正寺も液状化現象により堂宇が壊滅的な打撃を受けましたが、いち早く住職の藤本値道房をはじめ御信徒の方々が一致団結して復興対策を練り、色々と検討の結果、移転することとなく現在地に液状化対策を施(ほどこ)した上で復興新築することに決定し、本日、このように立派に堂宇を新築して寺域を荘厳し、もって仏祖三宝尊に対し奉り御報恩申し上げたことは、まことにもって尊いことであります。仏祖三宝尊におかれては、さぞかし御嘉納あそばされていることと、心からお祝いを申し上げるものであります。

これもひとえに、住職をはじめ御信徒各位が、愛宗護法の一念をもって真剣に寺院の復興を図り、努力をされてきた結果でありまして、改めてお祝い申し上げます。本当におめでとうございました。どうぞ、これからも僧俗一致・異体同心して、さらなる御奉公に励まれますよう、お願い申し上げる次第であります。

さて、本日は住職からの願い出もありまして、『立正安国論』の一節を拝読申し上げ、少々お話をしたいと思います。

この『立正安国論』につきましては、不肖(ふしょう)、平成十八年四月の御代替(だいがわり)法要の砌(みぎり)、初転法輪においてお話しさせていただきました。以来、親教のたびに『立正安国論』についてお話をさせていただいております。

これは今、宗門が平成二十七年・三十三年の誓願達成へ向けて、僧俗一致のもと、異体同心・一致団結して前進すべき、まことに大事な時を迎えており、我ら一同、改めて『立正安国論』の御聖意を拝し奉り、その万分の一なりとも、仏祖三宝尊の御恩徳に報い奉ることができればと思い、『立正安国論』を拝読申し上げて、お話をさせていただいている次第であります。

初転法輪のあと、まず初めに静岡県浜松市浜北区の妙重寺で『立正安国論』の法話をいたしました。以来、今までに十カ寺で『立正安国論』のお話をさせていただいており、今日はその続きをお話しさせていただきます。

皆様も御承知のように、『立正安国論』は、今を去る七百五十三年前、文応元（一二六〇）年七月十六日に、宗祖日蓮大聖人様御年三十九歳、宿屋左衛門入道を介して、時の最高権力者である北条時頼に提出された国主への諫暁書であります。

『立正安国論』は全体が客と主人の問答形式、つまり十問九答の形式から成っておりますが、客の最後の問い、すなわち十問目はそのまま主人の答えにもなっているのであります。そこで『安国論』の問答形式を十問九答、十の問いに対して答えが九つであると言うのであります。そのなかで、ただいま拝読いたしました御文は六番目の問答に当たります。

ここで、本文に入る前に、ここまでの内容について簡単にお話をしたいと思います。

第一問答におきましては、客が近年より近日に至るまで様々に起きる天変・地夭・飢饉・疫癘の原因について尋ねたのに対して、主人は「世の中の多くの人が正法に背き悪法に帰依しているために、正法を護持すべきところの守護の善神が国を捨て去り、守護の任に当たるべき聖人は所を辞して還らない。そこに魔が来たり、鬼が来たり、災が起こり、難が起こるのだ」と答えているのであります。

この主人の答えに対して、客は「それはいったい、いかなるお経に出ているのか。その証拠を聞かせてほしい」と質問をするのであります。この客の質問に対して、主人が金光明経、大集経、仁王経、薬師経の四つの経を挙げて、災難の由来について詳しく述べられるのが第二問答であります。

次の第三問答は、前の第二問答における主人の答えが客の思うところと大いに異なっていたために、客は「たとえ金光明経とか大集経といった文証があるにせよ、

今、天下世上は仏や種々のお経を捨て去る心など全くない。かえって盛んに尊び崇めている」と、主人に対して、

「色を作して曰く」（御書二三七ジペー）

つまり血相を変えて詰め寄ったわけであります。

これに対して主人は、たしかに今、比叡山あるいは南都の各宗など、仏閣は甍を連ね、僧侶は竹葦や稲麻の如く大勢いるけれども、それらの僧侶は皆、権力に対して媚び諂い、多くの人々を迷わしているだけだと諭し、さらに、

「悪侶を誡めずんば豈善事を成さんや」（同二三九ジペー）

と、悪学の僧侶を徹底的に破折しなければだめだと述べたのであります。

そして第四問答では、客は「悪侶を誡めずんば豈善事を成さんや」という主人の言葉に対して、前にも増して憤慨し、「では、いったい、だれをもって悪比丘と言うのか。委細にそのわけを聞こう」と詰め寄ったのであります。

これに対して主人は、それは念仏の教えを弘めた法然であると答えるのであります。つまり、法然が著した『選択集』の邪義こそが諸難の元凶であると言い、

「如かず彼の万祈を修せんよりは此の一凶を禁ぜんには」（同二四一㌻）と、法然の邪義を「一凶」と断じて、厳しく破折されているのであります。すなわち「万祈」つまり、たくさんの祈りを色々と凝らすよりも、まず元凶である法然の悪法を破折しなければだめだと、大聖人様はおっしゃっているのであります。

この一凶とは、今日的に言えば創価学会であります。あの元凶を、本当に徹底的に破折しなければ、どんどん、どんどん世の中はおかしくなってしまうのであります。大聖人様の当時は、まさに念仏が一凶であったのでありますが、今は創価学会であり、これを徹底的に破折することが大切であります。

次の第五問答は、この前の問答において法然の邪義を一凶と決めつけ、いかなる祈祷を行うよりも、災いの根源である法然の邪義を破折することが第一であるという主人の話を聞いた客が、とうとう怒り出してしまうわけです。かんかんになって怒って、「あなたの言うような悪言は、いまだかつて聞いたことがないし、絶対に慎むべきである。あなたのような悪言を言う人と一緒になって話をすることはできない」と言い、杖を持って去ろうとするのであります。

これに対し、主人は莞爾（かんじ）として笑みを含んで対応し、けっして客と一緒になって怒らないのであります。私達の折伏もそうですね。相手が怒った時に、一緒になって鬼の形相（ぎょうそう）で怒っていては、折伏はできません。ここでは、鬼の形相で迫ってきた客に対して、主人は莞爾と笑みをたたえて答えたと記されています。

そして、まさに客が帰ろうとするのを押し止（とど）めて、二つの譬えを示されます。それは、辛（から）い蓼（たで）の葉ばかり食べていると、だんだん辛さが判らなくなる。また、臭（くさ）い厠（かわや）、これはお便所のことですが、その中にいると、いつの間にかその臭みが判らなくなってしまう。今と違って、昔は水洗便所ではありませんでしたから、たいへん臭かったのであります。けれども、その臭い便所の中に長くいると、いつの間にか臭みが判らなくなってしまうように、人も悪に染まると、いつしか、その悪に慣れていってしまうものであると、主人は諭したわけです。

そして、中国の念仏者達が法華経を忘れたことを挙げ、さらに今、法然がそれ以上に悪質な邪義を述べるために、世の中に三災七難が起き、民衆を苦しめているのだと指摘された上で具体的な例証を挙げ、客に対して速（すみ）やかに念仏を捨てて正しい法に帰依するよう、諄々と説かれたのであります。

以上が第五問答までの概略でありまして、本日はその次の第六問答からについて申し上げます。

まず**「客聊和らぎて曰く、未だ淵底を究めざれども数其の趣を知る」**とあります。これは、前の第五問答におきまして主人が客に対して諄々と諭された結果、客は道理に詰まって、少し和らぐ心が生まれてきたのであります。そこで「客聊和らぎて曰く」と示されているのです。

しかし、いまだ仏法の「淵底」つまり物事の奥深いところまでは解らないが、主人が挙げた適切な例証などにより大略、その趣きが解ったということであります。

次に**「但し華洛より柳営に至るまで釈門に枢楗在り、仏家に棟梁在り」**とあります。「華洛」というのは都のことでございまして、中国の後漢の時代に都を洛陽に置いてから、帝都つまり王様がいる所を華洛と称するようになったのであります。

特に、この場合は天皇という意味があり、そのいる所を華洛と称するのです。大聖人様の当時は、華洛というのは京都です。天皇は京都におられましたから、華洛と言うと京都を指したわけであります。

また「柳営」というのは、武家の将軍がいる所を言います。ですから、この当時は鎌倉であります。ここで言うところの「華洛より柳営に至るまで」というのは、天皇のまします京都から将軍のいる鎌倉までということで、要するに日本中、国中のすべてという意味になります。

そして「釈門に枢楗在り」とありますが、「釈門」というのは釈尊の教えの門ですから仏門という意味で、「枢楗」というのは肝要とか大事という意味であります。このうちの「枢」は開き戸の回転軸のことで「くるる」とも読みます。「楗」というのは「かんぬき」のことであり、いずれも戸になくてはならない重要な役目を果たしているので、枢楗には重要という意味があるのです。

次の「仏家に棟梁在り」というのは、「棟梁」とは屋根の棟（むね）と梁（はり）のことで、これには色々な意味があります。例えば、一つの集団や一国の支えとなる重要な人とか、あるいは主立った人、統率者のことを棟梁と言います。また、大工さんの世界では頭（かしら）のことを棟梁と言います。そういうように、主立った人、統率している重要な人という意味であります。つまり「釈門に枢楗在り、仏家に棟梁在り」というのは、仏門には重要な役目の人、そしてまた中心となる立派な人がいるではないかと、客は指摘しているのであります。

そして**「然れども未だ勘状を進らず、上奏に及ばず」**というのは、釈門のなかには立派な方々がいるにもかかわらず、その人達が法然の誤りについて気づき、幕府に対して意見書を提出していないではないかと言っているのです。さらに「上奏」というのは天皇に意見を申し上げることで、いかに立派な人達がいても、だれ一人として意見書を出していないではないかと、主人に対して言っているのであります

次に**「汝賤しき身を以て輒く莠言を吐く」**とありますが、「輒く」というのは軽々しくという意味です。また「莠」とは「はぐさ」といって、水田に生える悪性の草のことで、これは全部、除去しなければだめなのです。ですから「莠言」とは悪口とか、害のある言葉ということで、「どうして、おまえはやすやすと、そのような悪言を吐くのだ」と、客は主人に詰め寄るのであります。

さらに**「其の義余り有り、其の理謂れ無し」**と言うのですが、これは、客の心は

少し和らいできたのですけれども、まだ本当に主人の言葉を信じて納得しておりませんので、主人に対して批判しているのです。つまり「あなたの言っていることには、いまだ尽きざるところがあって、その指摘するところの理にはいわれがない。したがって、あなたの話には承服できない」と言うのです。

これに対して、今度は主人が答えます。

初めに「**主人の曰く、予少量たりと雖も忝くも大乗を学す。蒼蠅驥尾に附して万里を渡り、碧蘿松頭に懸かりて千尋を延ぶ**」とありますが、「少量」とは度量が小さく狭量であるということで、これはあくまで主人が謙遜して言っている言葉であります。つまり、主人が「私は賤しき者ではあるけれども、はばかりながら大乗を学んでいる者である」と謙遜して言っているのであります。

そのあとの「蒼蠅驥尾に附して万里を渡り」ということは、おそらく皆さんも聞いたことがあるかと思います。要するに、青蠅のような小さな生き物でも、「驥尾」つまり駿馬の尾に付いていれば、万里の遠くに行くことができるということであります。

次の「碧蘿松頭に懸かりて千尋を延ぶ」の「碧蘿」とは、緑色の蘿（つた）のことです。つまり蘿自体は、自分だけでは上に伸びていくことができません。しかし、高く伸びる松に絡みついていけば、どこまでも上に伸びることができるということであります。つまり、それ自体には力がなくても、先導し、引っ張ってくれる人がいると、どんどん成長していけるという譬えであります。

「千尋」の「尋」は、辞典を見ますと自分の両手を広げた幅を言うようで、尺貫法では五尺とする説と六尺とする説の二通りがあるようです。五尺というと一・五メートルぐらいになり、六尺ですと一・八メートルぐらいになります。そこには少しですが違いがありまして、昔の人はそういう単位で距離を計ったのであり、千尋というのはたくさんの距離という意味になるのであります。ですから、蘿のような弱いものであっても、松のようなしっかりした木に絡んでいけば、松と一緒にどこまでも、どこまでも伸びることができるということです。

実は、千尋という言葉にも二通りの意味があるのです。よく「千尋の谷」ということを聞くでしょう。だから、下に行くのも千尋、上に行くのも千尋で、この御文の場合は、上に行くことを言っているのであります。

要するに、良き指導者に出会って一緒に付いていけば、どこまでも成長していけるという意味が、ここに含まれているのであります。つまり、どんなに器量の小さい者であったとしても、勝れた方、尊い人に依(よ)ることによって、勝れた正しいところに到達することができるという意味でお使いになっているのであります。

次に**「弟子、一仏の子と生まれて諸経の王に事(つか)ふ」**とありますが、申すまでもなく、大聖人様は末法の御本仏であります。「諸経の王」とは、諸経のなかの王様という意味で法華経のことを指しますが、この時はまだ発迹顕本以前でありますから、大聖人様は一往、釈尊の弟子として法華経に仕えているという立場の上から、このようにおっしゃっております。

『立正安国論』は文応元年の御述作ですから、御化導のなかでも、まだ初期のころです。そのあと、大聖人様は発迹顕本あそばされ、名実ともに御本仏としてのお姿を示すわけでありますが、この時期はまだ、そこまで至っていないのであります。

また**「何ぞ仏法の衰微を見て心情の哀惜を起こさゞらんや」**というのは、諸経中王・最為第一の法華経に仕えている者が、念仏、特に法然の『選択集』によって仏法が衰微していくのを見て、どうして心から哀しみ惜しむ念を起こさずにいられようか、とおっしゃっているのであります。

次に**「その上涅槃経に云はく『若し善比丘ありて法を壊る者を見て置いて呵責し駈遣し挙処せずんば、当に知るべし、是の人は仏法の中の怨なり。若し能く駈遣し呵責し挙処せば是我が弟子、真の声聞なり』と」**とありますが、この御文も皆さんはよく聞いていることでしょう。謗法の者は折伏しなければならないということで、まさにこの通りなのです。

この「涅槃経」は、華厳・阿含・方等・般若・法華涅槃という五時があるなかで、最後に説かれたお経であります。涅槃経の特色は捃拾と言いまして、捃拾とは落ち穂拾いという意味です。法華経が大収、すなわち秋の大収穫に譬えられるのに対して、涅槃経はそのあとの落ち穂拾い、つまり法華経の教化に漏れた人達を救うために説かれたという意味があります。

かつて、法華経方便品の会座（えざ）から退去した五千人の人達がおりました。どのような人達か知っていますか。それは増上慢の人達です。「自慢、高慢、ばかのうち」と言いますけれど、本当に増上慢になってはだめです。法華経をお説きになられた釈尊の教えに反対して、五千人の増上慢は退席してしまうのです。そういった者などがいましたので、その人達を救うために最後に説かれたのが涅槃経であります。

この涅槃経のなかには色々な教えが説かれており、例えば「一切衆生悉有仏性（しつう）」といって、一切衆生は皆ことごとく仏性を有（ゆう）しているということも説かれております。この原理によって、どんな人でも、あの悪逆の提婆達多（だいばだった）でさえも、必ず救われるのであります。

同じように、私達の折伏も、どんな人でも救えるのです。ただ、こちらが救っていないだけです。あの人はだめ、この人もだめだろうと、自分で勝手に決めてしまっているのではないでしょうか。あの人にはいくら言ってもだめだと、言いもしないで決めつけてしまう。それではだめです、折伏になりません。

末法は耳根（にこん）得道といって、耳から聞かせることが成仏の元になるのです。ですから、どんな人にでも妙法を下種し、説くことが大切です。その上で、たとえ信心に反対しても逆縁成仏ということがあります。

逆縁成仏についての有名な話は『上野殿御返事』（御書一三五八ジペー）のなかにあります。

それは、ある夫婦がいて、亭主が一生懸命、法華経を拝んでいるのですが、奥さんはそれが気に食わないわけです。今、信心している人のなかにも、そのような人がいるかも知れませんね。そのあと、どうなったかと言いますと、結局、頭に血がのぼった奥さんが亭主の拝んでいた法華経を足で蹴ってしまうのです。

そのあと、この奥さんが亡くなった時に、生前中に法華経を蹴ったのだから当然、地獄に行くものだと判断した獄卒が地獄に突き落とそうとしたのです。けれども、不思議なことに法華経を踏んだ足だけは、どうしても地獄に入らなかったということで、どのような形でも法華経に縁することが大事だということが示されているのです。

私達の折伏もそうであります。自分で余計な斟酌（しんしゃく）をして、あの人はいいとか、この人はだめだろうと考える。このような選別は必要ありません。だれにでも、しっかりと言えばいいのです。

順縁の人は、折伏されてすぐに入信します。また、たとえ逆縁だったとしても、今言ったように、法華経を足蹴にしても、法華経に縁した足だけが地獄に堕ちなかったという話を、よく考えなければなりません。そうすれば、だれでも折伏ができるし、それがすばらしい功徳になります。

やはり、折伏というのは一から十まで全部、御法のために尽くしていくという意味でまことに大事なことであり、一切衆生救済の方途であります。順縁、逆縁、だれであっても必ず、それが縁となって成仏していくのです。

先程も言った、耳根得道とか逆縁成仏という話をよく心して、私達も勇気を持って折伏をする。選り好みをしていてはだめです。だいたい、言いやすい人はなんとかなると思ったり、少し強面の人はだめだとか、そのような勝手な思い込みで折伏をやめることなく、あきらめないように頑張ってください。

それからまた、涅槃経のなかで有名なのが、乳味・酪味・生酥味・熟酥味・醍醐味の五味です。これは、牛乳が精製される過程を言っているわけで、一番最後の醍醐味が最高の味わいとされ、これを法華経に譬えられております。

その涅槃経に説かれる文のなか、初めの「若し善比丘」というのは、仏様の教えに従って衆生を教化する智徳兼備の善僧、よいお坊さんであったとしても、ということです。そして「法を壊る者を見て置いて呵責し駈遣し挙処せずんば」というのは、正法を誹謗する者、謗法の者を見ておりながら、折伏もせず、そのままにすることで、これはだめであります。これでは逆に自分が、折伏をしないということで罪を背負ってしまいます。やはり、謗法の者を見ても何もしない、すなわち「見て置く」ということは絶対にだめであります。

この「呵責」とは謗法の者に対して厳しく責めて叱(しか)ることで、「駈遣」とは所を追い払うこと、「挙処」とは罪過をはっきりと挙げて糾明(きゅうめい)し、処断するという意味です。このように、呵責し駈遣し挙処しない者は「仏法の中の怨」であるとおっしゃっております。

そして逆に、もし、よく駈遣し呵責し挙処する者は、仏様の真の弟子であり、

「真の声聞」であると示されます。この「声聞」とは声を聞くということで、仏様の説く法を聞いて悟る人を言うのであります。十界のなかにも声聞、縁覚とありますが、その声聞ではなく、ここで言っているのは、仏様の声を聞いて悟る人という意味でお使いになっていらっしゃるわけであります。

さて、ここに「法を壊る者を見て置いて」とありますが、この「見」と「置」の二字を恐れなくてはなりません。すなわち、見て置く、見てそのままにしておいてはいけません。どんな状況でも「この信心をしませんか」と、しっかり言うことが大事なのです。それを、目をそらしてしまったり、下を向いて通り過ぎようとしたりすることは、私達にとって絶対にいいことではありません。このことを、よく知っておかなければならないわけです。

解りやすく言うと、ここでは、仏弟子たる者は法を破る者、すなわち謗法の者を見てそのままにし、破折もせず、折伏もしなければ、それは仏法のなかの怨となるのであります。それに対し、よく呵責し駈遣し挙処するならば、それは真の仏弟子であり、真の声聞であるとおっしゃっているのであります。

この御文に関連して、大聖人様は『曽谷殿御返事』に、

「此の文の中に見壊法者の見と、置不呵責の置とを、能く能く心腑に染むべきなり。法華経の敵を見ながら置いてせめずんば、師檀ともに無間地獄は疑ひなかるべし。南岳大師の云はく『諸の悪人と倶に地獄に堕ちん』云云」

（御書一〇三九ページ）

と、まことに厳しい御指南をされております。

さらに、続いて、

「謗法を責めずして成仏を願はゞ、火の中に水を求め、水の中に火を尋ぬるが如くなるべし。はかなしはかなし。何に法華経を信じ給ふとも、謗法あらば必ず地獄にをつべし。うるし千ばいに蟹の足一つ入れたらんが如し。『毒気深入、失本心故』とは是なり」（同一〇四〇ページ）

とも仰せです。これは、たいへん恐ろしいことです。せっかく信心していても、折伏をしないと毒気が身に入って本心を失ってしまい、まかり間違えると大変なことになってしまうという意味です。

私が言っているのではありません。末法の御本仏である大聖人様が我々に、このようにきちんと御教訓あそばされているのですから、やはり折伏をしなくてはだめなのです。折伏をしなくていい信心は絶対にないのです。このことをよく肝に銘じていただきたいと思うのであります。

今、言った通り、「見壊法者の見と、置不呵責の置とを、能く能く心腑に染むべきなり」とは、「法を壊る者を見て」という「見」と、「置いて呵責しない」という「置」であり、見ておりながら、そのまま置いて、何もしないというのが一番いけないということであります。ですから、この見と置の二字を、私達はよくよく心に刻んで、折伏に立ち上がらなければならないのであります。

折伏は、相手にけんかを売るわけではありません。そうでしょう。けんか腰で折伏が成就できた人はいますか。いませんでしょう。やはり、こちら側が慈悲の大きな心の上から法を説くことが大事なのであります。相手のことを「生意気だ」などと思っていますと、やはり顔や口に出てしまうので、相手も、ああ言えば、こう言うとなってしまう。これではだめです。じっくり話すことができません。

折伏というのは本当に慈悲であって、この人をなんとしてでも救って差し上げたいという慈悲の心がないと、できなくなってしまいます。では、慈悲をどのようにして見つけるか判りますか。それはお題目です。お題目をしっかり唱えてごらんなさい。自分の命に、仏様と同じような大きな慈悲の心が生まれてくるのです。

私も、どちらかというと気の短いほうだけれども、このなかにも気の短い人がいましたら、お題目を唱えてください。少しずつ良くなっていきます。なにしろ、何かあったらお題目をしっかり唱えていくことが大切であります。

日顕上人の御指南のなかに、

「折伏に行く前に、時間があったら十分でも、お題目を唱えて行きなさい」

（大日蓮・平成八年五月号六四ジペー取意）

ということがありますが、まさにその通りであります。お題目を唱える時の命は違うのであります。

つまり、謗法の者を見てそのままにしておき、折伏も何もしないということがあってはならないということであります。したがって、その次に「師檀ともに無間地獄は疑ひなかるべし」と仰せられ、あるいは「謗法を責めずして成仏を願はゞ、火の中に水を求め、水の中に火を尋ぬるが如くなるべし」、さらに「何に法華経を信じ給ふとも、謗法あらば必ず地獄にをつべし。うるし千ばいに蟹の足一つ入れたらんが如し」とおっしゃっているのであります。

つまり、私達の信心は、自行化他にわたる信心こそ肝要でありまして、化他すなわち折伏を忘れた自行だけの信心は本来、存在しないのであります。

そもそも、法華の思想そのものが折伏なのであります。ですから、天台の言葉にも

「法華は折伏して権門の理を破す（法華折伏破権門理）」
（玄義会本下五〇二ページ）

というものがあります。この「法華は折伏して権門の理を破す」というのが法華経の精神であり、法華経の心なのであります。ですから、このことを忠実にしっかりと守っていけば、必ず私達自身も幸せになれますし、相手も救うことができるのであります。

このことを、大聖人様は『三大秘法抄』に、

「末法に入って今日蓮が唱ふる所の題目は前代に異なり、自行化他に亘りて南無妙法蓮華経なり」（御書一五九四ジ）

とおっしゃっております。やはり、自行化他ということが非常に大事なのです。折伏に行き詰まったら題目を唱える。そして、また題目の功徳と歓喜をもって、折伏に打って出るということであります。このことをしっかりとやっていけば、必ず諸願が成就するわけであります。

皆さん方のなかにはいらっしゃらないとは思いますが、「自分は一生懸命信心をしている。朝晩の勤行もやっているし、お寺にも行くけれども、どうも功徳がないな」などと思う人がいましたら、折伏をすればいいのです。必ず、自分の罪障を消滅することができるのであります。だから、そのためにも自行化他の修行を積んでいただきたいと思います。

つまり、末法の仏道修行というのは自行化他の信心でなければ、真の成仏を期することはできないのです。『三大秘法抄』に末法の題目は、自行化他にわたる題目

だとおっしゃっております意味を、よくよく私達は知らなくてはなりません。

ただいまも言いました通り、折伏をしていて壁にぶつかることもあるでしょう。そのような時には、お題目を唱えていってごらんなさい。お題目を唱えていけば、必ず開けてきますから、そのことを心掛けていただきたいと思います。

そもそも、折伏というのは地涌の菩薩の眷属(けんぞく)として御本仏大聖人様から私達が仰せつかった尊い使命なのであります。大聖人様から頂いた尊い使命を果たしていくことに、どれだけの喜びがあるか。そこに必ず、一生成仏を期することができるのです。逆に、御本仏から頂いた御遺命を台なしにすることは、あってはならないことでございます。

ですから、先程も拝したように、折伏をしない者は「師檀ともに無間地獄は疑ひなかるべし」と、大聖人様はまことに厳しい御教示をしておられますから、本日お集まりの方は、本年度もまた一人残らず折伏に立ち上がり、頑張っていただきたいと思います。

常に折伏を忘れないことが大切であります。折伏を忘れますと「仏法中怨(ぶっぽうちゅうおん)」の侮(あなど)

りを受けることになるのです。

さて、次に**「余、善比丘の身たらずと雖も『仏法中怨』の責めを遁れんが為に唯大綱を撮って粗一端を示す」**とおっしゃっております。すなわち主人が、あえて善比丘の身のほどでもないけれども、涅槃経に説かれている仏法中怨、仏法のなかの怨、怨敵であるという責めを遁れんがために、今、国主諫暁のために『立正安国論』を作って法然の邪義を破折し、妙法蓮華経の正義を立てるべく、その大綱の一端を示しているのだと、自分の御一生を通しておっしゃっているのであります。

ですから我々も、この精神をもって折伏に励む。どんなことがあっても、この仏法中怨、仏法のなかの怨なりという侮りは絶対に受けないように、心していかなければならないと思います。

そのようにしていけば、必ず一生成仏します。それをやらないとだめなのであります。ですから、朝夕の勤行はもちろん、折伏にも打って出る。自行化他が根本ですから、是非、頑張ってもらいたいと思います。

次に**「其の上去ぬる元仁年中に、延暦・興福の両寺より度々奏聞を経、勅宣御教**

書を申し下して、法然の選択の印板を大講堂に取り上げ、三世の仏恩を報ぜんが為に之を焼失せしめ、法然の墓所に於ては感神院の犬神人に仰せ付けて破却せしむ」

とあります。

この文は、客が主人に「釈門」すなわち仏門には「枢楗」という要となる人があり、また「仏家に棟梁」がいるけれども、だれも幕府に対して「勘状」すなわち意見書を出していないし、朝廷に対しても「上奏」した者はいないではないかと難詰するのに対して、主人はそれは歴史を知らざる者の迷見であるということで、元仁年中にあった事実を挙げて答えられているのであります。

すなわち、後堀河天皇の元仁年中（一二二四～一二二五年）に比叡山延暦寺と奈良の興福寺が各宗を代表して、たびたび念仏禁制の奏聞をなし、朝廷よりは「勅宣」つまり天皇の命令書を賜り、さらに幕府からは「御教書」をもらって、法然の『選択集』の「印板」すなわち印刷する時の板木を叡山の大講堂に取り上げ、三世の仏恩を報ぜんがためとしてこれを焼き捨て、かつ法然の墓を祇園の犬神人に命じて破却したのであります。

これはまだ、大聖人様が立教開宗した直後ですから他の宗派のことを言われておりますけれども、破折という意味では、法華経を蔑ろにした法然の邪義に対してこのような処置がなされたということを、客に対して言っているのであります。

このなかの「犬神人」は「つるめそ」とも言い、「感神院」とは京都祇園の八坂神社の古い名称です。犬神人は八坂神社に所属して、洛中の死体の始末や武力を担うとともに、平常は掃除をしたりしながら沓とか弓、弦などを作ることを生業にしていた人達であります。また、いざという時には、なかなか普通の人がやらないことをやる人達でもありました。この犬神人に仰せつけて法然の墓を破却したという歴史があるわけで、そのことを言っているのであります。

また当時、法華の悪口を言った法然の弟子達にも、朝廷や幕府は厳しい対処をしているのであります。すなわち**「其の門弟隆観・聖光・成覚・薩生等は遠国に配流せられ、其の後未だ御勘気を許されず。豈未だ勘状を進らせずと云はんや」**と示されるように、法然の弟子の隆観・聖光・成覚・薩生は、いずれも流罪に処せられたわけです。この人達は流罪にされて、いまだ御勘気は解けず、罰せられたままではないか。だから、何もしていないわけではなく、これでも、あなたは法然の誤りについて勘状を呈していないと言うのですか、と返答しているのであります。

ここに、法然の弟子である「隆観・聖光・成覚・薩生」の名前が出てきましたが、大聖人様は『当世念仏者無間地獄事』に、

「念仏宗の長者たる善慧(ぜんえ)・隆観・聖光・薩生・南無・真光等皆悪瘡(あくそう)等の重病を受けて、臨終に狂乱して死するの由之(よしこれ)を聞き又之を知る」(同三一四ページ)

と、法華誹謗の罰により身体中に悪瘡ができるなどの重病にかかり、狂死してしまったと言われております。やはり「念仏無間」と言われるように、善慧・隆観・聖光・薩生等の念仏者の末路は「狂乱して死す」という現証が出ていることを、大聖人様が明かされているのです。

まさに、謗法恐るべしであります。私達は謗法というものを絶対に嫌わなければなりません。謗法の恐ろしさは、ここで示される念仏ばかりではありません。三宝破壊の池田創価学会をはじめ、乱立している多くの邪義邪宗は全部、世の中の不幸と混乱と苦悩を招き寄せる元凶であります。これらの謗法はすべて不幸の元凶です

から、邪義邪宗の謗法を退治しなければ、世の中の平和も人々の幸せも築くことはできないのであります。

ですから、大聖人様は『立正安国論』の末文に、

「汝早く信仰の寸心を改めて速やかに実乗の一善に帰せよ。然れば則ち三界は皆仏国なり、仏国其れ衰へんや。十方は悉く宝土なり、宝土何ぞ壊れんや。国に衰微無く土に破壊無くんば、身は是安全にして心は是禅定ならん。此の詞此の言信ずべく崇むべし」（同二五〇㌻）

とおっしゃっているのです。すなわち、依正不二の原理によって明らかな通り、まず正報たる我ら衆生が一切の謗法を捨て、「実乗の一善」たる三大秘法随一の本門の本尊に帰依すれば、その不可思議にして広大無辺なる力用により、まず我ら自身の生命が浄化され、それがまた個から全体へ広がっていき、さらに国土世間にも及んでいくのです。

一念三千には、五陰世間・衆生世間・国土世間の三つが含まれており、我々は衆生世間のなかにあるし、五陰世間とは我々の存在を言うのです。そして国土世間

も、我々の一念のなかに存するのであるから即、一念三千そのものなのです。ですから、私達が題目を唱えると、まず私達が浄化され、それが個から全体に移った時に衆生世間が浄化され、そしてまた、それは必ず国土世間に及ぶのであります。これが一念三千の原理です。

ですから『立正安国論』に説かれる、国を安(やす)んずる最善の方途(ほうと)とは、大聖人様の仏法を世に立てること、正を立てることだと仰せであります。

ただし、正を立てるという意味には、ただ単に正を立てるというだけではなく、必ず破邪顕正、邪を破折して正しい仏法を顕すという意味があるのであります。この邪を破して正を顕すところに、我々のこれからの尊い務めが存するのであります。

では反対に、我ら衆生の生命が濁(にご)ったらどうなるか。謗法によって生命が濁ると、その濁りがたちまちに国中に充満して、依報たる国土世間の上に様々な変化をもたらすのです。先般の東日本大震災もそうです。けれども、一般の人達は皆、その原因が解らないのであります。

大聖人様はこれについて『立正安国論』にはっきりとおっしゃっております。

「世皆正に背き人悉く悪に帰す。故に善神国を捨て、相去り、聖人所を辞して還らず。是を以て魔来たり鬼来たり、災起こり難起こる。言はずんばあるべからず。恐れずんばあるべからず」（同二三四ページ）

とおっしゃっているのです。「世皆正に背き人悉く悪に帰す」ことが、すべての混乱の原因なのであります。

ですから、我々はこのことをよく知り、邪義邪宗を破折していけば、必ずよい変化が衆生世間から国土世間にまで及んで、仏国土を現実のものとすることができる。これが『立正安国論』の原理なのであります。このことを、よく頭に置いていただきたいと思います。

したがって、この『立正安国論』にお示しあそばされた大聖人様の御聖意をしっかりと体して、今こそ私達は、混迷を極めるこの世の中を妙法によって浄化し、仏国土実現を目指して、一切衆生救済の慈悲行たる折伏を行じていくことが、最も大事であることを自覚していただきたいと思います。

立正安国論（十一）（御書二四三ページ八行目～同ページ一八行目）

本年「団結前進の年」は、文字通り僧俗一致・異体同心して折伏に励み、もって昨年に続き、本年も必ず全支部が折伏誓願を達成されますよう、心からお祈り申し上げる次第であります。

特に啓正寺の皆様には、立派に復興新築成った寺院の威容に負けない強盛(ごうじょう)なる信心をもって、本日の慶事をお祝い申し上げるとともに、折伏の先陣に立って全国の範(はん)となり、いよいよ御活躍くださることを心からお祈りいたします。

最後に、啓正寺のますますの寺檀和合・寺運興隆と、住職・藤本値道房の健勝ならびに御信徒御一同様のいよいよの信心倍増をお祈り申し上げまして、本日の法話といたします。

（大日蓮　平成二十六年三月号）

立正安国論（十二）

平成二十五年六月十一日
本種山妙益寺移転新築・
寺号公称板御本尊入仏法要の砌
於　大分県豊後大野市

客則ち和らぎて曰く、経を下し僧を謗ずること一人には論じ難し。然れども大乗経六百三十七部・二千八百八十三巻、並びに一切の諸仏菩薩及び諸の世天等を以て、捨閉閣抛の四字に載す。其の詞勿論なり、其の文顕然なり。此の瑕瑾を守りて其の誹謗を成せども、迷ふて言ふか、覚りて語るか。賢愚弁たず、是非定め難し。但し災難の起こりは選択に因るの由、盛んに其の詞を増し、弥其の旨を談ず。所詮天下泰平国土安穏は君臣の楽ふ所、土民の思ふ所なり。夫国は法に依って昌え、法は人に因って貴し。国亡び人滅せば仏を誰か崇むべき、法を誰か信ずべきや。先づ国家を祈りて須く仏法を立つべし。若し災を消し難を止むるの術有らば聞かんと欲す。

主人の曰く、余は是頑愚にして敢へて賢を存せず。唯経文に就いて聊所存を述べん。抑治術の旨、内外の間、其の文幾多ぞや。具に挙ぐべきこと難し。但し仏道に入りて数愚案を廻らすに、謗法の人を禁めて正道の侶を重んぜば、国中安穏にして天下泰平ならん。即ち涅槃経に云はく「仏の言はく、唯一人を除きて余の一切に施さば皆讃歎すべし。純陀問うて言はく、云何なるをか名づけて唯除一人と為す。仏の言はく、此の経の中に説く所の如きは破戒なり。純陀復言はく、我今未だ解せず、唯願はくは之を説きたまへ。仏純陀に語りて言はく、破戒とは謂はく一闡提なり。其の余の在所一切に布施するは皆讃歎すべし、大果報を獲ん。純陀復問ひたてまつる。一闡提とは其の義云何。仏の言はく、純陀、若し比丘及び比丘尼・優婆塞・優婆夷有りて麁悪の言を発し、正法を誹謗せん。是の重業を造りて永く改悔せず、心に懺悔無からん。是くの如き等の人を名づけて一闡提の道に趣向すと為す。若し四重を犯し五逆罪を作り、自ら定めて是くの如き重事を犯すと知れども、而も心に初めより怖畏・懺悔無く、肯へて発露せず。彼の正法に於て永く護惜建立の心無く、毀呰軽賤して言に過咎多からん。是くの如き等の人を亦一闡提の道に趣向すと名づく。唯此くの如き一闡提の輩を除きて其の余に施さば一切讃歎すべし」と。

（御書二四四ジペ一行目～同ジペ一八行目）

本日は、本種山妙益寺の移転新築・寺号公称板御本尊入仏法要に当たりまして、当寺住職の願いによりお伺いいたし、先程は落慶法要を奉修した次第であります。

このたびの移転新築事業に当たりましては、当寺住職・小野寺正澄房はじめ御信徒一同、ならびに宗務支院長をはじめ関係者御一同には多大な御協力・御支援をいただきまして、まことに有り難く、厚く御礼を申し上げます。

お陰さまで、このように立派に移転復興が成りまして、盛大に落慶法要が奉修できましたことを心から御礼申し上げ、また、お祝いを申し上げる次第であります。どうぞ、これからも僧俗一致・異体同心して、さらなる御奉公に励まれますことを心から願うものであります。

さて、本日は住職からの願い出もありまして、ただいま拝読いたしました『立正安国論』の一節を、少々お話し申し上げたいと思います。

この『立正安国論』につきましては、私が平成十八年四月の御代替法要の砌に、法主になって初めての説法である初転法輪におきまして、お話をさせていただきました。以来、各地で親教をさせていただきましたが、そのたびごとに『立正安国論』について申し上げております。

これは今、宗門が平成二十七年・同三十三年の誓願達成へ向けて、僧俗一致のもと異体同心・一致団結して前進すべき、まことに大事な時を迎えており、私達一同が改めて『立正安国論』の御聖意を拝し奉り、万分の一なりとも仏祖三宝尊の御恩徳に報い奉ることができればと考え、お話しさせていただいている次第であります。

初転法輪のあと、静岡県浜松市浜北区の妙重寺で、末寺における一回目の『立正安国論』についてのお話をいたし、それから今までに十一カ寺におきましてお話ししてまいりました。本日は、その続きを申し上げたいと思います。

皆様も御承知の通り、『立正安国論』は今を去る七百五十三年前、文応元（一二六〇）年七月十六日、宗祖日蓮大聖人御年三十九歳の時に、宿屋左衛門入道を介して時の最高権力者である北条時頼に提出された、国主への諫暁書であります。

『立正安国論』は全体が客と主人の十問九答の問答形式になっており、客の最後の問い、すなわち十番目の問いは、実はそのまま主人の答えになっております。そのなかで、ただいま拝読した箇所は七番目の問答に当たります。

本文に入る前に、ここまでの概要について少々お話ししたいと思います。

まず第一問答において、客が近年より近日に至るまで様々に起きている天変・地夭（ちよう）・飢饉（ききん）・疫癘（えきれい）等はなぜ起こるのかと、その原因について尋ねられると、主人は「世の中の多くの人が正法に背（そむ）き悪法に帰（き）している故に、正法を守護すべきところの善神は国を捨て相去（あいさ）り、聖人は所を辞して還（かえ）らない。そこに魔が来たり、鬼が来たり、災が起こり、そしてまた難が起きる」と、災難の由来について述べられたのであります。

この主人の答えに対して、客が「それはいったい、いかなるお経に出ているのか。その証拠を見せてもらいたい」と尋ねます。これに対して、主人は金光明経・大集経・仁王経・薬師経の四つのお経を挙げて、懇々（こんこん）と理由を説明するのが第二問答であります。

第三問答に入りますと、客は「たとえ金光明経や大集経等に文証があるにしても、今、天下世上は仏や諸々のお経に対して捨て去る気持ちなどはない。かえって盛んに尊び、崇（あが）めている」と、主人に対して、

「色を作（な）して」（御書二三七㌻）

つまり血相を変えて難詰したのであります。

それに対して主人は、たしかに今、比叡山や南都などは、まさに、

「仏閣甍を連ね」（同二三八ページ）

と言うように、たくさんのお寺があり、また僧侶が大勢いることは、

「竹葦の如く」（同ページ）

である。しかし、それらの僧侶は結局、権力に対して媚び諂い、多くの人々を迷わしているとおっしゃって、

「悪侶を誡めずんば豈善事を成さんや」（同二三九ページ）

と仰せのように、謗法の僧侶を破折しなければ善いことをしたことにはならないと、客を諭すのであります。

そして第四問答に入りますと、この「悪侶を誡めずんば豈善事を成さんや」という主人の言葉に対して、客は前にも増して憤慨し、「では、いったい悪比丘とはだれであるか。委細を請う」と、主人に対して詰問するのであります。

これに対して主人は「まさにそれは法然である」と、はっきり法然の邪義を挙

げたのであります。すなわち、法然が著した『選択集』の邪義こそが諸々の難の元凶であると指摘し、さらに、

「如かず彼の万祈を修せんよりは此の一凶を禁ぜんには」（同二四一ページ）

と、色々な祈りを込めて願うよりも、まず悪の根源である法然の『選択集』を破折しなければだめだと、強く言いきったのであります。

第五問答に入りますと、災いの根源である法然の邪義を禁ずることが第一であると答えられた主人の話を聞いて、ついに客が怒り出してしまうのであります。そして杖を持って帰ろうとする客を主人が止めて、「あなたの考えは、あたかも辛い蓼の葉ばかりを食べている虫がその辛さを判らなくなったり、また臭い厠、つまり便所にいるとその臭みが判らなくなってしまうのと同じである」と誡めるのであります。

そして「法然が悪質な邪義を作ったために三災七難が起きるのである」と、主人が客に対して厳しく、念仏を捨てて正法に帰依しなければだめだということを、諄々と説かれるのであります。

次の第六問答は、主人から現実に『選択集』の悪法によるところの災難の由来を示された客は少し怒りを収めましたが、「しかし、日本国中には仏家の高僧などと言われる偉い人がたくさんいる。それに対してあなたは、まさに賤しき身をもって軽々しく莠言を吐いているだけである」と述べてきました。つまり、格式の高い邪義邪宗の僧侶のほうが立派だと思っていますから、大聖人様の話を聞いても、「おまえ如きが何を言っているのだ」と思ってしまうのであります。

これに対して主人は、過去に勅宣や御教書が下されて、法然の邪義が国法の上から弾劾された事実を挙げるのであります。

これが第六問答までの概要でありまして、本日はその続きの第七問答であります。

さて、本文に入りますと、まず**「客則ち和らぎて曰く」**とありますが、先程の問答において主人が経釈あるいは事実を色々と挙げて、客の誤りを指摘いたしました。すると、第六問答までは主人に対して、さんざん反抗的であった客が少しは和らいで言うのには、ということです。

そして**「経を下し僧を謗ずること一人には論じ難し」**、つまり法然が浄土三部経以外の経を下して、正法弘通の僧を謗っているかどうかは、私一人ではその是非は決められないと言うのであります。

「然れども大乗経六百三十七部・二千八百八十三巻、並びに一切の諸仏菩薩及び諸の世天等を以て、捨閉閣抛の四字に載す。其の詞勿論なり、其の文顕然なり」、しかしながら法然の『選択集』には、たしかに大乗経六百三十七部二千八百八十三巻ならびに一切の諸仏菩薩および諸天善神等を「捨閉閣抛」の四字によって否定している。すなわち「捨」は捨てよ、「閉」は閉じよ、「閣」は閣け、「抛」は抛てという意味で、これらのお経や仏などをことごとく否定していることは明らかである。

「此の瑕瑾を守りて其の誹謗を成せども、迷ふて言ふか、覚りて語るか。賢愚弁たず、是非定め難し」、捨閉閣抛の四字という、わずかな瑕に固執し、法然の『選択集』に対して誹謗をしているけれども、そのことはいったい、正邪に迷って言っているのか、あるいは正邪を弁えて言っているのか、また、あなたが本当に賢いのか愚かなのか、是か非か、自分では定めることができない、と言っているのです。是か非かを自分では定めることができないが、**「但し災難の起こりは選択に因るの由、盛んに其の詞を増し、弥其の旨を談ず」**、災難の原因が『選択集』の邪義によるということについては確かであると言い、客もだんだんと解ってくるわけです。

そして**「所詮天下泰平国土安穏は君臣の楽ふ所、土民の思ふ所なり」**とは、詰まるところ天下泰平国土安穏は、君主も臣下も願うところであって、国土の民も等しく望むところである。つまり、上は国主、下は一般の庶民に至るまで、だれもが天下泰平を願っているということであります。

次に**「夫国は法に依って昌え、法は人に因って貴し。国亡び人滅せば仏を誰か崇むべき、法を誰か信ずべきや」**と客が述べるように、そもそも国は正しい法によって繁昌していくのであり、その正しい法は正しい人によって貴ばれるのであります。しかるに、国が災難のために亡び、多くの人々が滅亡するようなことがあれば、だれが仏を崇めることができようか、法をだれが信ずるであろうか、と言うのであります。

そこで**「先づ国家を祈りて須く仏法を立つべし。若し災を消し難を止むるの術有らば聞かんと欲す」**と、我らはまず国家の安泰を祈って、すべからく正しい法を立てるべきである。したがって、もし災いを防止する善い方法があればお聞きしたいと、今までの怒りがずいぶん変わって、主人に対して教えを請うようになってくるのであります。

次からが主人の答えでありまして、まず**「主人の曰く、余は是頑愚にして敢へて賢を存せず」**とあります。この「頑愚」とは頑固で愚かという意味で、「賢を存せず」とは賢いところがないという意味でありますけれども、これは主人つまり大聖人様が謙遜しておっしゃっている言葉であります。

そして**「唯経文に就いて聊所存を述べん」**とは、ただ経文の意に任せて少しく心中に思うところを述べようということであります。

続いて**「抑治術の旨、内外の間、其の文幾多ぞや。具に挙ぐべきこと難し」**とありますが、「治術の旨」とは国を正しく治める方法であり、「内外の間」とは、

「内」は内道である仏法のこと、「外」とは外道で仏法以外の教えのことです。すなわち、世の中の宗教、哲学、道徳等に関する色々な教えというものは数限りなくありますが、これらを詳細に挙げることは難しいと言われているのであります。

そして**「但し仏道に入りて数愚案を廻らすに、謗法の人を禁めて正道の侶を重んぜば、国中安穏にして天下泰平ならん」**とありますが、「正道の侶」とは爾前権経に対して真実の教え、つまり法華経を説き弘めるところの僧侶のことであります。特に、その意味するところは三大秘法の仏法を弘める人のことでありますが、ここでは「正道」とだけおっしゃっております。

すなわち、仏法の上から正しく国を治める方策を考えてみると、正法を誹るところの謗法の者を誡めて、正しい僧侶を重んずれば、国中は安穏にして天下泰平となるとの仰せであります。先程も言いましたように、「正道の侶」とは法華経を弘める僧侶のことであり、大聖人様のことを指しているのです。このことは『諸経と法華経と難易の事』に、

「仏法は体のごとし、世間はかげのごとし。体曲がれば影なゝめなり」

（同一四六九ページ）

とありますように、まさしく仏法は体であり、世間は影であります。したがって、世の中が混乱する原因は一にかかって仏法の乱れ、すなわち正法を信ぜず、邪義邪法を信じているが故に、様々な苦難、色々な悪現象が起きるのであります。よって、悪法を信ずれば、まず人心が乱れ、人心が乱れると政治も経済も、教育も道徳も、つまり世の中のあらゆる治生産業（ちしょうさんごう）が乱れ、貪瞋癡（とんじんち）の三毒が倍増して、果ては戦争が起きたり、国土全体が地獄の様相を呈して混乱することになるのです。

しかし、一切の謗法を捨てて、実乗の一善たる三大秘法の随一、本門の本尊に帰依すれば、その不可思議広大無辺なる妙法の力用（りきゆう）によって、我ら衆生一人ひとりの生命が浄化されてくるのです。そして、それが個から衆生世間全体へと広がり、社会が浄化されると、争いごとも消え、やがては依報たる国土世間全体までもが変革され、仏国土となっていくのであります。『立正安国論』の原理はここにあるのであり、正を立てて国を安（やす）んずる、その根本の正を立てるということが一番大切であると示されているのであります。

ですから『立正安国論』の最後のほうの御文に、

「汝早く信仰の寸心を改めて速やかに実乗の一善に帰せよ。然れば則ち三界は皆仏国なり、仏国其れ衰へんや。十方は悉く宝土なり、宝土何ぞ壊れんや。国に衰微無く土に破壊無くんば、身は是安全にして心は是禅定ならん。此の詞此の言信ずべく崇むべし」（同二五〇ページ）

とあります。この御文は、御会式の時に御住職が拝読しますね。皆さん方も何度も聞いていらっしゃるのではないかと思います。まさしく、私達が妙法に帰依することによって仏国土を築いていくことができると仰せられているのであります。

我々は、この『立正安国論』の原理を一人ひとりが心肝に染めて折伏を行じていくことが最も大事であり、あらゆる障害を乗り越えて、絶対の境界を確立するために妙法流布に生きるということは、自分自身も、そしてまた折伏を受けている方々、国土世間の多くの人達をも幸せにするという、たいへん大事な行になるのであります。また、このようなことから、常に『立正安国論』の原理をしっかりと拝して、一人ひとりが折伏をしていくことが尊いのであります。

次に**「即ち涅槃経に云はく『仏の言はく、唯一人を除きて余の一切に施さば皆讃歎すべし』」**という御文がありますが、これ以後は大聖人様が涅槃経の文を挙げておっしゃっているのであります。

そもそも涅槃経と申しますのは、法華経を説いたあとに、釈尊が入滅に臨んで説かれたところの御説法であります。法華経が一切衆生を成仏せしめることから、秋の収穫の意味で「大収」と言われるのに対し、涅槃経はそのあとの落ち穂拾いの役目であるとして「捃拾」と言われます。すなわち、法華経の会座に連なることができなかった者や、釈尊の説法を聞こうとしないで退座してしまった増上慢の五千人のような、法華経の化導に漏れた人達を救わんとして示されたのが涅槃経であります。

この涅槃経のなかに「仏の言はく、唯一人を除きて余の一切に施さば皆讃歎すべし」という言葉があります。これは、釈尊が亡くなる直前、拘尸那掲羅国の純陀という信徒の家に行かれた時に、純陀が布施・御供養はあらゆる人にすべきであるかどうかを、釈尊に尋ねたのです。これに対して釈尊は「唯一人を除きて余の一切に施さば皆讃歎すべし」と、ただ一人だけ布施をしてはいけない人がいると答えられたのであります。結論から言えば、その一人とは一闡提人であり、この一闡提人には布施をしてはならないとおっしゃっているのであります。

本宗の信徒は、邪義邪宗のお寺に行った時に御供養をしてはいけません。本宗では謗法厳誡について、昔からたいへん厳しく教えられてまいりました。

今、皆さん方はわらじを履いてはいないでしょうけれども、昔は皆、わらじ履きでした。そして、歩いている時にわらじの紐が切れたとしても、たまたまそこが神社や他宗の寺の前であったら、そこで鼻緒を結んではいけないと教えられておりました。それはなぜかというと、しゃがんで鼻緒を結び直す姿が、それらの神社仏閣に頭を下げる形になり、それは謗法となるからです。本宗では、それぐらい厳しく謗法を誡めてきたのであります。

やはり、正しい信心を貫いていくためには、謗法ということを厳しく誡めていかなければならないのであります。このことは、正しい信心をしている皆さんは既によく解っているでしょうが、そのために邪義邪宗を折伏するのであります。

本宗の信徒にとって、謗法の本尊などを拝んではいけないということは当然なのであります。しかし、なかにはこの道理がまだ解っていない人もいて、「はてさて、それでいいのかしら」と勘違いしているとすれば、これはとんでもない間違いです。日蓮正宗の宗義のなかには既に、折伏正規、謗法厳誡ときちんと決められており、謗法を犯してはいけないのであります。

ここで釈尊がおっしゃっているのは、色々な人に布施をしてもいいけれども、謗法の一闡提人にだけは布施をしてはならないということであります。

そしてこのあと**「純陀問うて言はく、云何なるをか名づけて唯除一人と為す。仏の言はく、此の経の中に説く所の如きは破戒なり」**とは、先程述べたように絶対に布施をしてはならない人がいるが、それがだれであるかという答えとして「それは破戒の者だ」と言われているのです。

そもそも、破戒とは戒律を破るという意味です。戒律は小乗仏教から大乗仏教に至るまでたくさんありますが、皆さん方が一番よく知っているのは五戒でしょう。不殺生戒とは殺生してはいけないこと、不偸盗戒とは他人の物を盗んではいけないこと、不妄語戒とは嘘をついてはいけないこと、不邪淫戒とは邪まな男女関係はいけないこと、最後に不飲酒戒とはお酒を飲んではいけないということです。これがあらゆる戒律の基本となる五戒で、このほかにも大きく分ければ小乗戒と大乗戒がありまして、小乗仏教で守るべき戒律、大乗仏教において守らなければならない戒律があるのです。

この小乗戒も、主に二つに分けられます。すなわち、在家信徒の方が守るべき戒律と、僧侶・尼さんが守るべき戒律とに分かれているのであります。その中身はたくさんありますが、代表的なものとして八斎戒があり、これは小乗仏教において男女が共に守らなければならない戒律であります。

その一番目は、無駄な殺生はしてはいけないということです。

二番目は不与取で、自分に与えられないものを取る、つまり盗みをしてはならないということです。

三番目は非梵行で、梵行とは清浄な行いのことを言いますので、非梵行とはその反対の、淫らな振る舞いをしないということであります。

四番目が虚誑（こおう）語で、嘘をつくことはいけないということを言っております。五番目が飲（おん）諸酒で、先程述べた不飲酒戒と同様、酒を飲んではいけないということであります。今はこのようなことはありませんが、小乗仏教ではこれを厳しく守っていたのであります。

六番目は、身を飾ったり歌や踊りを鑑賞することは、堕落するからしてはいけないと言っています。今ですと、テレビも見ることができなくなりますね。昔は厳しかったのであります。

七番目は、高くきれいな場所で寝たり、座ったりする贅沢（ぜいたく）なことはしてはいけないという戒律であります。

八番目が、正午を過ぎてから食事をしてはいけないという戒律です。

このほかにも、小乗仏教では二百五十戒とか五百戒という細かな戒律もあったのであります。

次に、大乗仏教におきましても戒律があり、その主なものとして、まず三聚浄（さんじゅじょう）戒があります。

一つ目は摂律儀戒（しょうりつぎ）と言い、仏様が定めたすべての戒律を受持して悪を防ぐという戒です。

それから二つ目は摂善法戒と言いまして、身口意（しんくい）の三業（ごう）にわたってすべての善法を修していく、善いことをしていくという戒です。

三つ目は摂衆生戒で、一切衆生を教化し、その利益（りやく）を施すように力を尽くしていく、つまり折伏の精神と同じであります。

小乗仏教では、己（おの）れ一人だけの幸せを求めているため、多くの人が一緒に幸せにはなれません。ところが大乗仏教になりますと、多くの人達と共に幸せになっていこうという精神ですから、三番目の摂衆生戒として、一切衆生を教化してその利益を施していかなければならないという戒律があるのであります。

また、大乗の戒として有名なのが十重禁戒です。大乗の菩薩が十重禁戒を犯しますと、破門・追放されてしまうという厳しい戒律であります。

この十重禁戒は、五番目までは先程の八斎戒と似ています。

まず初めは不殺戒で、生き物を殺すことを禁じた不殺生戒と同じであります。

二番目が不盗戒で、他人の財物を盗むことを禁じた戒。

三番目が不淫戒で、淫らなことを禁じた戒。

四番目が不妄語戒で、嘘をつくことを禁じた戒。

五番目が不酤酒戒で、お酒を飲むことを禁じた戒です。

次の六番目が不説過罪戒で、比丘、比丘尼の罪過をあげつらうことを禁じた戒です。

七番目は不自讃毀他戒で、自らを褒め讃え、他を毀ることを禁じた戒です。

八番目は不慳生毀辱戒で、財産や法の施しを惜しむことを禁じた戒です。

九番目は瞋不受謝戒で、瞋りの心を持って、相手が謝っても受け入れようとしないことを禁じた戒です。凡夫ですから色々なことがありますけれども、なかには謝っていても「許さない」と言う人がいます。そのようなことを誡める戒です。

それから一番最後は不謗三宝戒で、仏法僧の三宝を謗ることが最も重たい罪となるということであります。

このように小乗教においても、大乗教においても、様々な戒律があるのであります。

戒律がなぜできてきたかと言いますと、一つの集団生活をしていきますと守らなければいけないことが出てくるのです。例えば、一人で生活するのであれば、何時に起きても構いませんが、集団で生活していきますとそうはいきません。そこで、何時に起きて、何時に勤行しようと、家族でも決めますよね。お父さん方は、子供がその時間に起きてこなければどうしますか。勤行を七時からしようというのに、子供が出てこなくても「よしよし」と言いますか。「こら」と言うでしょう。「そのようなことが繰り返されるようならば、おまえさんの小遣いは少し減らすよ」などと誡める。そのようなことが、戒律の元となっています。

もちろん、これがすべてではありませんが、もともと人間は何か一つ、しっかりとしたことを決めて生活していきませんと、きちんとした生活態度がとれないのであります。そこで仏様が色々と考えて、戒律を作っていったのですが、これが過度になってくると二百五十戒や五百戒などと、とても我々が守れるような数ではなくなってくるわけです。

これまで述べてきた戒律というのは、釈尊在世あるいは正法時代、像法時代のものであります。それが末法に至りますと、『四信五品抄』に、

「又教大師未来を誡めて云はく『末法の中に持戒の者有らば是怪異なり。市に虎有るが如し。此誰か信ずべき』云云」（同一一一四ページ）

とありますように、伝教大師の言葉のなかに、もし戒律をしっかりと守っている者がいたとするならば、むしろそれは怪しむべきだということで、それはあたかも市街地に虎がいるようなものだとおっしゃっているのであります。

末法には、戒律を守れる人はいないが、守ったふりをする人がいるのです。ふりはするのですが、実際に守れる人はいない、つまりできないのです。二百五十戒を守っていては、皆さんも生活できないでしょう。そこで大聖人様は、

「此の法華経の本門の肝心妙法蓮華経は、三世の諸仏の万行万善の功徳を集めて五字と為り。此の五字の内に豈万戒の功徳を納めざらんや。但し此の具足の妙戒は一度持って後、行者破らんとすれど破れず。是を金剛宝器戒とや申しけんなんど立つべし。三世の諸仏は此の戒を持って、法身・報身・応身なんど何

れも無始無終の仏に成らせ給ふ」（同一一〇九ジペー）

と仰せであります。すなわち、末法今時(こんじ)では受持即持戒、御本尊様を受け持つことがそのまま戒を持つことになるのであります。二百五十戒、五百戒にうつつを抜かすのではなく、御本尊様をしっかりと受持し奉るなかに、その功徳が全部納まっているのであり、これが金剛宝器戒であると大聖人様はおっしゃっているわけです。

つまり、天台大師が、

「信力の故に受け念力の故に持つ」（同七七五ジペー）

と言われるように、信念力をもって御本尊様をしっかりと受持していくなかに、すべての戒律の意義と功徳が全部、含まれるということが末法の戒なのであります。末法今時は受持即持戒の義によって、三大秘法の御本尊様を受持し、無作三身如来の戒体を顕すことが金剛宝器戒であり、ここに万戒の功徳、すなわち一切の戒および功徳が含まれているとおっしゃっているのであります。

また『一代聖教大意』には、

「経に云はく『未だ六波羅蜜を修行することを得ずと雖(いえど)も六波羅蜜自然(じねん)に在前

す』と。我等一戒をも受けざるが持戒の者と云はる文」（同九五ページ）

とありますように、南無妙法蓮華経をしっかりと持っていくことが一番大切であって、その妙法受持即持戒であり、受持していくことがすべての戒律を持っていく意義になるとおっしゃっているのであります。

さらに『四信五品抄』には、

「問うて云はく、末代初心の行者に何物をか制止するや。答へて曰く、檀戒等の五度を制止して一向（いっこう）に南無妙法蓮華経と称せしむるを、一念信解（しんげ）初随喜の気（け）分（ぶん）と為（な）すなり。是則（すなわ）ち此の経の本意なり」（同一一一三ページ）

とおっしゃっております。つまり末法においては、正法時代や像法時代のように檀戒等の五度、すなわち布施・持戒・忍辱（にんにく）・精進・禅定の五波羅蜜、あるいは智慧を加えて六波羅蜜を行ずるのではなくして、一向に南無妙法蓮華経と唱えるなかに一切の戒の功徳が納まっているのであり、これが本意であるとおっしゃっております。

ですから、皆さんが一生懸命にお題目を唱えて折伏していけば、おのずと戒律を持っていることになるのです。細かいことを「あれがこうだ」などと考えなくていいのです。自然に人格が具わってくるし、自分自身が成仏の境界に近づいていくわけであります。

小乗仏教では、やたらとわけの判らないことを言いますが、それは末法の時代には全く無理なことなのであります。二百五十戒、五百戒と数え出したら切りがありませんし、絶対に守ることもできません。また、守れないものを守ったふりするのは悪であり、偽善であります。大聖人様の仏法は、私達末法の衆生がどのようにすれば成仏の境界に達することができるかを、本当に正しく教えてくださっているのであり、その基本は受持即持戒で、御本尊様を受け持つという一事に尽きるのであります。

さて、次の**「純陀復(また)言はく」**とは、前文におきまして漠然と「破戒」と言われましても、純陀にはその言葉の意味が解りませんので、純陀は重ねて尋ねているのであります。

すなわち**「我今(いま)未だ解(げ)せず、唯(ただ)願はくは之(これ)を説きたまへ」**と、その破戒の者とは何だか解らないので、願わくは教えてくださいと仏にお願いするのであります。
これに対して仏様は**「仏純陀に語りて言はく、破戒とは謂はく一闡提なり。其の余の在所一切に布施するは皆讃歎すべし、大果報を獲ん」**とおっしゃっております。つまり、破戒とは一闡提人のことであり、一闡提人だけには布施をしてはならない。それ以外のあらゆる者に布施することは結構なことだが、この一闡提人だけには布施をしてはならない、と答えられたのであります。
一闡提人とは解脱の因を欠く者、つまり極端に言えば成仏の因を欠いている者を言うのであります。ですから、一闡提人については断善根、あるいは信不具足とも訳されるような、いわゆる破戒の者であると言っているのであります。
そこでまた**「純陀復問ひたてまつる。一闡提とは其の義云何」**と、どのような人が一闡提人なのですかと問うたのであります。
これに対して仏様は**「仏の言はく、純陀、若し比丘及び比丘尼・優婆塞・優婆夷有りて麁悪の言を発し、正法を誹謗せん。是の重業を造りて永く改悔せず、心に懺悔無からん。是くの如き等の人を名づけて一闡提の道に趣向すと為す」**と答えられております。つまり「比丘」とは男の出家のお坊さん、「及び比丘尼」これは尼さんで、「優婆塞」とは在家の男の人、「優婆夷」とは在家の女の方です。そのなかに「麁悪の言」つまり荒くて劣悪な言葉をもって正法を誹謗して、「重業」すなわち重大なる罪業を作りながら、全く悔い改めることなく、前非を悔いて許しを請おうともしない。このような者を名づけて一闡提人、つまり断善根の道に趣(おもむ)き向かう者と言うのである、と答えられているのであります。

さらに**「若し四重を犯し五逆罪を作り」**とありますが、「四重を犯し」の四重とは、五戒のなかの不飲酒を除いたものを言います。ですから殺生・偸盗・邪淫・妄語の四つの罪です。これを犯しますと、教団から追放されたりするのであります。

また「五逆罪」とは御承知の通り、父を殺す、母を殺す、阿羅漢(あらかん)を殺す、仏身より血を出(い)だす、和合僧を破ることを言います。この五逆罪のなかでも一番、罪の重いのは破和合僧です。一致団結して折伏していこうとする団結の和を破る者、これが一番、五逆罪のなかで罪が重いのです。言うならば父を殺し、母を殺し、阿羅漢を殺すことよりも重い罪になるとされているわけです。

そして、もし殺生・偸盗・邪淫・妄語の四重禁を犯し、あるいは父を殺し、母を殺し、阿羅漢を殺し、仏身より血を出だし、和合僧を破るという五逆罪を作り、**「自ら定めて是くの如き重事を犯すと知れども」**、自分でかくの如き「重事」、重大な過ちを犯したと知っていても、**「而も心に初めより怖畏・懺悔無く、肯へて発露せず」**、心に初めから恐れたり、悔い改めることもなく、ことさらに犯した罪を露わにせず、**「彼の正法に於て永く護惜建立の心無く、毀呰軽賤して言に過咎多からん」**、正法を護り惜しむ心もなく、「毀呰軽賤」つまり毀り、軽しめ、賤しめたり、その上、言葉に過咎の多い者がある。

「是くの如き等の人を亦一闡提の道に趣向すと名づく」、このような者を一闡提の邪道に趣く者と名づけるのである。**「唯此くの如き一闡提の輩を除きて其の余に施さば一切讃歎すべし』と」**、ただ、このような一闡提人を除いて、その余の者に施したならば讃歎すべきである、と仰せであります。

この御文の意味は、罪を重ねて犯しても慚じることなく、護惜の心も全くない者を一闡提人と名づけると示されているのであり、この一闡提人だけには絶対に施し

立正安国論（十二）（御書二四四ジペー一行目～同ジペー一八行目）

てはいけないと言われているのであります。

この「一闡提」につきましては、涅槃経のなかに「恒河の七種の衆生」の譬えが説かれています。

この「恒河」とはガンジス河のことで、ガンジス河に入った七種の衆生のことを譬えているのです。つまり、河に入って色々な苦しみから脱却できず、沈みっぱなしで溺れてしまっているのが、一番下の一闡提人であると説かれています。そして下から順番に、外凡、内凡、声聞、縁覚、菩薩とあり、一番上が仏様であると説かれております。

先程も言いましたように、一闡提人(第一)は善根を断じて成仏の種をなくしてしまっているので、ずっと水没したまま浮かび上がってこられないのです。その次が外凡(第二)ですが、水没してから信心を得て、ようやく水面に上がってくる衆生であります。しかし、悪知識に出会うと、再びまた河に沈んでしまうのです。次の内凡(第三)の衆生は、信心を得て水面に出ると、外凡と違って心に退転がないために、再び沈んでしまうことはありません。

その次に声聞（第四）と縁覚（第五）が出てきますが、よく二乗根性と言うでしょう。また、二乗は成仏できないと釈尊から言われますが、それは彼らが自分の悟りしか求めず、他の人の幸せを考えないからで、爾前経においては永(よう)不成仏として、二乗は永遠に成仏できないと嫌われるのです。もちろん、最後に法華経に来れば二乗も成仏できるのですが、小乗仏教を含む爾前経におきましては、二乗は成仏できないのです。声聞と縁覚はそのような性質を持っているのであります。

声聞は、仏様の声教(しょうぎょう)を聞いて悟りを開く弟子のことを言います。それから縁覚は、ガンジス河の七種の衆生で言うと沈んでも自ら水面に出てこられるのですが、まだ衆生を救うところまでは至らないのであります。

この縁覚の縁には、仏縁など色々な縁がありますが、縁覚は十二因縁を観じて断惑証理する衆生のことであります。ですから、例えば飛花落葉を見て悟るなど、ちょっとした動きで物事を悟る衆生が縁覚なのです。なにしろ、独(ひと)りで何かの縁に触れてものを悟るのが縁覚です。先程言った声聞は仏の声、すなわち説法を聞いて悟るのに対して、縁覚は自分の独力で悟るので独覚と言われています。

次の菩薩（第六）は、譬えで言いますと、水面に出終わって地上に住む人々を救いますが、いまだ河の浅い所にとどまっている衆生を言います。

そして七番目の仏様は、水面に出て衆生を救い、彼岸に至って大山に登り、安楽な生活ができる衆生を言います。

この譬えは、一番下から一闡提、外凡、内凡、声聞、縁覚、菩薩、仏という七種の衆生があることを説かれ、またガンジス河は煩悩や生死の苦を示しており、その生死の苦しみに沈んでいるのが一闡提人であり、この人達は絶対に救われないと言われているのであります。

この一闡提人について『浄蓮房御書』に、

「釈尊最後の遺言には涅槃経にはすぐべからず。彼(か)の経には七種の衆生を列(つら)ねたり。第一は入水則没(にっすいそくもつ)の一闡提人なり」（同八七八ﾍﾟｰｼﾞ）

と仰せです。つまり、ガンジス河に入るとすぐに沈んで出てこられないのが一闡提人であり、譬えて言うと、大きな石を大海に投げ入れると二度と浮かび上がってこないようなものだとおっしゃっているのです。

しかし、一闡提人であっても、大聖人様の仏法では救っていくのです。これが御本仏大聖人様の仏法のすばらしさであり、どんな人でもことごとく救っていくのであります。

このことは『法華題目抄』に、

「竜樹菩薩の大論に云はく『譬へば大薬師の能く毒を以て薬と為すが如し』云云。此の文は大論に法華経の妙の徳を釈する文なり。妙楽大師の釈に云はく『治し難きを能く治す、所以に妙と称す』等云云。総じて成仏往生のなりがたき者四人あり。第一には決定性の二乗、第二には一闡提人、第三には空心の者、第四には謗法の者なり。此等を法華経にをいて仏になさせ給ふ故に法華経を妙とは云ふなり」（同三五七㌻）

と示されております。つまり、爾前権経では絶対に成仏しないとされた一闡提人を含めて「四人」の者も全部、この妙法蓮華経で救っていくことができるとおっしゃっているのであります。

たとえ「決定性の二乗」つまり二乗と決定して永久に成仏できないと言われた者

でも、あるいは一闡提人でも、また「空心の者」つまり空理に執着して因果の理法を弁えない外道の者であっても、「謗法の者」つまり誹謗正法の大悪を犯した者であっても、妙法蓮華経に帰依して信心強盛(ごうじょう)に励めば、必ず成仏に至るとおっしゃっているのであります。ですから、私どもは一切衆生皆(かい)成仏道の妙法の功徳をよく知って、題目を唱えていくことが肝心であります。

仏法においては差別がないのです。あるとすれば、信心があるかないかで、信心のない者は救えません。どんな人でも、つまり今言った空心の者でも、一闡提人でも、二乗でも、謗法の者だろうとも必ず救っていく、これが大聖人様の仏法なのであります。

私達の折伏も、そうなのです。どんな人でも救えるのですから、どんな人にでも下種折伏をしていかなければだめなのです。折伏をする時に、折伏しやすい人と、しにくい人があるかも知れませんけれども、それを自分で勝手に選んでいてはいけません。だれにでも下種折伏が必要なのであります。

もちろん、それぞれの縁故の方々がいらっしゃいますから、その方々を優先することは結構なことですが、要するにすべての人を救うという、また、この仏法だからすべての人を救えるということを皆さん方にはよく知っていただいて、折伏に励むことが大事であると御認識いただきたいと思います。

大聖人様の仏法は、一切衆生皆成仏道の大法であります。十界のことごとくを救いきっていける仏法であります。ですから、このすばらしさを自分一人だけのものにしないで、みんなに分かち与えることが大事です。

また「上求菩提（じょうぐ）　下化衆生（げけ）」という言葉もありますが、やはり多くの人を救っていくなかに自分自身も救われていくのです。つまり、自分自身が救われたければ、自分のことだけを考えないで、他の人のことを考えて折伏すれば、おのずと自分も救われていくのです。

これが、自分のことしか考えられないと、どうしても小乗仏教のようになってしまいます。すなわち、二乗根性と同じように「自分だけがよければよい」という考えになってしまいますから、いつの間にか信心もおかしくなってしまいます。そうではなくして、もっと大きな心を持って、すべての人を救っていくという気持ちに立てば、そのなかで自分自身も救われていくのです。

折伏というのは、一切衆生救済の慈悲行ですから、このことを忘れないで、是非、皆さん方も平成二十七年、同三十三年の誓願達成に向けて頑張っていただきたいと思います。

特に本年（平成二十五年）は御影堂大改修落慶大法要が十一月にありますが、それまでには皆、力を合わせて誓願目標を達成しましょう。そして、御影堂の法要に参加して大御本尊様にお目通りし、「本年の折伏誓願を、このように達成しました」と御報告できれば最高です。是非、そうなっていただきたいと思います。また、そうすることが、本日の妙益寺の移転新築に伴う最高の御報恩になるのではないでしょうか。御本尊様もきっと御照覧あそばされると思います。

皆様方のこれからの御健勝を心からお祈りいたしまして、説法を終了いたします。

（大日蓮　平成二十六年六月号）

立正安国論（十三）

平成二十六年七月十七日
延寿寺本堂・庫裡新築落慶法要の砌
於　高知県南国市

又云はく「我往昔を念ふに、閻浮提に於て大国の王と作れり。名を仙予と曰ひき。大乗経典を愛念し敬重し、其の心純善にして麁悪嫉恡有ること無し。善男子、我爾の時に於て心に大乗を重んず。婆羅門の方等を誹謗するを聞き、聞き已はって即時に其の命根を断つ。善男子、是の因縁を以て是より已来地獄に堕せず」と。又云はく「如来昔国王と為りて菩薩道を行ぜし時、爾所の婆羅門の命を断絶す」と。又云はく「殺に三つ有り、謂はく下中上なり。下とは蟻子乃至一切の畜生なり。唯菩薩の示現生の者を除く。下殺の因縁を以て地獄・畜生・餓鬼に堕して具に下の苦を受く。何を以ての故に。是の諸の畜生に微かの善根有り、是の故に殺す者は具に罪報を受く。中殺とは凡夫の人より阿那含に至るまで是を名づけて中と為す。是の業因を以て地獄・畜生・餓鬼に堕して具に中の苦を受く。上殺とは父母乃至阿羅漢・辟支仏・畢定の菩薩なり。阿鼻大地獄の中に堕す。善男子、若し能く一闡提を殺すこと有らん者は則ち此の三種の殺の中に堕せず。善男子、彼の諸の婆羅門等は一切皆是一闡提なり」已上。仁王経に云はく「仏波斯匿王に告げたまはく、是の故に諸の国王に付嘱して比丘・比丘尼に付嘱せず。何を以ての故に。王のごとき威力無ければなり」已上。涅槃経に云はく「今無上の正法を以て諸王・大臣・宰相及び四部の衆に付嘱す。正法を毀る者をば大臣四部の衆、当に苦治すべし」と。又云はく「仏の言はく、迦葉能く正法を護持する因縁を以ての故に是の金剛身を成就することを得たり。善男子、正法を護持せん者は五戒を受けず、威儀を修せずして、応に刀剣・弓箭・鉾槊を持すべし」と。

（御書二四五㌻一行目～同㌻一六行目）

本日は、当延寿寺の災害復興新築落慶法要を奉修いたしましたところ、盛大に奉修せられ、まことにおめでとうございます。当寺住職・川口盟道師をはじめ御信徒各位が異体同心して復興事業に当たり、本日、このように新築落慶法要が奉修できましたことを、心からお祝い申し上げます。

振り返ってみますると、平成二十四年十二月十六日、不慮の出火によって堂宇が烏有（うゆう）に帰（き）しましたが、住職ならびに御信徒各位の御尽力により、また関係各位、特に初代住職の青木慈伸房と有縁の方々の支援によりまして、本日、このように立派に堂宇を新築し、落慶法要が奉修されましたことを、重ねて心からお祝いを申し上げる次第であります。

どうぞこれからも、当延寿寺が地域の法城として、いよいよ広布へ貢献されますことを、心から願うものであります。

さて、本日は、ただいま拝読いたしました『立正安国論』の一節につきまして、少々お話をしたいと思います。

この『立正安国論』につきましては、平成十八年四月の代替（だいがわり）法要の時に、初めて説法いたしました。法主になって初めての説法を初転法輪と言いますけれども、その初転法輪におきまして、まずお話をさせていただき、以来、親教のたびに『立正安国論』のお話をさせていただいているのであります。

これは今、宗門は平成二十七年、そして三十三年の誓願達成へ向けて、僧俗一致・異体同心して前進すべき、まことに大事な時を迎えております。この時に当たりまして、私ども一同が改めて、この『立正安国論』の御聖意（しょうい）を体して、誓願達成へ向けて前進すべきであると考え、お話をさせていただいているのであります。

初転法輪のあとは、静岡県浜松市浜北区の妙重寺におきまして、末寺における最初の『立正安国論』についてのお話をいたし、それから今までに十二カ寺におきましてお話をしてまいりました。したがって、延寿寺は十三番目のお寺でのお話ということになります。

さて、この『立正安国論』につきましては、指導教師の方や、そのほかの方々からも縷々、聞いていらっしゃると思いますけれども、『立正安国論』は今を去る七百五十四年前、文応元（一二六〇）年の七月十六日、宗祖日蓮大聖人御年三十九歳の時に、宿屋左衛門入道を介して、時の最高権力者である北条時頼に提出されたところの、国主諫暁書であります。

この『立正安国論』は、全体が客と主人との問答形式で、十問九答の形で記されております。つまり、客による最後、十番目の問いは、そのまま主人の答えになっているのでありまして、これで十問九答になるのです。そのなかで、ただいま拝読いたしました箇所は、第七問答の途中の文であります。

まず、本文に入る前に、ここまでの経過について概略を述べたいと思います。

第一問答におきまして、客が近年より近日に至るまで、様々に起きている天変・地夭（ちよう）・飢饉（ききん）・疫癘（えきれい）等はいったい、なぜ起こるのかと、その原因について主人に問うのであります。

これに対しまして、主人は「世の中の多くの人々が正法に背（そむ）き悪法に帰しているために、正法を護持すべきところの守護の善神は国を捨てて相（あい）去り、守護の任に当たるべき聖人は所を辞して還（かえ）らず。そこに魔が来たり、あるいは鬼が来たり、災が起こり、難が起こるのである」と、なぜ災難が起こるのかについて、このようにおっしゃっているのであります。

この主人の答えに対しまして、客は「それはいったい、いかなるお経に出ているのか。その証拠を見せてもらいたい」と尋ねます。この客の問いに対して、主人は金光明経・大集経・仁王経・薬師経の四つのお経を挙げて、災難の由来について縷々、詳しく述べておられますのが第二問答であります。

第三問答は、客は「金光明経や大集経など、災難の起きる文証は挙げられているけれども、今、世間の人々は仏に対し、あるいはまた諸々のお経に対して、捨て去

る心などはなく、かえって盛んに尊び、崇めているではないか」と、主人に対して、

「色を作して」（御書二三七ページ）

と表現されておりますから、気色ばんで問うたのであります。

それに対して主人は「たしかに今、比叡山であるとか南都の七大寺、あるいは園城寺といった所では、仏閣は甍を並べて盛んになっておる。また、僧侶も竹葦や稲麻の如く、大勢いる。しかし、それらの僧侶は皆、権力に媚びて、正しい法を弘めようとしていない」と明言されるのであります。そして、

「悪侶を誡めずんば豈善事を成さんや」（同二三九ページ）

と、謗法の僧侶を破折しなければ善いことは起きないのだと、訓戒されるのであります。

次の第四問答は、主人が「悪侶を誡めずんば豈善事を成さんや」と、悪い僧侶達を破折しなければだめだと言ったことに対して、客は前にも増して憤慨し、「では、いったい悪い僧侶というのは、だれを指すのだ」と、主人に問うのでありま

す。

これに対しまして、主人は「それは法然である」と、はっきりと名指しするのです。つまり、法然が著した『選択集』という書のなかに、まことにもって邪義を述べておりますので、それを指摘して、

「如かず彼の万祈を修せんよりは此の一凶を禁ぜんには」（同二四一ページ）

と、法然の「一凶」を禁じなければだめだと言われるのです。

現在の一凶は創価学会ですが、この当時の一凶は念仏なのです。だから、念仏の邪義を破折しなければだめだと、このように断ぜられるわけであります。

次に第五問答に入ると、災いの根源である法然の邪義を禁ずることが第一であると答えられた主人の話を聞いた客が、とうとう怒り出して、「あなたの話は、もう聞きたくない」と言って、杖を持って帰ろうとするのです。

その客を主人が止めて、「法然は邪悪な義を説いており、ために三災七難が起こって、民衆を苦しめているのである」と、さらに厳しく邪義を破折し、帰ろうとする客に対して諄々と、その邪義である所以を説くのであります。

そこで、第六問答に入ると、主人から念仏の邪義を懇々（こんこん）と諭（さと）された客が、少しは怒りを収めまして、「国中には仏家や高僧などと言われるような立派な僧侶が、たくさんいるではないか。それに対してあなたは、賤（いや）しき身をもって、偉い高僧達について文句を言う。そのようないわれはないだろう」と反論するのであります。

しかし、これに対して主人は、念仏の邪義は、既に過去において勅宣（ちょくせん）や御教書（みぎょうしょ）が下され、国法の上からも弾劾（だんがい）したことがあるのだと明かされます。

さらに第七問答に入りますと、客は少し和（やわ）らぎまして、天下泰平を願い、国土安穏を願うためには、まず、その災いを消すことが大事であることは解ったと言い、それでは、そのためにはどうしたらよいのかと、主人に方法を聞くのであります。

これに対しまして、主人は、災いを消すためには、邪義を説く僧侶を重んずるのではなく、正しい道を説く僧侶を重んじなければならないと言われます。つまり、これは大聖人様を重んずべきことをおっしゃっているのであります。

この第七問答の初めのところが前回の親教で拝読し終わりまして、本日はその途中からになりますので、少し理解しづらいかも知れませんが、ただいま拝読したところの御文に入ります。

今、言った通り、第七問答の初めに、客が天下泰平を願い、国土を安穏にするために、その災いを消す方法があれば聞きたいと請うたのに対し、主人は、まず涅槃経の文を挙げて、一闡提人(いっせんだいにん)への布施を止めることであると仰せられ、続いて当文に至り、同じく涅槃経の文を挙げて、正法護持について述べられているのであります。

まず、初めの**「又云(い)はく」**というのは、涅槃経の聖行品(しょうぎょうほん)の文であり、そこには**「『我往昔(むかし)を念(おも)ふに、閻浮提(えんぶだい)に於て大国の王と作(な)れり。名を仙予(せんよ)と曰(い)ひき。大乗経典を愛念し敬重(きょうじゅう)し、其(そ)の心(こころ)純善にして麁悪嫉悋(そあくしつりん)有ること無し。善男子、我爾(そ)の時に於て心に大乗を重んず。婆羅門(ばらもん)の方等を誹謗するを聞き、聞き已(お)はって即時に其の命根(みょうこん)を断(た)つ。善男子、是(こ)の因縁を以て是(これ)より已来(このかた)地獄に堕(だ)せず』と」**とあります。

これはどういうことかと言いますと、釈尊は過去世において、この一閻浮提のなかの大きな国の王様だったとおっしゃっているのであり、仙予という名であったというのです。そして、大乗経典を「愛念し」というのは慈しみ、「敬重し」というのは尊敬して重んじ、その心は「純善」すなわち素直で、「麁悪」すなわち荒く下劣なところや、あるいは「嫉恪」すなわち妬(ねた)みとか、そねみがなく、常に心に大乗経典を重んじていた。

国王は初め、五百人のバラモンに師事いたしましたが、十二年が過ぎた時に、このままではならないと思い直して、今まで師事してきたバラモンに対して、バラモンの教えを捨てて大乗経典を持(たも)たなければ、阿耨多羅三藐三菩提(あのくたらさんみゃくさんぼだい)という本当の悟りを得ることはできないと言ったのです。

そうしますと、十二年間にわたって仙予国王に法を説いてきたバラモン達は当然、怒ります。さんざん、今まで教えを受けていながら、いきなり「おまえ達はだめだ」とバラモンを否定して、大乗経典に付かなければだめだと言うわけですから、怒り心頭に発し、結局、大乗経典を批難するようになったのです。

ところが今度は、仙予国王が大乗経典を誹謗したバラモン達を、けしからんと言って殺してしまうのです。そして、その破邪顕正の因縁によって、国王はそれ以降、地獄に堕ちることがなかったと、涅槃経の聖行品に説かれているわけです。

次に**「又云はく『如来昔国王と為りて菩薩道を行ぜし時、爾所の婆羅門の命を断絶す』と」**とありますが、これは涅槃経の梵行品の文で、ここにも、ただいまの聖行品と同じようなことが説かれております。

すなわち、この文は、迦葉菩薩が釈尊に対して「諸々の菩薩が一子地という、親が子を慈しむように、法界の衆生をことごとく慈念する心で法を説いているにもかかわらず、如来は昔、国王として菩薩道を行じていた時に、バラモンを殺したというではないか。慈悲をもって人を助けるべき仏様が、なぜ人を殺していいのか」と詰問するわけであります。

この迦葉菩薩の詰問に対して、仏様は、悪心からではなく、愛念の故に、つまり慈悲の心をもっての故に命を断ったのであって、正法を護らんがためである、と答えられているのです。

次の文は、このようにバラモンを殺したことについて、「殺」に下・中・上の三通りがあることを示されております。すなわち**「又云はく『殺に三つ有り、謂はく**

下中上なり」というのも涅槃経梵行品の文で、先程の文の次下に説かれているものであります。

殺生について下・中・上の三段階があるうち、初めに罪の一番軽い、下等の殺生である「下殺」について示されるのが、次の**「下とは蟻子乃至一切の畜生なり。唯菩薩の示現生の者を除く。下殺の因縁を以て地獄・畜生・餓鬼に堕して具に下の苦を受く。何を以ての故に。是の諸の畜生に微かの善根有り、是の故に殺す者は具に罪報を受く」**との文であります。

すなわち、下殺とは「下とは蟻子乃至一切の畜生なり」とあるように、蟻のような小さな者から牛馬などの大きな者に至る、一切の畜生を殺すことであり、これは殺に三つあるうちの一番下とされるのです。

ただし「唯菩薩の示現生の者を除く」とありまして、「菩薩の示現生」というのは、菩薩が衆生済度のために、あるいは鳥に身を変えてみたり、あるいはほかの動物に身を変えてみたりと、ほかの者に姿を変えて法を説くことがあります。よく、仏典のなかに、そういうことが説かれておりますが、それを「菩薩の示現生の者」

と言うのです。したがって、そういった者を殺すのは除くということです。

この示現生を除いた畜生について殺生を犯せば、結局、下殺の因縁で「地獄・畜生・餓鬼」の三悪道に堕ちて、つぶさに下等の苦悩を受けることになるのであります。というのは、どんな者にでも微少ながら善根があり、最低限の仏性があるわけだから、そういった者をやたらと殺してはならないとおっしゃっているのであります。

次に「中殺」すなわち中等の殺生について**「中殺とは凡夫の人より阿那含に至るまで是を名づけて中と為す。是の業因を以て地獄・畜生・餓鬼に堕して具に中の苦を受く」**と説かれるように、普通の人間から、阿那含という位の賢人までを殺す罪のことを言うのであります。

「阿那含」というのは、小乗仏教を修行して得る悟りに、下から須陀洹・斯陀含・阿那含・阿羅漢という四つの位があるのですが、その上から二番目の位です。この位は、欲界の煩悩を断じ尽くして再び欲界に生を受けない位、再び欲界に還ってこない位なるが故に「不還果」とも言われるのであります。

それで、中殺の者は、この業因をもって地獄・畜生・餓鬼に堕ちて「中」の苦を受けると、このようにおっしゃっているわけであります。

次に**「上殺（じょうせつ）とは父母乃至阿羅漢・辟支仏（びゃくしぶつ）・畢定（ひつじょう）の菩薩なり。阿鼻（あび）大地獄の中に堕す」**と示されるように、「上殺」とは父母あるいは阿羅漢、辟支仏、畢定の菩薩を殺すことを言うのであり、そういった殺罪を犯す者は、必ず阿鼻大地獄に堕ちるとおっしゃっております。

「阿羅漢」というのは、修行によって小乗における最高の悟りの境地を得た聖者のことを言います。「中殺」の場合は、二番目の阿那含まででしたが、阿羅漢が一番上であり、これは上殺になるのです。

それから「辟支仏」というのは縁覚のことで、師なくして十二因縁の法を観じ、あるいは他の縁によって真理を悟った者で、声聞と共に小乗の聖者とされております。

次の「畢定の菩薩」というのは、畢定は「必定（ひつじょう）」とも書きまして、不退転の菩薩のことであります。すなわち、仏道修行の過程で既に得た功徳をけっして失うことがない、不退の位にある菩薩を言うのであります。

詳しく言いますと、不退には位不退・行不退・念不退の三つがありますけれども、「畢定の菩薩」とは、修行により見思惑と塵沙（じんじゃ）惑を断じて、位不退と行不退に住する菩薩でありますが、無明惑を断じて初住以上に住する念不退の菩薩ではありません。あくまでも、見思惑と塵沙惑を断じた菩薩のことであります。

それで、こういった者は阿鼻大地獄に堕ちると説かれております。阿鼻大地獄というのは、無間（むけん）地獄のことでありまして、阿鼻というのは梵語で、無間と訳します。八大地獄の一つで、欲界の最底、大焦熱（しょうねつ）地獄の下にあるとされており、例えば五逆罪を犯した者、あるいは正法誹謗の者が、この地獄に堕ちると言われております。

要するに「上殺」というのが一番重いわけで、父母を殺したり、あるいは阿羅漢を殺したり、辟支仏を殺したり、あるいは畢定の菩薩を殺すような者は、阿鼻大地獄に堕ちるとおっしゃっているのであります。

次に**「善男子、若（も）し能（よ）く一闡提を殺すこと有らん者は則（すなわ）ち此の三種の殺（せつ）の中に堕**

せず。善男子、彼の諸(もろもろ)の婆羅門等は一切皆(みな)是一闡提なり』已上」と示されますが、この前の文では、初めの蟻を殺すことから始まって、畢定の菩薩を殺すに至るまで、殺に三段階のあることが示され、それによって地獄に堕ちるなどの、何がしかの罰を受け、苦しみを受けるけれども、ここでは、一闡提人を殺しても、この三種の殺のなかには堕さないとおっしゃっているのです。すなわち、下は蟻を殺したりすることから、上は仏法の聖者を殺すようなことは、大変な罰を受けるけれども、一闡提人を殺しても、そういった罰は受けないと示されているのです。

そして「善男子、彼の諸の婆羅門等は一切皆是一闡提なり」というのは、先程のところに仙予国王が正法を誹謗するバラモンを殺してしまったとありましたが、そのように一闡提人を殺すことは罪にならないとおっしゃっているのです。

この一闡提人というのは断善根、善根を断(た)った者とか、あるいは信不具足、これは信ずる心が具足していないと言われ、正法を信ぜず、あるいは正しい悟りを求める心がなく、さらに正法を誹謗し、全く成仏をする機縁を持たない者、絶対に成仏が不可能な者であって、これらの者は殺しても構わないと、このように厳しいことをおっしゃっているのです。

これは、涅槃経のなかの文でありますが、教えを誹謗中傷しながら悔いることなく、懺悔（さんげ）の心を持たず、殺生・偸盗（ちゅうとう）・邪淫（じゃいん）・妄語（もうご）の四重禁、四つの重い罪を犯すことを禁じたものです。あるいは五逆罪といって、父を殺し、母を殺し、阿羅漢を殺し、仏様の身体から血を出させ、そして和合僧を破るという重い罪があります。仏様は殺すことができないので、仏様の身体から血を出させるということは、まさに父母を殺すのと同じぐらいの罪となるので、仏身から血を出すということが五逆罪のなかに入っているわけです。

こういった四重禁とか五逆罪を作っても、これを全く恐れず、嘘（うそ）ばかりついて周囲を惑（まど）わし、悪に染まった心を立て直せずに、仏法を信じないばかりか、悪口を公然と言う者を一闡提人と言うのだということが、涅槃経のなかにあるのです。そして、このような一闡提人は殺しても構わない、とおっしゃっているのです。

しかし、『立正安国論』のこの部分に引かれた涅槃経にはこのように説かれているのですが、同じ『立正安国論』でもあとの部分には、一闡提人にも必ず仏性があり、成仏の可能性があるわけだから、それを尊ばなければいけないと、大聖人様は仰せであります。つまり、一切衆生悉有仏性と言うけれども、一切衆生というのは人間だけではなく、全部なのです。すべての者には十界が互具しているわけだから、必ず仏性が具わっているのです。だから、それを殺してはならないというのが、最終的な教えなのです。

つまり、仏法に反対する一闡提人ならば殺してもいいのかというと、そうではないのです。仏法におきましては、けっして殺人は正当化されておりません。このあとの第八問答のなかに出てまいりますが、仏様の教えというのは、たとえ一闡提人であっても、むやみに人を殺すのではなく、その人を救うところに本意があるのであります。では、どうすればいいかといえば、つまり下種折伏なのです。どんな人でも救っていく、また救っていかなければならないというのが、仏様の本当の教えなのであります。

次に「**仁王経に云はく『仏波斯匿王に告げたまはく、是の故に諸の国王に付嘱して比丘・比丘尼に付嘱せず。何を以ての故に。王のごとき威力無ければなり』已**

上」と、仁王経の受持品の文を挙げられております。すなわち「法を比丘・比丘尼に付嘱しないで、国王に付嘱する所以は、謗法の者を対治するには、その威力に依らなければならないからである。なぜならば、比丘・比丘尼には、王のような力がないからである」と示されているのです。

これはどういうことかと言いますと、要するに、僧侶とか尼さんには戦う力がない。それに対して、国王は戦う力を持っている。法を護る上においては、力と力の勝負になってくると、御信徒などの在家の方々がしっかりと対応しなければならない。それは、暴力に対しては武力を持たない僧侶は役に立たないからである、ということであります。

次に**「涅槃経に云はく『今無上の正法を以て諸王・大臣・宰相及び四部の衆に付嘱す。正法を毀る者をば大臣四部の衆、当に苦治すべし』と」**という、涅槃経の長寿品の文を引かれております。

すなわち、前に引いた仁王経において、法を、比丘・比丘尼ではなく、国王に付嘱することが説かれました。それは、比丘・比丘尼には法を護る力がないから、国王に付嘱するんだということでしたけれども、この涅槃経では、国王だけではなくして、大臣や宰相、あるいは比丘・比丘尼・優婆塞・優婆夷の「四部の衆」にも仏法を付嘱することによって、国家的な規模で法を護ることが大事だと示されております。

そして、もし正法に背く者があれば、「苦治」すなわち、厳しく対治すべきことの文証を挙げられているのであります。

次も**「又云はく『仏の言はく、迦葉能く正法を護持する因縁を以ての故に是の金剛身を成就することを得たり。善男子、正法を護持せん者は五戒を受けず、威儀を修せずして、応に刀剣・弓箭・鉾槊を持すべし』と」**と、同じく涅槃経の金剛身品の文を挙げられております。

これは、迦葉菩薩に対して仏様が仰せられるのには、我れは過去世において、よく正法を護持せる因縁をもっての故に、現在においてこのような、誰人も破壊することができない、また何をもっても殺すことができない「金剛身」すなわち、金剛石のように堅固で、いかなる煩悩や迷いにも破壊されない身という意味でありますが、この金剛身を成就することができた。仏法を護持するためには、不殺生戒・不偸盗戒・不邪淫戒・不妄語戒・不飲酒戒の五戒を受けなくてもよい。あるいはまた、行住坐臥の四威儀を修することもない。刀剣とか「弓箭」つまり弓矢、あるいは「鉾槊」、このうちの「鉾」というのは鉾のことで、鉾先を向けるなどと言うように、剣の先の部分を言います。また「槊」というのは柄の長い鉾のことで、鉾槊とはそういう武器であります。仏法を護持するためには、それらの武器を使ってでも、悪人を撃退し、正法の行者を守護すべきであると説かれている、と仰せになっているのであります。

ここでも、このように厳しく仰せでありますが、これも、むやみに人を殺すことを勧めているわけではないのです。つまり、武器を持ち、正法を護らなければならないとおっしゃっておりますけれども、けっして人を、やたらに殺してもいいということではないのです。あくまでも、正法を迫害する者が現れた場合には、刀を用いてでも法を護らなければならない、そのためには武装を許す、という趣旨なのです。

あとで説明しますが、これも本意ではないのです。ですから、我々も「武器を持って戦え」とは言いません。

少し難しいですけれども、仏典には、先程も出てきた仙予国王のように、お釈迦様の過去世における色々な姿が説かれており、そのなかには、殺生を許すとか様々なことが示されております。しかし、この御書のあとのところに、

「夫釈迦の以前の仏教は其の罪を斬ると雖も、能仁の以後の経説は則ち其の施を止む」（同二四八㌻）

とありまして、「釈迦の以前の仏教」つまり、お釈迦様の過去世の物語などでは、殺生等の厳しい方法で法を護ってきたけれども、「能仁」すなわち、お釈迦様が出現されて以降は、そういうことはしなくなったのです。

では、どのようにして謗法を対治するかといえば、それは「施を止」める、つまり謗法に布施をしてはいけないと言うのです。布施をすれば力を与えることになりますから、布施をしないようにすればよい、つまり謗法厳誡していけばよいのです。皆さんは謗法に対して、御供養・布施などは絶対にしないでしょう。みんなが

そうしていけば、謗法の力は衰えていくわけです。

「釈迦の以前」というのは、本生譚と言いまして、お釈迦様の過去の物語があるのです。例えば、鷹が追いかけた鳩を助けたりするなど、色々な内容がありますが、お釈迦様の御出現以前と以後とでは大きく違うわけです。それを混同してしまって、「ああ、そうか。悪いやつは、やっつけていいんだな。殺してもいいんだな」と考えるのは、絶対に間違いです。今言った通り、大聖人様は「夫釈迦の以前の仏教は其の罪を斬ると雖も、能仁の以後の経説は則ち其の施を止む」と、はっきりおっしゃっているわけであります。

もう一度、言いますと、釈尊の御出現以前の仏教においては、誹謗の悪人に対しては「其の罪を斬る」こともありましたけれども、釈尊御出現以後の仏教においては「施を止む」つまり、謗法の者を殺すのではなくして、謗法の者に対して布施を止めるとおっしゃっているのであります。したがって今日においては、謗法の施を止めることが大事でありまして、邪義邪宗の害毒に囚われている多くの人達に、謗法の寺などへの布施をやめさせることが、謗法対治の鍵となるのであります。

ですから、今日において国家社会、あるいは世界を不幸にする根源は何かと考えたときに、そのすべての根源は邪義邪宗にあるわけでありますから、まさしく『立正安国論』に指摘されているように、謗法に対しては厳しく対処していかなければならないのです。では、どのように厳しく対処していくのかというと、謗法の施を止める、つまり謗法の者を殺すのではなく、謗法を破折して布施を止めていけば、その勢力は衰えていくわけであります。まさしく、謗法の対治なくして、真の幸せを築くことはできないのであります。

何回も言いますけれども、我々は謗法を対治するのであって、その人に迫害を加えたり、殺したりするものではありません。どんな人にでも、十界互具の上から仏性があり、たとえ蟻にでも必ず仏性があるのだから、その人を救うことを考えなければなりません。そのためには、邪義邪宗の考え方を責め、その邪義邪宗への布施を止めることが大事なのです。

そういう意味では、仏法は絶対平和主義なのです。ですから今、全世界で色々な民族間の争いとか、宗教間の争いが起きています。キリスト教とイスラム教だって、宗教戦争を繰り広げているでしょう。爆弾テロに始まって、色々と悲惨な事件が起きています。これを止め、人々を真に救っていけるのは仏教だけ、大聖人様の教えだけなのであります。だから、一人ひとりの心田（しんでん）に妙法を下種して、多くの人達を根底から救っていくことが最も大切なのです。

なかには、殺してしまえというような乱暴な内容もありますけれども、それはお釈迦様御出現以前の話で、お釈迦様御出現以前の話と以後の話とでは、全く違うのです。先程挙げた御書にも、そのように説かれてありましたように、それを一緒にしてしまってはだめなのであります。

『一念三千法門』のなかに、

「凡（およ）そ此の経は悪人・女人・二乗・闡提を簡（えら）ばず。故に皆成仏道とも云ひ、又平等大慧（だいえ）とも云ふ」（同一一〇ページ）

と仰せになっています。「此の経」とは法華経のことを言っておられますが、文底から拝すれば、大聖人様の妙法蓮華経の教えです。それは悪人でも、爾前経では不成仏と言われていた女人でも、あるいは絶対に成仏しないと言われていた二乗でも、法華経に来たならば、すべて救われているのです。

さらに、先程言った一闡提人、この一闡提人は善根を断ってしまっているから救いようがないと言われていましたが、そういった人間でも、この法華経では「皆成仏道」すなわち、すべて仏道を成ずることができると説かれているのです。だから、この法華経は「平等大慧」と言って、等しくだれにでも法を説く、下種していくことが大事なのです。

しかし、正しい教えがあったとしても、我々の信心が欠けてしまっては、このような人達を救うことはできません。

大聖人様の教えは絶対であり、御本尊様は絶対なのは間違いありません。よく、四力成就ということを言いますが、既に仏力・法力は具わっております。あとは、何があればいいのでしょう。あと、我々の信力と行力があれば、四力が成就して、必ず救われるのです。このことが一番大事であります。

今、宗門は、来たるべき平成二十七年、日興上人御生誕七百七十年を間近に控えて、法華講員五〇％増の達成へ向けて、僧俗一致して前進をしております。

この時に、私達は、一人ひとりが、本当に真剣に折伏に取り組んでいかなければならないと思います。

特に延寿寺様におきましては、色々と不幸なことがありましたけれども、本日、このように立ち上がって、前進を開始したわけでありますから、どんなことがあっても頑張っていただきたいと思います。

来年の三月八日が、日興上人様の御生誕七百七十年の日であります。それまで、あと二百三十日余りありますが、皆さん方には、その二百三十日余の時間が与えられているわけです。皆さん方の一人ひとりが、本当に真剣に二百三十日間、折伏してごらんなさい。誓願を達成できないはずがないでしょう。必ず、できますよ。できないとしたら、それは、やらないだけです。やれば、できます。皆さん方が本気になって立ち上がって、法のために、日本のために、地域のために、社会のために、多くの人達の幸せのために本当に立ち上がって、二百三十日を折伏してごらんなさい。できないことはないでしょう。できますよ。みんな、一生懸命にお題目を唱えて広宣流布を願い、平和を願って、その思いを折伏に結びつけていったら、必ず達成できますよ。

我々の信心は、必ずかなうのです。やらなければ、かなわないですよ。

「為せば成る　為さねば成らぬ　何事も　成らぬは人の　為さぬなりけり」という、有名な歌があるでしょう。やはり我々は、そのように、やらなければだめなのです。

だから、本日の落慶法要を機に、これからの二百三十日を本当に真剣に、一人ひとりが戦ってごらんなさい。あなた方自身が変わります。皆さんが変わるのです。そして、あなた方自身が変われば、家庭が変わります。家庭が変われば、地域が変わりますよ。大きな変化が必ず起きますよ。これが信心でしょう。

先程、拝読した『立正安国論』も、そういうことです。「正を立てて国を安んずる」ということです。

ですから、今回は不幸な事件がありましたけれども、本日を契機に立ち上がって、是非、折伏誓願を達成して、晴れて明年、日興上人の御生誕七百七十年には、みんなで胸を張ってお山に来てください。そして、一人ひとりが本門戒壇の大御本尊様の前に、晴ればれとした気持ちで、「大御本尊様、折伏誓願を達成しました」と、御報告していただきたいと願う次第であります。

これからの御健闘を、心からお祈りいたします。

（大日蓮　平成二十七年三月号）

立正安国論（十三）（御書二四五ジ゙ー一行目〜同ジ゙ー一六行目）

立正安国論（十四）

平成二十七年一月二十日
妙寿日成貴尼第百回遠忌ならびに
九州開教百五十年記念法要の砌
於　福岡県久留米市・霑妙寺

又云はく「若し五戒を受持せん者有らば名づけて大乗の人と為すことを得ざるなり。五戒を受けざれども正法を護るを為て、乃ち大乗と名づく。正法を護る者は、当に刀剣器仗を執持すべし。刀杖を持つと雖も、我是等を説きて、名づけて持戒と曰はん」と。又云はく「善男子、過去の世に此の拘尸那城に於て仏の世に出でたまふこと有りき。歓喜増益如来と号したてまつる。仏涅槃の後、正法世に住すること無量億歳なり。余の四十年仏法の末、爾の時に一の持戒の比丘有り、名を覚徳と曰ふ。爾の時に多く破戒の比丘有り。是の説を作すを聞き皆悪心を生じ、刀杖を執持して是の法師を逼む。是の時の国王の名を有徳と曰ふ。是の事を聞き已はって、護法の為の故に、即便説法者の所に往至して、是の破戒の諸の悪比丘と極めて共に戦闘す。爾の時に説法者厄害を免るゝことを得たり。王爾の時に於て身に刀剣箭槊の瘡を被り、体に完き処は芥子の如き許りも無し。爾の時に覚徳、尋いで王を讃めて言はく、善きかな善きかな、王今真に是正法を護る者なり。当来の世に此の身当に無量の法器と為るべし。王是の時に於て法を聞くことを得已はって心大いに歓喜し、尋いで即ち命終して阿閦仏の国に生ず。而も彼の仏の為に第一の弟子と作る。其の王の将従・人民・眷属の戦闘すること有りし者、歓喜すること有りし者、一切菩提の心を退せず、命終して悉く阿閦仏の国に生ず。覚徳比丘却って後寿終はりて亦阿閦仏の国に往生することを得て、而も彼の仏の為に声聞衆の中の第二の弟子と作る。若し正法尽きんと欲すること有らん時、当に是くの如く受持し擁護すべし。迦葉、爾の時の王とは則ち我が身是なり。説法の比丘は迦葉仏是なり。迦葉、正法を護る者は是くの如き等の無量の果報を得ん。是の因縁を以て、我今日に於て種々の相を得て以て自ら荘厳し、法身不可壊の身を成ず。仏、迦葉菩薩に告げたまはく、是の故に護法の優婆塞等は、応に刀杖を執持して擁護すること是くの如くなるべし。善男子、我涅槃の後、濁悪の世に国土荒乱し、互ひに相抄掠し、人民飢餓せん。爾の時に多く飢餓の為の故に発心出家するもの有らん。是くの如きの人を名づけて禿人と為す。是の禿人の輩、正法を護持するを見て、駈逐して出ださしめ、若しくは殺し若しくは害せん。是の故に我今持戒の人諸の白衣の刀杖を持つ者に依って、以て伴侶と為すことを聴す。刀杖を持つと雖も我是等を説きて名づけて持戒と曰はん。刀杖を持つと雖も、命を断ずべからず」と。法華経に云はく「若し人信ぜずして此の経を毀謗せば即ち一切世間の仏種を断ぜん。乃至其の人命終して阿鼻獄に入らん」已上。（御書二四五㌻一六行目～二四七㌻一一行目）

本日は、当山第二代住職、九州開導の師・妙寿日成貴尼の第百回遠忌、ならびに九州開教百五十年記念法要に当たり、当寺住職の願いによりまして参上した次第であります。

皆様には既に御承知の通り、当霑妙寺は、明治十二（一八七九）年、佐野広謙尼すなわち妙寿日成尼が、福岡県御井郡白山村に霑妙庵を開設されたのが始まりであります。

のち明治十五年に、白山村より、ここ同郡京町に移転し、さらに明治十七年、霑妙庵を改め霑妙寺として建立され、今日に至っております。

妙寿日成尼は、九州開導の師と言われて、九州のなかで、日向の定善寺を除いて、初めての本宗寺院として霑妙寺を建立されたほかに、八幡の法霑寺、福岡市の立正寺を建立され、さらに貴尼ゆかりの寺院としては、行橋市の正妙寺、門司の妙境寺、長崎市の正霑寺、佐世保市の法光寺をはじめ数多のお寺があり、まさしく九州開導の師としての、貴尼の愛宗護法の精神と正法弘通に、その一生を懸けた尊い業績に、心からの敬意を表するものであります。

また、妙寿日成尼のお弟子のなかには、総本山第五十九世日亨上人、そしてまた第六十二世日恭上人がおられ、正法弘通の力量の卓絶せるとともに、人材育成にもまことに優れたお力をお持ちで、その秀抜なる業績はまことに甚大であると感嘆するものであります。

ここに、妙寿日成尼の功績を称揚するとともに、破邪顕正と正法弘通にその一生を尽くされた貴尼の偉大なる業績を範(はん)として、私達本宗僧俗一同、いよいよ僧俗一致・異体同心し、来たるべき平成三十三年・法華講員八十万人体勢構築へ向けて、なお一層の精進をもって御奉公を尽くしていきたいものと考える次第であります。

さて、本日は、ただいま拝読いたしました『立正安国論』の一節について、お話を申し上げたいと思います。

この『立正安国論』につきましては、不肖(ふしょう)、平成十八年四月に代替(だいがわり)法要を奉修いたしましたが、その席上、初転法輪におきまして、まずお話をさせていただきました。以来、親教のたびに、『立正安国論』についてお話をさせていただいております。

これは、今まさに宗門が平成二十七年、そして三十三年の誓願達成へ向けて、僧俗一致して前進すべき、まことに大事な時を迎えており、私ども一同が改めて、この『立正安国論』の御聖意（しょうい）を体し、誓願達成へ向けて前進すべきであると考え、お話をさせていただいている次第であります。

初転法輪のあと、静岡県浜松市浜北区にある妙重寺におきまして、末寺における一回目の『立正安国論』についてのお話をいたし、それから今までに十三カ寺におきましてお話をしてまいりました。したがって、霑妙寺は十四番目に当たります。

さて『立正安国論』は、今を去る七百五十五年前、文応元（一二六〇）年七月十六日、日蓮大聖人様御年（おんとし）三十九歳の時に、宿屋左衛門入道を介（かい）して、時の最高権力者・北条時頼（ときより）に提出された、国主への諫暁書（かんぎょう）であります。

この『立正安国論』は、全体が客と主人との問答形式になっておりまして、それも十問九答という形であります。これは、どういうことかと申しますと、客の最後の問いが、実はそのまま主人の答えになっていることから、十問九答となるのであります。そのなかで、ただいま拝読いたしました箇所は、第七問答の途中からの御文であります。

そこで、本文に入る前に、今までの概要について簡略に申し上げたいと思います。

まず、第一問答におきまして、客が近年より近日に至るまで、様々な天変・地夭(ちよう)・飢饉(ききん)・疫癘(えきれい)等はいったい、なぜ起こるのかということを主人に尋ねるのであります。

その原因について、主人は「世の中の多くの人が正法に背(そむ)き悪法に帰(き)しているために、正法を守護すべきところの善神は国を捨てて相(あい)去り、守護の任に当たるべき聖人は所を辞して還(かえ)らない。そこに魔が来たり、鬼が来たり、災が起こり、そして難が起こるのである」と、災難の由来を説かれるのであります。

この主人の答えに対しまして、客は「それはいったい、いかなるお経に出ているのか」と、その証拠を聞くのであります。この客の問いに対して、主人は金光明経・大集経・仁王経・薬師経の四つのお経を引かれ、災難の由来について詳しくお答えになるのが第二問答であります。

第三問答は、客は「今、あなたが言ったように、たとえ金光明経とか大集経などに文証があるかも知れないが、今、世間の人々は仏様に対し、また諸々のお経に対して、捨て去る心など全くない。かえって盛んに仏様を尊び、お経を崇めている」と反論するわけです。

これに対して、主人は「たしかに今、比叡山とか南都、あるいは園城寺といった所では、仏閣は甍を並べ、僧侶もたくさんいる。しかし、それらの僧侶は皆、権力に対して媚び諂い、多くの人々を迷わしている」と答えられ、だから、

「悪侶を誡めずんば豈善事を成さんや」（御書二三九㌻）

と、邪宗の悪い僧侶を誡めなければ、善事を成すことはできないのだと、訓戒されております。

第四問答では、主人が「悪侶を誡めずんば豈善事を成さんや」と言った言葉に対して、客が「それでは、いったい、だれが悪侶だと言うのか」と、主人に詰問するのです。

これに対しまして、主人は「それは念仏を称える法然である」と答えるのであり

ます。つまり、法然が著したところの『選択集』が様々な難の根源であると断言するのです。だから主人は、法然の邪義は「一凶」であり、すべての悪の根源であると指摘するのであります。

次に第五問答に入りますと、主人が法然の邪義を一凶だと断じたことに対し、客が「そんなことはない」と言って怒るのです。そして、まさに席を立って帰ろうとする客を主人が止め、「法然の邪義によって三災七難が起こり、民衆が苦しめられているのである」と、その邪義である所以を客に詳しく説明するのであります。

そして第六問答に入ると、主人から法然の邪義について諄々と説かれた客は一往、少し怒りを収めましたが、まだ充分ではなく、真に納得はしていないのであります。この客に対し、主人は「法然の邪義は、ただ仏法の上だけではなくして、国法の上からも弾劾される邪義であるから、いち早く念仏を捨てて、正法に帰さなければだめだ」と説くのであります。

いよいよ第七問答に入りますと、客は少し和らぎまして、「天下泰平を願い、国土を安穏にするためにはいったい、どうすればいいのか。いい方法を教えてほしい」と、主人に対して問うたのであります。

これに対して、主人は「正しい道を説く僧侶を重んずることによって災いを消すことができる」と答え、涅槃経などの文を挙げ、謗法の者に対して布施をすることを止め、みんなが国中の謗法を断つことが必要であると仰せられているのであります。

この第七問答は非常に長いため、今日で三回目となりました。一番初めは、途中まで拝読しましたが、時間がなくてやめてしまい、また次の所でも、やはり時間がなくてやめてしまいました。そして今日もまた、第七問答の全部は終わらないのであります。しかし、第七問答には大事な教えが示されておりますので、辛抱強く聞いていただきたいと思います。

それでは本文に入りますと、まず「**又云はく『若し五戒を受持せん者有らば名づけて大乗の人と為すことを得ざるなり。五戒を受けざれども正法を護るを為て、乃ち大乗と名づく。正法を護る者は、当に刀剣器仗を執持すべし。刀杖を持つと雖も、我是等を説きて、名づけて持戒と曰はん』と**」とあります。

この御文は、涅槃経の金剛身品の文であり、前の段でも同じく涅槃経の金剛身品を引かれておりますので、出だしに「又云はく」とおっしゃっているのであります。

「五戒」というのは、皆さん方も御承知の通り、第一が「不殺生（せっしょう）戒」と言って、生き物を殺してはいけないということです。

第二が「不偸盗（ちゅうとう）戒」と言い、他人の物を盗むことはいけないということです。

第三が「不邪淫（じゃいん）戒」と言い、これは邪（よこし）まな男女関係になってはいけないということです。

第四が「不妄語（もうご）戒」と言い、けっして嘘（うそ）をついてはいけないということです。

第五が「不飲酒（おんじゅ）戒」と言い、お酒を飲んではいけないという戒もありましたが、今ではこのようなことはありません。しかし、小乗仏教では厳しくこの五戒を守っていたのであります。

したがって、この御文意を言うと「五戒を受けたからといっても、大乗の人と名づけることはできない。たとえ五戒を受けなくとも、正法を護る者は大乗の人と言える。正法を護る者は、時には、刀剣など武器を持たなければならない。正法を護るため、たとえ刀杖等の武器を持ったとしても、この人のことを持戒の者と言うのである」と言っているのです。

急にこのような話が出てきますので、少し解りにくいかと思いますが、ただいま拝読した御文の前の箇所に、悪人や邪義邪宗の者を懲(こ)らしめるためには、刀杖を持って征伐をしてもよいというお経が引かれております。あとで申し上げますが、人を殺すなどということは絶対にあってはならないことですが、ただ釈尊が御出現される以前の仏教では、そういう例があったのです。だからといって、それを今日(こんにち)にそのまま引きずってきて、悪人は殺してもいいんだなどという考えは、けっしてあってはなりません。このことについては、本日拝読した御文のあとの部分に大事なことが説かれておりますので、また詳しく申し上げたいと思います。

では、次に**「又云はく『善男子、過去の世に此(こ)の拘尸那(くしな)城に於て仏の世に出(い)でたまふこと有りき。歓喜増益(ぞうやく)如来と号(ごう)したてまつる』」**とありますが、これも同じように、涅槃経の金剛身品の文であります。すなわち、金剛身品には、過去無量無辺阿僧祇劫の昔に、インドの末羅国の首都・拘尸那掲羅付近にあった拘尸那城の外、跋提河西岸の沙羅林で、釈尊は入滅したと言われています。その拘尸那掲羅付近にあった城において、歓喜増益如来という仏様が出現されたとおっしゃっているのです。

次に**「仏涅槃の後、正法世に住すること無量億歳なり。余の四十年仏法の末、爾の時に一の持戒の比丘有り、名を覚徳と曰ふ」**とありますが、皆さんも、有徳王と覚徳比丘の話を聞いたことがあるでしょう。その覚徳比丘のことです。

つまり、歓喜増益如来が涅槃されたのち、正法が世に行われることが無量億歳も続きましたが、その最後の四十年になった時に、この戒律堅固な覚徳という一人の比丘が出現されたのであります。この覚徳比丘は、まさに涅槃経の金剛身品に説かれている、過去世の正法護持の比丘でありますが、金剛身品は、迦葉菩薩を対告衆といたしまして、仏が金剛不壊であることを説くとともに、正法護持を勧めた品であります。

その金剛身品に、覚徳比丘と正法の外護者である有徳王について述べられておりまして、二人は法を護るため戦ったその功徳によって阿閦仏の国に生まれ、声聞の第一、第二になったことが明かされております。また、有徳王は過去世の釈尊であり、片一方の覚徳比丘は迦葉仏であると、その因縁を明かされるのです。

つまり、釈尊は何をおっしゃりたいかと言いますと、有徳王と覚徳比丘の物語を説いて、法を護るということが、いかに大事であるかをお説きになるのであります。

すなわち**「爾の時に多く破戒の比丘有り。是の説を作すを聞き皆悪心を生じ、刀杖を執持して是の法師を逼む」**と示されているように、覚徳比丘が出現されて経典を説き、さらに諸々の比丘に対して、比丘としての在り方などを教えていたところ、多くの破戒の比丘達は、覚徳比丘が正しい法を説き、そして教え誡めるのを聞いても喜ばず、覚徳比丘に対して恨み、嫉み、憎み、悪心を起こして、それぞれの手に刀や杖などの凶器を取って、大挙して覚徳比丘に迫り、殺害せんとしたのであります。

この「破戒の比丘」とは、戒律を破る悪比丘のことで、謗法闡提の者を言うのであります。謗法とは、正法を誹謗することであり、闡提とは正法を誹謗したり、あるいは正法を信じない者のことです。つまり、謗法によって解脱の因を欠き、絶対に成仏することができない者を指して、破戒の比丘と仰せられているのであります。

次の**「是の時の国王の名を有徳と曰ふ。是の事を聞き已（お）はって、護法の為の故に、即便（すなわち）説法者の所に往至（おうし）して、是の破戒の諸（もろもろ）の悪比丘と極めて共に戦闘す。爾の時に説法者厄害（やくがい）を免（まぬか）るゝことを得たり」**とは、覚徳比丘が出現された時の国王は有徳王であったということで、先程も申し上げたように、有徳王とは釈尊の過去世における因位の姿、菩薩修行中の姿であることが示されております。

さらに有徳王は、正法を護持する覚徳比丘が破戒の比丘らによって殺害されようとしていることを聞いて、正法護持の心を起こし、覚徳比丘を助けるために、直ちに覚徳比丘が説法している所へ駆けつけて、破戒無慚（むざん）の悪比丘らと戦うのであります。そして、悪比丘を撃退して、覚徳比丘を命を懸けて護られたのであります。

そして、このあとの御文に**「王爾（そ）の時に於て身に刀剣箭槊（せんさく）の瘡（きず）を被（こうむ）り、体に完（まった）き**

処は芥子の如き許りも無し。爾の時に覚徳、尋いで王を讃めて言はく、善きかな善きかな、王今真に是正法を護る者なり。当来の世に此の身当に無量の法器と為るべし」とありますが、有徳王は、覚徳比丘を護る時の戦闘で、まさに「刀剣箭槊の瘡」という刀や矢、あるいは槍のようなものによって傷を被り、身体のなかで完き所は芥子粒ほどもなかったほど、傷だらけになってしまったということです。その時に覚徳比丘は、正法を身をもって護られた有徳王を褒め称えて、「善きかな、善きかな、王はまことに正法を護る者である。この大功徳により、未来世において戦いで傷ついた王の身体は、まさに無量の法器となるであろう」と告げられたのであります。

そのあと、有徳王は覚徳比丘を護ったために亡くなるのでありますけれども、その命はあくまでも、仏道修行をするに足る器、生身とは違う法器となり、何ものにも崩れない生命を持つであろうことが示されています。

そして**「王是の時に於て法を聞くことを得已はって心大いに歓喜し、尋いで即ち命終して阿閦仏の国に生ず。而も彼の仏の為に第一の弟子と作る。其の王の将従・**

人民・眷属の戦闘すること有りし者、歓喜すること有りし者、一切菩提の心を退せず、命終して悉く阿閦仏の国に生ず」とありますように、有徳王は覚徳比丘の話を聞き終わると、戦いによって傷ついた身ではありましたが、心は大いに歓喜し、大法悦に満ちあふれ、安祥として亡くなったのです。この護法の功徳によって有徳王は、来世に阿閦仏の国に生まれ、かの仏の第一の弟子となったのであります。

また、有徳王と共に戦った者達、例えば将軍、眷属の方々、あるいは正法護持の戦を見て歓喜した人が皆、菩提心を退せずして、命終わってのちに、この王と共に阿閦仏の国に生まれた、つまり成仏したことが説かれているのであります。

次の**「覚徳比丘却って後寿終はりて亦阿閦仏の国に往生することを得て、而も彼の仏の為に声聞衆の中の第二の弟子と作る。若し正法尽きんと欲すること有らん時、当に是くの如く受持し擁護すべし」**とは、覚徳比丘は命終わってのちに、有徳王と同じく阿閦仏の国に生まれ、阿閦仏のために、声聞衆のなかの第二の弟子となったと説かれているのであります。つまり、正法が滅しようとするに臨んでは、だれ人も皆、覚徳比丘のように正法受持を信念とし、身命を捨てて正法を護るべきであると仰せられているのであります。

続いて**「迦葉、爾の時の王とは則ち我が身是なり。説法の比丘は迦葉仏是なり。迦葉、正法を護る者は是くの如き等の無量の果報を得ん。是の因縁を以て、我今日に於て種々の相を得て以て自ら荘厳し、法身不可壊の身を成ず」**とありますが、この段は、釈尊が迦葉に対して呼び掛けているところであります。

すなわち、釈尊は迦葉菩薩に「その時の王というのは我が身である」と呼び掛けられているのです。つまり、釈尊の本生譚と言いまして、釈尊の過去の姿が有徳王であることを示され、また「説法の比丘」と言われる覚徳比丘は迦葉仏であると因縁を明かされています。

迦葉仏というのは過去七仏の六番目に世に出た仏様のことで、過去の七仏というのは、釈尊が出現される以前に出現された六人の仏様と釈尊を加えた、毘婆尸仏、尸棄仏、毘舎浮仏、拘留孫仏、拘那含仏、迦葉仏、釈迦牟尼仏という七人の仏様のことであります。この七人の仏様が、順繰りに出てこられるのであります。つまり、覚徳比丘とは、お釈迦様の前に出現された迦葉仏のことを指し、その因縁について説かれているのであります。

さらに、釈尊は迦葉菩薩に呼び掛けまして、正法を護る者はこのように無量の良き大果報を得ることができるのであり、また、この因縁により釈尊も今日において、三十二相・八十種好という無量の相好をもって自らを荘厳し、水も漂わすこと能わず、あるいは凶器をもっても殺害することは不可能な「法身不可壊」の仏身を成就することができたのであるとおっしゃっているのであります。

この三十二相というのは仏様が具えている勝れた姿・形のことで、すなわち金色相とか、眉間白毫相とか、頂髻相のような三十二相が具わっているのであります。

また、八十種好というのは、仏様の身に具わった八十種の特徴という意味です。これは、だいたい三十二相に付随して言われるところであり、例えば、鼻が高く整っているとか、また身につやがあり柔軟であるとか、あるいは立ち居振る舞いが整っていることや、声の響きが奥深いことや、手足は清く柔らかいといった特徴が説かれているのであります。つまり、法華経方便品第二の十如是のなかにも「如是相」とありますが、仏様の相には、このような特徴があるのです。つまり、姿、形そのものが、仏様は勝れていらっしゃるのであります。

また「法身不可壊の身」というのは、仏様の身は法界を体(たい)として、その大真理と一体であるお身体であるから、壊そうと思っても絶対に破壊されない。すなわち、生身の人間や物体は破壊できますけれども、法そのものは破壊できないということです。そのために「法身不可壊」と表現しているのであります。つまり、堅固無比で、何者をもってしても破壊することができない金剛身を成就することができると仰せであります。成仏の相というのは、まさにそういうことなのであります。

ですから、次に**「仏、迦葉菩薩に告げたまはく、是の故に護法の優婆塞(うばそく)等は、応(まさ)に刀杖を執持して擁護すること是くの如くなるべし」**と、釈尊は迦葉菩薩に告げて仰せられています。

この「優婆塞」とは、男性の信者を意味します。つまり、比丘・比丘尼(に)・優婆塞・優婆夷(い)を四衆と言い、比丘は男の僧侶、比丘尼は尼(あま)さん、優婆塞は男の御信者さん、優婆夷は女の御信者さんのことであります。ですから、法を護らんとする優婆塞は、いざという時に、かくの如く刀杖を手に取って、正法の者を守護しなければならないとおっしゃっているのです。

そして**「善男子、我涅槃の後、濁悪の世に国土荒乱し、互ひに相抄掠し、人民飢餓せん。爾の時に多く飢餓の為の故に発心出家するもの有らん。是くの如きの人を名づけて禿人と為す」**と仰せですが、今、申し上げた通り、色々なお坊さんもいるし、御信者もいるわけでありますが、有徳王・覚徳比丘の姿こそが理想なのです。しかし、濁悪の世の中になると、悪業の因縁をもって様々な形で国土が乱れてくることから、人が殺し合ったり、あるいは奪い合ったりといった悲惨な姿が出てくるのであります。

今の日本は比較的、物質的にも恵まれていますが、このなかに戦争を体験された方はいらっしゃるでしょうか。終戦直後の日本の国は大変な時代でしたよね。うなずいている方は、御経験なさったのでしょうが、本当に厳しい生活でありました。なんと言いましょうか、食べる物がほとんどありませんから、他人の物を盗むことも、当たり前のような形になってしまった時代がありました。そのように、世の中がおかしくなってくると、結局、人がおかしくなる。そして、人がおかしくなるから、また、世の中がおかしくなる。そういう相互関係があるのであります。

そこで、大聖人様は、やはり根本の正を立てなければだめだということをおっしゃっているのです。では、正を立てるとは、どのようなことかと申しますと、つまりは大聖人様の仏法に帰依することなのです。ここにすべてが集約されるのであります。けれども、飢餓に苦しむと、色々と悪巧(だく)みをする者がたくさん出てくるのです。そして、世の中が乱れてくると、生きていくため、食べていくために、悪いことを平気でするようになってしまうのです。

その一つの表れとして、「爾の時」には、食を得ようとして「多く飢餓の為の故に発心出家するもの有らん」というような不届き者が出てきていたのです。これはどういうことかというと、食べ物を得ようとして出家する、すなわち食べ物を得るためにお坊さんになろうという者が出てくるということです。これを「禿人」すなわち、はげの人間と名づけると言われているのです。

つまり「禿人」というのは、外見は僧侶の形をしているけれども、ただ頭を丸めているだけで、戒律は守らないし、修行にも励まないで勝手なことをやっている僧侶を指し、これらの者を蔑称して禿人と言っているのです。

ですから、釈尊が説かれた涅槃経のなかには既に、世の中が乱れると様々な悪現象が起きることが述べられており、そのなかの一つに、禿人という、とんでもない者が出てくるぞと説かれているのであります。

その禿人について、次に**「『是の禿人の輩、正法を護持するを見て、駈逐して出ださしめ、若しくは殺し若しくは害せん。是の故に我今持戒の人諸の白衣の刀杖を持つ者に依って、以て伴侶と為すことを聴す。刀杖を持つと雖も我是等を説きて名づけて持戒と曰はん。刀杖を持つと雖も、命を断ずべからず』と」**とお示しになっております。すなわち、この禿人は、本当に正法を護ろうとする者を見ると、自分の邪魔になってくるので追い出したりする、もしくは殺したり、あるいはその者に危害を加えるようなことをしてくるのです。ですから仏様は、悪いことばかりする者がうろうろして悪事を働くような世になった時には、「持戒の人」すなわち正法を持つ比丘が、諸々の武器を持って外護してくれる在家の人を伴ってもいいですよ、と言っているのです。

「僧俗一致」とよく言いますが、僧俗が一致するためには、それぞれが役目を果たしていくことが大切です。つまり、御信徒には法を護るという大事なお役目があり、僧侶には、御信徒を正しく導くというお役目、重い責任があるわけです。そういうなかから、真の僧俗一致という姿が生まれてくると思います。ですから、この御文を見て、我々僧侶も、そして皆さん方も、お互いに本当に僧俗一体となって御法を護る、大聖人様の仏法を護持していくということを、しっかりと考えていかなければならないと思います。

ただし、ここで大事なことは「伴侶と為すことを聴す」つまり、お坊さんは自分の身を守れないから、在家の方を伴侶として、護ってもらうことは許すけれども、「刀杖を持つと雖も我是等を説きて名づけて持戒と曰はん。刀杖を持つと雖も、命を断ずべからず」と示されているように、命は尊いですから、仏法守護のために刀杖などの武器を持ったとしても、相手の命を断(た)ってはならないと禁じているのであります。

本日、拝読申し上げた御文の前の箇所に、涅槃経の文を挙げて、一闡提人(いっせんだいにん)を殺しても構わないことが説かれていますが、そうではないことがここで示されているのです。

前の御書からの流れを説明いたしますと、釈尊は過去世に、この閻浮提において大国の王となって、名を仙予（せんよ）とおっしゃっていた時があるのです。その仙予国王であった時に、大乗経典を誹謗したバラモン達を殺してしまったことがありましたが、この因縁によって、以後、仙予国王は地獄に堕（お）ちることがなかったという経文があるのです。つまり、片一方では殺してはいけないと言い、もう一方では、法を護るためには悪いバラモン達を成敗してもよいとおっしゃっているのです。これはどういうことかと言いますと、たしかに涅槃経などのお経を引かれて、国を安（やす）んずるためには、武器を持ってでも謗法の者を誡（いまし）めなければならないことが述べられています。しかし、これは涅槃経に説かれた釈尊の過去世の行為として示されたものであります。つまり、釈尊の出世される以前においては、正法を妨（さまた）げる者に対して、その罪を斬るということがあったということであります。

しかし、そのあとの御文をよく拝しますと、

「夫釈迦の以前の仏教は其の罪を斬ると雖も、能仁の以後の経説は則ち其の施を止む」（同二四八ページ）

とあります。つまり、同じ涅槃経のなかで、悪比丘を対治してもいいけれども、それを殺害するようなことをしてはならないとおっしゃっているのです。

では、なぜそのような二つの面があるのかということが、今の答えであります。釈尊が出現される以前の仏教では、殺生等の方法で法を護ってきたこともあったけれども、「能仁」すなわち、釈尊が出現されて以降は、人を殺したりしてはいけないと言われているのです。これは非常に大事なことであります。

ですから、釈尊の出現以前の仏教においては、誹謗の悪人に対して「其の罪を斬る」こともありましたけれども、釈尊出現以後の仏法においては、「施を止む」つまり、謗法の者を殺すのではなく、謗法の者に対しては布施を止めるのだとおっしゃっているのです。布施を止めるということは、邪義邪宗のお寺に対する布施をやめるということであり、人の手で、刀や杖でもって人を殺すようなことは、絶対にしてはいけないということです。謗法に力を与えないためには、謗法の寺に布施をしなければいいのであって、謗法への施を止めることが、謗法対治の鍵（かぎ）となるのであります。

ですから、今日においては、国家社会、あるいは世界を不幸にする根源が、なんであるかをよくよく考えてみると、まさしく『立正安国論』に指摘されているように、謗法の害毒にあるわけであります。謗法の対治なくして、真の幸せは生まれないのでありますから、その謗法の対治はいかにしてなすべきかというと、過去世の仙予国王のように、謗法の者を殺すということではなくして、施を止めればいいのです。

簡単な言葉で言いますと「糧秣（りょうまつ）を断つ」ということです。つまり、謗法に力を与えなければいいのです。布施をしなければ、謗法の力は衰えていくのであります。極論を言えば、みんな日蓮正宗の御信徒になってしまえばいいわけです。そうすれば、手を加えて、殺害をするようなことをしなくても、自然に滅びていくのであります。

だから、あくまでも謗法を対治するのであって、相手の命を奪うということはしてはならないのです。それが、先程言った「夫釈迦の以前の仏教は其の罪を斬ると雖も、能仁の以後の経説は則ち其の施を止む」ということであります。

もう一度言いますと、釈尊が出現される以前の仏法においては、悪人を斬るということはあったけれども、釈尊が出現されて以後の仏法においては、謗法に対しては布施を止めることが大事なのであります。大聖人様の仏法は、すべての人を救うというのが根底にあるのでありますから、相手を殺すなどということは、とんでもない話なのであります。

大聖人様が『一念三千法門』に、

「凡(およ)そ此の経は悪人・女人・二乗・闡提を簡(えら)ばず。故に皆(かい)成仏道とも云ひ、又平等大慧(だいえ)とも云ふ」（同一一〇ページ）

と仰せになっておりますように、悪人であろうが、女人であろうが、二乗であろうが、一闡提人であろうが、一切衆生ことごとくを救えるのが、大聖人様の仏法であります。ここに、御本仏大聖人様の仏法が、いかに広大無辺なる功徳力(りき)を持っているかが、お解りいただけるかと思います。一遍のお題目で、あらゆる罪障が消滅し、救われるのです。この妙法を唱える功徳というのが、いかにすばらしいか。それは、いわゆる御本仏の説かれる法が偉大だからこそでしょう。信力・行力も、もちろん大事でありますけれども、その根本にある仏力・法力、つまり仏様の力、御本仏大聖人様のお力があってこそ、それがかなえられるのです。このことを私達は、よくよく知らなければならないと思います。

本日拝読した最後の段に**「法華経に云はく『若し人信ぜずして此の経を毀謗せば即ち一切世間の仏種を断ぜん。乃至其の人命終して阿鼻獄に入らん』已上」**とあります。大聖人様の仏法は、すべての人を救えるけれども、「若し人信ぜずして此の経を毀謗せば」すなわち、大聖人様の仏法を毀謗すれば、この人は「一切世間の仏種を断」ずる、成仏の種を断じてしまい、命終わったのちには無間地獄に入って大苦を受けるであろうと仰せであります。

「無間地獄」とは、すなわち等活・黒縄・衆合・叫喚・大叫喚・焦熱・大焦熱・無間とある八つのうち、地下二万由旬にあると言われている最下底の地獄で、間断なく苦しみを受けるので無間と言われます。

この地獄は五逆罪を犯した者、すなわち父を殺し、母を殺し、阿羅漢を殺し、仏様のお身体から血を出だし、和合僧を破るという五逆罪を犯した者が堕ちる地獄であります。

また法華経譬喩品第三には、正法誹謗の者もこの地獄に堕ちると説かれています。されば『種々御振舞御書』には、

「仏法を習はん人、後世をねがはん人は法華誹謗おそるべし」

（同一〇七〇㌻）

と仰せられているように、正法誹謗の罪が、いかに恐ろしいかを知るべきです。

今日起きている様々な問題がありますが、まさにその元凶である創価学会を見ると、その姿が明らかになってくるのであります。

創価学会は、ある時期から全くおかしくなってしまいましたが、先般、原田会長は、

「弘安二年の御本尊は受持の対象にはいたしません」

（聖教新聞・平成二六年一一月八日付）

と宣言しました。

学会の人達も、元はお山に参詣して御戒壇様にお目通りし、大きな功徳を頂いた方々でありました。それが、一部の本当に狂った指導者のために、全体が狂ってしまって「弘安二年の御本尊は受持の対象にはいたしません」という、とんでもない宣言をしてしまったわけです。

これから彼らが、どういう道を歩むのか、それを考える時、今、あの人達を救わなければならないのは私達です。あの学会の人達を救えるのは、私達だけなのです。身延が救えますか。ほかの宗教で救えますか。絶対に救えませんよ。私達だけが救えるのです。ですから、私達が声を大にして、学会の人達に声を掛けていくことが大事なのです。

このたび、創価学会の狂った本尊義を破折するチラシも作りましたから、それを是非、配ってください。これを配ったら、色々な反応があるでしょう。その場で破く人、悪口を言う人、怒り出す人、色々な人がいると思います。けれども「縁なき衆生は度し難し」という言葉もありますように、縁を作ることが大事なのです。縁を作ることによって、逆縁の方でも成仏することができるのであります。

『上野殿御返事』（御書一三五八㌻）には、逆縁成仏について説かれた有名な話があります。それは、仲の悪い夫婦がいて、檀那が一生懸命、法華経を拝んでいるのですが、奥さんはそれが憎たらしくて仕方がない。そこで、檀那が普段、拝んでいる法華経を足蹴にしてしまったのです。すると案の定、この奥さんが亡くなった時、生前に法華経を蹴った因縁によって地獄に堕ちるのですが、地獄の獄卒が地獄に突き落とそうとして鉄杖で突くのだけれども、どうしても足だけが地獄に堕ちなかったという話です。これは、どのような形であれ、法華経に縁することができたからであります。ですから、逆縁であろうと、なんであろうと、法華経に縁することが大事なのであります。

だからこそ、チラシを配って、相手がさんざん悪口を言ってこようが、何をしようが、縁をすることが大事であって、それによって必ず成仏への道が開かれていくのです。それが折伏になるのです。だから、今回の破折チラシや、さらにまた本格的な破折書も出す予定でありますから、是非、活用していただきたいと思います。

先程も言ったけれども、昔はあの人達だってみんな、お山に来ていた人達です。このなかにも、学会員だった方もいらっしゃると思うけれども、みんな本当に喜び勇んで、歓喜に満ちて、遠いなか、九州からお山に参詣し、御戒壇様にお目通りして「ああ、よかった。幸せだ」と思った人達がたくさんいたはずです。こういう人達を、私達は必ず救っていかなければならないと、私は思うのであります。そういうことで、是非、チラシを配って、救っていってあげたいと思います。

特に今、宗門は三月の日興上人の御生誕の記念法要までは五〇％増の達成を目指して進み、そして四月以降は、焦点を来たるべき平成三十三年に合わせ、法華講員八十万人体勢構築に向かって前進を開始します。

この戦いは、基本的には今までの戦いと変わりありません。しかし、やはり大事なことは、折伏したら、その人達を立派に育てていくことです。

育てるとはどういうことかと言いますと、折伏をする戦士に育てるということです。よく、世間でも産みっぱなしではだめだと言いますよね。同じように、折伏をしたら、その方々が法華講員の闘士として成長するように、みんなで育成するのです。

育成というのは化他行です。折伏も育成も全部、化他行ですから、折伏だけして、育成が足りないというのは、化他行の一つが欠けているわけです。だから、講中の皆さんが力を合わせて、しっかりと取り組んでいただきたいのです。

やはり、皆さん方が一致協力して法を護り、広宣流布に進んでいくことが一番大切ではないかと思います。もちろん、折伏を行じていけば、あらゆる障魔が競い起き、我らの前に立ちはだかることは必定であります。しかし、

「魔競はずば正法と知るべからず」（御書九八六㌻）

と仰せのように、魔も競わないような信心をしていたのではだめなのです。だから、お題目をしっかり唱えて折伏していけば色々なことが起きますが、それによって自分達の過去遠々劫からのあらゆる罪障を消滅していけるのです。その確信を持って、私達は励んでいかなければならないと思います。

特に、霑妙寺の方々は、本当に優秀な指導教師を得て、幸せだと思います。当寺の御住職は、先程の法要の際にも紹介がありましたけれども、富士学林大学科の先

生もなさってますし、それからまた折伏推進委員として全国各地に行って折伏指導をしていらっしゃいます。その時、霑妙寺の方々が僧俗一致して、他の支部にその範(はん)たる姿を見せていれば、御住職が指導に行った時にも、自信を持って話せますよね。自分のお寺はあまり折伏をしていないのに、他の人に「折伏しましょう」と言っても、だめでしょう。皆さん方が協力して、しっかりと頑張っているから、御住職さんが他支部に指導に行った時にも、「折伏をしなければだめだ」と自信を持って言うことができるのです。

そういう意味でも、これからも霑妙寺は九州開教の先駆者としての誇りと自覚を持ち、平成三十三年に向かって、いよいよ講中挙げて異体同心し、精進していただきたいと思います。

これから先の戦いは、けっして楽な戦いではないと思います。色々な問題が多々、起きてくるかと思います。けれども、それを我々が乗りきっていくためには、やはり折伏しかないのではありませんか。自折折他(じしゃくしゃくた)と言いますが、他を折伏することは、また自らをも折伏することにつながるのです。そこに真の即身成仏があると思います。

どうぞ霑妙寺の方々におかれましては、これからもますます一致団結して御奉公に励んでくださることを心からお祈りし、本日の法話とさせていただきます。

本日は、まことにおめでとうございました。

(大日蓮　平成二十七年九・十月号)

立正安国論（十五）

平成二十八年四月十六日
広布山教徳寺移転新築・
寺号公称板御本尊入仏法要の砌
於　栃木県小山市

夫経文顕然なり。私の詞何ぞ加へん。凡そ法華経の如くんば、大乗経典を謗ずる者は無量の五逆に勝れたり。故に阿鼻大城に堕して永く出づる期無けん。涅槃経の如くんば、設ひ五逆の供を許すとも謗法の施を許さず。蟻子を殺す者は必ず三悪道に落つ。謗法を禁むる者は定めて不退の位に登る。所謂覚徳とは是迦葉仏なり。有徳とは則ち釈迦文なり。法華・涅槃の経教は一代五時の肝心なり。其の禁め実に重し、誰か帰仰せざらんや。而るに謗法の族、正道を忘るゝの人、剰へ法然の選択に依って弥愚癡の盲瞽を増す。是を以て或は彼の遺体を忍びて木画の像に露はし、或は其の妄説を信じて莠言を模に彫り、之を海内に弘め之を墎外に翫ぶ。仰ぐ所は則ち其の家風、施す所は則ち其の門弟なり。然る間、或は釈迦の手の指を切りて弥陀の印相に結び、或は東方如来の鴈宇を改めて西土教主の鵞王を居へ、或は四百余回の如法経を止めて西方浄土の三部経と成し、或は天台大師の講を停めて善導の講と為す。此くの如きの群類其れ誠に尽くし難し。是破仏に非ずや、是破法に非ずや、是破僧に非ずや。此の邪義は則ち選択に依るなり。嗟呼悲しいかな如来誠諦の禁言に背くこと。哀れなるかな愚侶迷惑の麁語に随ふこと。早く天下の静謐を思はゞ須く国中の謗法を断つべし。

（御書二四七ジペー二行目〜同ジペー一二行目）

本日は、広布山教徳寺の移転新築・寺号公称に当たって当地にお伺いいたし、先程は法要を奉修した次第であります。

このたびの法要に当たり、当寺住職・竹内雄慧房をはじめ御信徒各位ならびに関係者各位には、多大な御協力・御支援をいただき、まことに有り難く、謹んで厚く御礼（おんれい）申し上げます。

また、皆様方の尊い志により、教徳寺がこのように立派に移転新築され、盛大に寺号公称・板御本尊入仏法要が奉修されましたこと、心からお祝い申し上げます。

どうぞこれからも、当教徳寺が地域の法城としての役割を果たし、近くは平成三十三年・宗祖日蓮大聖人御聖誕八百年、法華講員八十万人体勢構築を目指して、また遠くは一天広布を目標として僧俗一致・異体同心して折伏弘通に励み、もって、さらなる御奉公に励まれますよう、心からお願い申し上げる次第であります。

さて本日は、ただいま拝読いたしました『立正安国論』の一節について、少々お話し申し上げたいと思います。

この『立正安国論』につきましては、実は不肖、平成十八年の四月の代替法要の砌、初転法輪においてお話ししたのでありますが、以来、親教のたびに『立正安国論』のお話をさせていただいております。

これは今、宗門はまことに大事な時を迎えており、私ども一同、改めてこの『立正安国論』の御聖意を体し、平成三十三年の誓願達成へ向けて僧俗一致・異体同心して前進すべきであると思量し、お話をさせていただいている次第であります。

初転法輪のあと、初めに静岡県浜松市浜北区にあります妙重寺におきまして『立正安国論』を拝読いたして以来、今までに十四カ寺においてお話をさせていただいておりまして、本日はその続きでございます。

既に皆様方も御承知の通り、この『立正安国論』は今を去る七百五十六年前、文応元（一二六〇）年七月十六日に、時の最高権力者である北条時頼(ときより)に提出された、国主への諫暁(かんぎょう)書であります。

『立正安国論』は、全体が客と主人との十問九答の形式から成っております。つまり、十の質問に対して、答えは九つなのです。すなわち、十問目の問いが、そのまま答えになっておりますので、十問十答ではなくして、十問九答となっている次第であります。そのなかで、ただいま拝読いたしました箇所は、第七問答の最後の御文であります。

そこで本文に入る前に、まずここまでの概略について少しお話をいたしますと、第一問答におきまして、客が近年より近日に至るまで様々な天変・地夭(ちよう)・飢饉(ききん)・疫癘(えきれい)が、なぜ起きるのか、その原因について尋ねられたのに対して、主人は「世の中の多くの人々が正法に背(そむ)き、悪法に帰(き)している故に、正法を護持すべきところの善神が国を捨てて相去(あい)り、守護の任に当たるべき聖人は所を辞して還(かえ)らず、そこに魔が来たり、鬼が来たり、災が起こり、難が起きるのである」と、災難の由来について示されたのであります。

すると、この主人の答えに対して、客が「それはいったい、いかなるお経に出ているのか。その証拠を聞かせよ」と質問するのであります。この客の問いに対しまして、主人は、金光明経であるとか大集経、あるいは仁王経や薬師経という四つのお経を挙げて、災難の由来について詳しく述べられておりますのが第二問答であります。

第三問答は、客は「今、世間の人々は仏様に対し、また諸々のお経に対して捨て去る心などはなく、盛んに尊び崇（あが）めている」と反論いたしますが、主人は「たしかに今、僧侶も大勢いる。しかし、それらの僧侶は、みんな権力に対して媚（こ）び諂（へつら）い、多くの人々を迷わしているのだ」と説くのです。そして、

「悪侶を誡（いまし）めずんば豈（あに）善事を成さんや」（御書二三九ページ）

と、邪宗の悪い僧侶を誡めなければ、善事を成すことはできないのだ、とおっしゃるのであります。これが第三問答です。

次に第四問答に入りますと、「悪侶を誡めずんば豈善事を成さんや」という主人の少し厳しい言葉に対して、客は「では、いったい、だれを悪侶、悪い僧侶だと言

うのか」と詰問（きつもん）するのであります。

これに対しまして、主人は「その悪侶とは法然（ほうねん）である」と、はっきりと言うのです。つまり、法然が著した『選択集（せんちゃくしゅう）』に原因があり、これが「一凶（いっきょう）」であると断（だん）じて、厳しく折伏されるのであります。

次の第五問答は、この主人の話を聞いた客が、とうとう怒り出してしまいまして、帰ろうとするのでありますが、今度は主人がそれを止（とど）め「法然の邪義によって三災七難が起こるのだ。つまり謗法によって、民衆が苦しんでいるのだ」ということを厳しく指摘して、だから速（すみ）やかに念仏を捨てて正法に帰依しなければならないと、諄々（じゅんじゅん）と諭（さと）すのであります。

第六問答は、主人から諄々と諭された客は少し怒りを収めましたが、まだ充分ではないなか、主人は、念仏の邪義に対しては過去において国法の上からも弾劾（だんがい）されたことを明かされ、もって早く念仏を捨てて正法に帰するように促されるのであります。

そして第七問答に入ると、客は少し和（やわ）らぎまして、「天下泰平を願い、国土を安穏にするために、不幸の原因である災いを消す方法があるならば、それを聞かせてほしい」と申し出るのです。

これに対して、主人は涅槃経などの経文を挙げまして、謗法の施（せ）、つまり謗法に供養すること、布施をすることを止めて、国中の謗法を断（た）つべきである、と仰せになるのであります。

この第七問答は長いので、初めに大分県の妙益寺で話をしたあと、高知県の延寿寺で話しまして、さらにそのあと福岡県の霑妙寺でお話しして、第七問答の最後が、ただいま拝読した箇所です。

それでは、本文に入ります。

まず**「夫（それ）経文顕然（けんねん）なり。私の詞（ことば）何ぞ加へん」**とあります。

前文におきまして天下泰平を願い、国土を安穏にするために、災いを消す方法があるのかどうかと客が尋ねたのに対して、主人は「国土の安穏を期するためには、まず謗法への供養をやめなさい。謗法への布施を止めて、国中の謗法を断つことが大切である」と答えられました。そして、このことは涅槃経や仁王経、あるいは法華経などにおいても明らかにされている。だから「夫経文顕然なり。私の詞何ぞ加へん」と、お経文に既にそのことがはっきりと示されているのであるから、私がとやかく言うまでもないことであるとおっしゃっているのであります。

次に**「凡そ法華経の如くんば、大乗経典を謗ずる者は無量の五逆に勝れたり。故に阿鼻大城に堕して永く出づる期無けん」**とありますが、「凡そ法華経の如くんば」というのは法華経譬喩品の御文を指します。すなわち譬喩品に、

「若し人信ぜずして　此の経を毀謗せば　則ち一切　世間の仏種を断ぜん（中略）其の人命終して　阿鼻獄に入らん」（法華経一七五ページ）

とあり、法華経を毀る者は最も重罪である五逆罪を犯すよりも罪が深いとおっしゃっているのです。

五逆罪というのは、父を殺す、母を殺す、阿羅漢を殺す、仏身から血を出だす。仏様は殺すことができないから、仏様の身体から血を出だすということは、一般的には殺人と同じほど罪が重いことなのです。それからもう一つは、和合僧を破ることで、みんなで一生懸命に御奉公している和合僧を破ることは、絶対にやってはな

らないことです。これらを五逆罪と言い、我々はこの五つを誡めなければならないという意味があります。

そして、法華経を毀る者は、この五逆罪を犯すよりも罪が深いのであり、阿鼻地獄に堕ちて、永くその阿鼻地獄から出ることができないとおっしゃっているのであります。

この「阿鼻獄」というのは阿鼻地獄の略で、無間地獄のことです。つまり、阿鼻というのは梵語で、無間と訳します。これは八大地獄の一つで、欲界の一番下、大焦熱地獄の下にあるとされ、今言った通り、五逆罪を作る者、正法誹謗の者がこの地獄に堕ちると言われております。

無間というのは、間が無いと書きまして、間断なく苦しむ、いつもいつも苦しんでいる、それを無間地獄と言うのであります。

次に**「涅槃経の如くんば、設ひ五逆の供を許すとも謗法の施を許さず。蟻子を殺す者は必ず三悪道に落つ。謗法を禁むる者は定めて不退の位に登る」**とあります。

つまり、涅槃経の主旨によれば、五逆罪を犯した者に供養することは許しても、謗法の者に供養することは許さない。また、無用に「蟻子」すなわち、蟻(あり)の子を殺す者は必ず三悪道に堕ちるが、謗法を厳しく禁める者は地獄に堕ちず「不退の位に登る」ことができるということです。

これは、蟻の子といえども、「微(び)善根」と言いまして、わずかながらでも善根を持っているのです。だから、たとえ蟻の子一つを殺すのも、まことによろしくないし、地獄に堕ちてしまう。これは、無益(むえき)な殺生(せっしょう)になるからそのように言うわけでありますけれども、仏種を断ずる一闡提(いっせんだい)謗法を禁める者は、逆に不退転の位に登ることができる。つまり、小さな蟻の子を殺すことは罪になるが、謗法を禁めることは、絶対に罪にはならないとおっしゃっているのです。

「不退の位」すなわち、不退転の位とは何かと言いますと、今まで積んできた修行の位から落ちることは絶対にないということです。ですから、謗法を、いくら破折してもいいのです。

創価学会の謗法にしても、そうです。そのほかにも謗法は、たくさんあります。この謗法を破折することは、仏法においては当然なすべきことであって、謗法の者を破折しても絶対に地獄に堕ちないということです。

したがって『主君耳入此法門免与同罪事』に、

「但し法華経の御かたきをば大慈大悲の菩薩も供養すれば、必ず無間地獄に堕つ。五逆の罪人も彼を怨とすれば必ず人天に生を受く」（御書七四三ジペー）

と仰せであります。大慈大悲の菩薩のようなすばらしい人であったとしても、法華経の敵に供養するならば、必ず無間地獄に堕ちる。しかし、五逆罪を犯したような罪人であったとしても、法華経の敵を破折すれば「人天に生を受く」つまり、無間地獄に堕ちないとおっしゃっているのです。つまり、謗法の者を破折する我々は、絶対に地獄に堕ちることがないということです。

「謗法厳誡」という言葉を聞いたことがあるでしょう。昔から日蓮正宗では、神社仏閣の前でわらじの鼻緒が切れても、そこでは結んではいけない、と言われたのです。この意味が解るでしょうか。それは、紐を結ぶ時に頭を下げてしまうからです。「形ばかりでも、謗法の社に頭を下げることになるから、それはけっしてやってはいけない。鼻緒が切れても、先に行ってから結べばいいのだから、それまでは

立正安国論（十五）（御書二四七ジペー一二行目～同ジペー一二行目）

結ぶな」と、昔から謗法の恐ろしさを教えられてきたのであります。

謗法に供養するということは、いかに恐ろしいことか。だから、大聖人様の教えのなかに「謗法厳誡」、謗法は厳しく誡めなければならない、ということがあるのです。

すなわち、今言った通り、どんなに立派な大慈大悲の菩薩であっても、今まで一生懸命に信心してきた人であっても、法華経の敵、謗法の者に供養すれば、その罪によって必ず無間地獄に堕ちるのですから、我々は謗法をきちんと破折しなければいけないのであります。

『曽谷殿御返事』には、

「何(いか)に法華経を信じ給ふとも、謗法あらば必ず地獄にをつ(堕)べし。うるし(漆)千ばい(杯)に蟹(かに)の足一つ入(い)れたらんが如し。『毒気深入(どっけじんにゅう)、失本心故』とは是(これ)なり」

(同一〇四〇ページ)

と仰せであります。この御妙判は何回も聞いたことがありますよね。自分の信心で「何か危ないな」と思った時には、しっかりとこの御文を思い出してください。

大聖人様の教えは謗法厳誡であり、不幸の原因は全部、謗法にあるのですから、謗法がいかに恐ろしいかということを教えているのです。何から何まで、すべての不幸の原因は謗法にあるのだから、どんなことがあっても謗法に与同したり、謗法を犯すようなことがあってはならないということであります。

もちろん皆さん方は、ちゃんと信心しているから、そういうことはなく大丈夫でしょうけれども、油断をするといけませんから、念のために申し上げておきます。

次に**「所謂覚徳とは是迦葉仏なり。有徳とは則ち釈迦文なり」**と仰せであります。

覚徳比丘と有徳王の故事につきましては、本日拝読いたしました御文の前の所で、詳しくお示しになっているのです。その続きですので、こう書かれておりますが、これは元々、涅槃経のなかに詳しく出ている話であります。

すなわち、歓喜増益如来の末法において、仏法がまさに滅せんとする時、正法を堅持した一人の比丘がいて、その人の名前を覚徳と言ったのであります。その時、多くの破戒の悪比丘がいまして、正法を説く覚徳比丘を殺そうとしたのですが、これを知った有徳王は、武器を持って駆けつけ、これら悪比丘達と戦って覚徳比丘を守り抜いたのです。しかし、この時、有徳王は全身に傷を受けて、瀕死（ひんし）の重傷を負ったのでした。それを見た覚徳比丘は、有徳王が命を懸けて自分を守ったことを「まことにこれ、正法を護る者なり。未来の世に、この身まさに無量の法器となるべし」と讃歎したのであります。

「法器」というのは、仏法を受けるに足る能力、仏道修行をするに足る器量、また、それを具えた人のことを言うのであり、このように覚徳比丘が言ったところ、有徳王はこの覚徳比丘の言葉を聞き終わって、心、大いに歓喜して亡くなったのであります。

有徳王はそのあと、護法の功徳力（りき）によりまして阿閦仏（あしゅくぶつ）の国に生まれ、その仏の第一の弟子となったのです。そして覚徳比丘も、その因縁によって同じく阿閦仏の国に生まれ、その仏の第二の弟子となった、というお話です。

釈尊はこの物語を説いて、有徳王とは、実は釈尊自身であり、覚徳比丘は迦葉仏であると明かされまして、もし正法が滅せんとする時は、覚徳比丘のように正法を受持し、有徳王のように正法を守護すべきであるとおっしゃっているのであります。

次に**「法華・涅槃の経教は一代五時の肝心なり。其の禁め実に重し、誰か帰仰せざらんや」**とありますが、ここに法華経と涅槃経は、釈尊一代五十年の説法のなかでも肝心の経教であると仰せられております。

これは、釈尊の一代五十年の説法を年次の上から言いますと、華厳・阿含・方等・般若・法華涅槃の五時に分けることができます。つまり、華厳・阿含・方等・般若の四時は、無量義経に、

「四十余年。未顕真実（四十余年には未だ真実を顕さず）」（法華経二三ページ）

と仰せのように、まだ釈尊の本懐は説かれていないのです。これらは方便の教え、すなわち真実を説くための準備段階として説かれた教えでありますから、調機調養、機根を調え養うために説かれた教えであり、権経なのであります。

しかしてのちに、

「世尊法久後　要当説真実（世尊は法久しうして後　要ず当に真実を説きたも

うべし）」（同九三ページ）

と明かされておりますように、最後八年に至って初めて、真実本懐の教えである法華経が説かれ、一切衆生救済の道がそこで開かれてくるのであります。

涅槃経は法華経の意を受けて最後に説かれたお経で、捃拾遺嘱、つまり落ち穂拾いのような役割です。つまり、法華経においていまだ悟ることができなかった人々に対して説かれたお経でありますから、法華経と涅槃経とを比べれば、あくまでも法華経が主であり、法華経が勝れていることは当然です。しかし、一代五十年の御化導の上からは、法華経と涅槃経を一つに括って「法華涅槃時」と言っているのであります。

したがって、この法華経と涅槃経は一代五時の肝心であり、その禁めは極めて重いということです。すなわち、法華経ならびに涅槃経には、大乗を誹謗する者の罪は重く、大乗を護る者の功徳は大きいと説かれているのですから、およそ仏教徒たる者は何人でも、法華・涅槃の二経は仰がねばならないと言っているのでありまして、さらに言えば、法華・涅槃のなかでも、やはり法華経に帰依し仰ぐべきであるということであります。

次に**「而るに謗法の族、正道を忘るゝの人、剰へ法然の選択に依って弥愚癡の盲瞽を増す」**と仰せであります。しかるに、謗法の者達は正法の道を行ずるのを忘れてしまって、その上、法然の『選択集』の邪法によってますます誑惑され、智慧の眼は眩んでしまっているということです。この「愚癡の盲瞽」とは、愚かで、ものの道理に暗いということですが、謗法の人々は、この愚癡の盲瞽を増していると仰せになっているのであります。

「法然の選択」というのは、法然が書いた『選択本願念仏集』のことでありまして、そのなかでは、浄土三部経以外の一代聖教を、捨てよ、閉じよ、閣け、抛て、つまり捨閉閣抛せよと述べ、阿弥陀仏の名号を称えることによって極楽往生ができると言っているのです。しかし、この依経としている浄土三部経自体が、釈尊の教えの上から言うと、未顕真実の、いまだ真実を顕していない方便の教えなのであります。

よく、爾前経と法華経との差を、譬え話と本当の話との違いのように言いますね。だいたい花咲じじいや、桃太郎の話は、子供には通用しても、実際の話ではないのですから、大人には通用しませんね。しかし、子供に勧善懲悪を教えるためには、花咲じじいの話をしたり、桃太郎の話をするわけです。けれども、桃太郎が本当にいるということではなく、あくまでも仮りの話です。それと同じように、爾前経は、あくまでも仮りの話なのです。

依経としている浄土三部経自体が未顕真実の爾前経であって、方便の教えであるということは、釈尊が法華経の開経である無量義経において「四十余年には未だ真実を顕さず」と示され、また法華経に来たって方便品には、

「正直捨方便　但説無上道（正直に方便を捨てて　但無上道を説く）」

（同一一二四ジペー）

と仰せられていることからも明らかです。

これは、今まで四十二年間説いてきた、阿弥陀経とか大日経といった方便の教えを捨てて、これから真実の法華経を説くとおっしゃっているのであります。つまり、法華経以前に説かれた爾前経は、すべて法華経に導くための方便の教えであっ

て、真実の教えである法華経が説かれてしまえば、全く無用になってしまうということです。

この譬えとして、月と太陽の話があります。お月様が出て明るいな、などと言っていても、太陽が出ればもっと明るいわけだから、いつまでもお月様に固執していてはだめだということです。これと同じように、法華経という釈尊が本懐とするお経が説かれれば、それまで説かれた教えは、みんな捨て去らなければならないのであります。

あるいはまた、足代（あししろ）の話があります。建物を造るときには、足場が必要になります。その足場は、建物を造るときには必要なものですが、建物が出来てしまえば、足場は取り払わなければなりません。法華経と爾前経の差はそういうものであって、法華経が説かれたならば、爾前経は捨て去らなければならないということであります。

つまり、阿弥陀如来というのは、経典中に出てくる架空の仏であり、譬え話で言うと、ちょうど桃太郎のようなものです。子供に勧善懲悪を教えるにはちょうどいいけれども、大人がまじめな顔をして、桃太郎は本当にいると言いますか。言わないでしょう。これと同じで、法華経と爾前経の差は歴然としているのであります。

また、浄土宗では極楽浄土を説きますが、娑婆世界を離れて、西方十万億土に極楽世界があり、あちらへ行ったら幸せになれるなどと、とんちんかんなことを言っているのです。

しかし今、ここで私達が題目を唱えて自行化他の信心に励み、幸せにならなかったならば、どこへ行ったとしてもだめなのです。要するに、浄土宗の教えというのは現実逃避、現実から逃げるための誘惑を一生懸命にしているだけなのです。そのような教えが、真実であろうはずがありません。今、頑張れない者が、どこへ行って頑張るのですか。こういう話なのです。だから、真実の教えと、いい加減に説かれた浄土教などの教えとを、一緒にしてはだめなのです。そういうふうに厳しくおっしゃっているわけです。

ですから「娑婆即寂光」という言葉があるでしょう。また、大聖人様は『上野殿後家尼(あま)御返事』に、

「夫浄土と云ふも地獄と云ふも外には候はず、たゞ我等がむねの間にあり。これをさとるを仏といふ。これにまよふを凡夫と云ふ。これをさとるは法華経なり。もししからば、法華経をたもちたてまつるものは、地獄即寂光とさとり候ぞ」（御書三三六ページ）

と、「地獄即寂光」と仰せです。

要するに、浄土教の教えというのは逃避であり、どこまでも逃げていく教えです。どこまでも逃げていって、幸せを掴んだ人なんて聞いたことがありません。だから、そういった言葉だけ、口先だけの安易な教えというのは、いい加減なものなのです。

しかし、そういう浄土教のような邪教に、人間は弱いから、引っ掛かってしまう人が多いのだけれども、それを救っていくのが私達です。「そうじゃないよ」「現実逃避してしまったらだめだ」「今の自分をしっかりと見つめて、そこから立ち上がることを考えなければ、あなたは幸せになれませんよ」ということを、しっかりと教えていくのが折伏ではないでしょうか。「この御本尊様に命を懸けてお題目を唱え、自行化他の信心に励んでいきましょう。そうすれば必ず幸せになれますよ」と言って差し上げるのが、我々の折伏です。こういうことは皆さん方も重々知っておられると思いますけれども、しっかり頑張ってもらいたいと思います。

次に**「是を以て或は彼の遺体を忍びて木画の像に露はし、或は其の妄説を信じて莠言を模に彫り、之を海内に弘め之を墎外に翫ぶ。仰ぐ所は則ち其の家風、施す所は則ち其の門弟なり」**と仰せです。

今言ったように、念仏の間違った信仰によって、ある者は法然の遺体を偲んで、木像や画像に造って拝む、また、ある者はこの法然のでたらめな説を信じてしまって、「莠言」つまり、莠言の莠とは、はぐさのことです。はぐさというのは、稲に似ておりますけれども、葉ばかりが伸びて実らない雑草であります。ですから転じて、善には似ているけれども、中身は悪なもの、まやかしものを言います。したがって「莠言」とは有害な言葉、醜悪な言葉、もっともらしく見えるが悪意のある言葉、まやかしの言葉を言うのです。だから、法然の言葉は、みんな莠言なのです。これを形木に彫って出版し、「海内」すなわち国内に弘め、さらに「墎外」すなわち国外にも弘めて、専らこの阿弥陀の家風を仰いでおり、これをしているのが念仏の者達、つまり法然の門弟達なのです。

次に**「然る間、或は釈迦の手の指を切りて弥陀の印相に結び、或は東方如来の鴈宇を改めて西土教主の鵞王を居へ、或は四百余回の如法経を止めて西方浄土の三部経と成し、或は天台大師の講を停めて善導の講と為す」**と仰せであります。

初めの「或は釈迦の手の指を切りて弥陀の印相に結び」とは、浄土宗では、お釈迦様の仏像の手指を切ってしまって、そして阿弥陀如来の印相に変えてしまっていることを指摘しているのです。

つまり、少し専門的になりますけれども、仏像にはそれぞれ印相があって、印相というのは、仏様の悟りや誓いの内容を、具体的に手の形などで表したものであります。それを法然は、まことにずるがしこいことに、釈尊の仏像の印相を、阿弥陀の印相に変えて、釈尊の像を阿弥陀の像に変えてしまったということであります。

また「或は東方如来の鴈宇を改めて西土教主の鵞王を居へ」とあるなか、初めの「東方如来」とは薬師如来のことであります。薬師経に説く東方の浄瑠璃世界の教主でありますが、菩薩であった時、十二の大願を発(おこ)してそれを成就し、衆生の病を救って、久しく治らない病気をも治したと言われております。また、伝教大師によって比叡山の根本中堂に安置されており、天台宗の各堂にも安置されているのであります。

この「鴈宇を改めて西土教主の鵞王を居へ」とあるなかの「鴈宇」というのは、伽藍(がらん)のことです。これは、仏堂の屋根が雁(がん)の羽を広げた形に似ているので鴈宇と言うのでありますが、次の「鵞王」というのは仏様の異称で、仏の三十二相に由来する呼び名であります。すなわち「西土教主の鵞王」というのは阿弥陀如来のことでありまして、つまり念仏者が薬師如来の堂を、阿弥陀如来を安置する堂に変えてしまったと指摘されているのです。

次に「或は四百余回の如法経を止めて西方浄土の三部経と成し」とある「如法経」というのは、法華経あるいは法華三部経などを書写する法要です。これは延暦寺第三代座主(ざす)であった慈覚が始めて以後、盛んに行われて、多人数で行う大法会となったのでありますが、法然はこれを真似(まね)て、浄土三部経の如法会を始めてしまうのです。

ここに「四百余回」とありますけれども、如法経は天長年間（八二四〜八三四年）から元久年間（一二〇四〜一二〇六年）まで、ずっと行われ続けておりまして、その間が約四百回に及んでいるということです。つまり、そのようにずっと続けられてきたものをやめてしまい、西方浄土の三部経にすり替えてしまったということであります。

そして「或は天台大師の講を停めて善導の講と為す」とは、従来、続けられてきた天台大師の命日の報恩講をやめてしまって、念仏の善導のための御講としてしまったということです。

要するに、お釈迦様の印相を変えたり、あるいは如法経を変えたり、日本仏教において伝統的にずっと習わしとしてやってきたことを、みんないいとこ取りで、かすめ取って、自分のものにしてしまったのが念仏なのです。それも、いいものにするのではなく、悪いものに変えてしまい、謗法をどんどん積み重ねて、民衆をだましているのであります。

次に**「此くの如きの群類其れ誠に尽くし難し。是破仏に非ずや、是破法に非ずや、是破僧に非ずや。此の邪義は則ち選択に依るなり」**と仰せです。

以上、示されたように、法然の如き謗法行為をなす「群類」すなわち多くの者達は、取り上げればきりがない。まさにこれは、仏を破り、法を破り、僧を破る、三宝破壊の者でなくてなんであろうか、とおっしゃっているのです。そして、この邪義の元は何かと言えば、まさに法然が著した『選択集』にあるのだと指摘しているのであります。

この『選択集』の題号は、選択本願の行たる念仏について色々な要文を集めた書との意でありますけれども、主として浄土三部経や善導の『観経疏』の文を引いて、念仏の法門を述べているのであります。

そこでは、聖道門と浄土門の二門、難行道と易行道の二道、正行と雑行の二行というようなことを言いまして、念仏の教えのみが浄土門・易行道・正行であり、浄土三部経以外のお経は「捨閉閣抛」、捨てよ、閉じよ、閣け、抛てと言っております。そして、ただ一つ、阿弥陀如来の名号を称えることによってのみ、仏の本願にかない、極楽往生できるというような話を述べているのであります。
ところが、末法の衆生は念仏に飛びついたのです。つまり、念仏だけ称えていればいいと言うのですから修行が易しいわけで、だから、みんなそちらへどんどん行ってしまったのであります。

次に**「嗟呼悲しいかな如来誠諦の禁言に背くこと。哀れなるかな愚侶迷惑の麁語に随ふこと。早く天下の静謐を思はゞ須く国中の謗法を断つべし」**とありますが、「誠諦」というのは、真実で誤りがないことです。また「禁言」というのは、仏の説く禁めの言葉であります。ですから、法然の『選択集』の邪義により、仏様の真実にして不変の誡めの言葉に、どんどん背いていってしまうのは悲しいことだということです。

そして「哀れなるかな愚侶迷惑の麁語に随ふこと」というのは、法然の邪説に惑わされ、『選択集』の如き悪書を弘めることは、まことに哀れなことであるとおっしゃっているのです。

したがって「早く天下の静謐を思はゞ須く国中の謗法を断つべし」と、第七問答の結論としてお示しになっております。この御文を拝するとき、我々は、謗法がいかに世の中に害を及ぼしているかを知らなければならないと思います。

ですから、大聖人様は『曽谷殿御返事』には、

「謗法を責めずして成仏を願はゞ、火の中に水を求め、水の中に火を尋(たず)ぬるが如くなるべし。はかなしはかなし。何に法華経を信じ給ふとも、謗法あらば必ず地獄にをつべし。うるし千ばいに蟹の足一つ入れたらんが如し。『毒気深入、失本心故』とは是なり」（同一〇四〇ページ）

と仰せになり、謗法がいかに恐ろしいかということを御教示であります。謗法があると、まさに「うるし千ばいに蟹の足一つ入れたらんが如し」の御文の通りですから、これぐらいはいいだろうという考えも怖いのです。だから、謗法に対しては常に厳しくあらねばならないのです。

あるいは『顕謗法抄』には、

「五逆罪より外(ほか)の罪によりて無間(むけん)地獄に堕ちんことあるべしや。答へて云はく、誹謗正法の重罪なり。問うて云はく、証文如何(いかん)。答へて云はく、法華経第

二に云はく『若し人信ぜずして此の経を毀謗せば乃至其の人命終して阿鼻獄に入らん』等云云。此の文に謗法は阿鼻地獄の業と見へたり」（同二七九ページ）

と、さっき言った五逆罪のほかに、無間地獄に堕ちることがあるのかという問いに対しまして、「誹謗正法、正しい法を誹謗することが五逆罪よりも重罪ですよ」「謗法を犯せば、まさに阿鼻地獄、無間地獄に入ることになりますよ」と、大聖人様ははっきりと厳しくおっしゃっているのです。

また『阿仏房尼御前御返事』には、

「夫法華経の意は一切衆生皆成仏道の御経なり。然りといへども、信ずる者は成仏をとぐ、謗ずる者は無間大城に堕つ。『若し人信ぜずして斯の経を毀謗せば即ち一切世間の仏種を断ぜん。乃至其の人命終して阿鼻獄に入らん』とは是なり」（同九〇五ページ）

と仰せのように、法華経はどんな人でも救われるお経であり、信ずる者は成仏を遂げるけれども、誹謗する者は無間大城に堕ちると、はっきりとおっしゃっています。そして「若し人信ぜずして斯の経を毀謗せば即ち一切世間の仏種を断ぜん」とありますが、仏の種を断ぜられてしまったならば、どうして成仏できようか、ということです。

さらに『十法界明因果抄』には、

「慳貪・偸盗等の罪に依って餓鬼道に堕することは世人知り易し。慳貪等無き諸の善人も謗法に依り亦謗法の人に親近し自然に其の義を信ずるに依って餓鬼道に堕することは、智者に非ざれば之を知らず。能く能く恐るべきか」

（同二〇八㌻）

とおっしゃっているのです。

「慳貪」というのは欲張りなことで、「偸盗」というのは他人の物を盗むことです。これらの罪によって餓鬼道に堕ちることは、皆さんもよく知っているでしょう。けれども、たとえ慳貪や偸盗などの罪を犯していなくても、その者が謗法に親近したり、あるいは謗法を犯している者に親近する。「親近」というのは仲良くなる、折伏もしないで付き合っているということです。そういった謗法の人と付き合っていると、自然とその義を信ずることになってしまって、その人は餓鬼道に堕ちてしまうとおっしゃっているのです。

だから、謗法に接触したならば、我々は折伏をすればいいのです。折伏をしないで、まあまあ、やあやあと、お世辞ばっかり言って付き合っていると、やはり仏罰が下りますよということです。

大聖人様の教えは、非常に厳しいところがある。けれども、本当に私達が幸せになろうとするならば、やはり謗法は絶対にしてはいけないのです。

創価学会の姿を見てごらんなさい。戒壇の大御本尊様に対する信仰を否定してしまった。初めは皆さん方も、その差は少しだと思ったかも知れません。しかし、何年も経った今はどうでしょう。完全に邪義邪宗そのものでしょう。学会自身も昔は、そういう謗法を破折していたのです。しかし今や、破折していた邪義邪宗になってしまった。だから、やはり小さな謗法から、しっかりと気をつけていかなければならないのです。

人を不幸にする原因は、すべて謗法にあるのです。だから、先程の御文にもありましたように、まさに謗法は責めなければいけません。「謗法あらば必ず地獄にをつべし」と、厳しい大聖人様の御金言がありますけれども、本当に私達が幸せになろうと思ったならば、また我が家が、そして子々孫々が本当に幸せでありたいと思ったならば、絶対に謗法をしてはいけない。何があっても謗法をしてはいけない。そういうことなのです。このことを、これからの私達の戦いのなかで、よく気をつけていっていただきたいと思います。

この「立正安国」という意味は、まさに正を立てて国を安んずるということです。正を立てるためには、破邪顕正と言うように、邪を破折することが大切であります。つまり、今の世の中に蔓延している謗法を一つひとつ、私達は破折していかなければならないのです。破折しないと、与同罪を被ってしまいます。与同罪を被るようなことのないように、ひとことでもいいから、邪義邪宗の者に対してはきちんと折伏をすべきなのです。

私達の折伏の原点は、不幸な人達を救っていくということでしょう。あなたが信仰している、浄土宗なら浄土宗、真言なら真言、創価学会なら創価学会に対して、それは間違いですよ、ということを知らしめていかなければだめです。これが折伏です。それを忘れたならば、我々は幸せになれません。先程、たくさんの御書を拝読しましたけれども、みんなそこに元があるのです。信心というのは、まさにそういうものです。厳しいようだけれども、これほどすっきりしたものはありません。

私達の一人ひとりが本当に幸せを掴(つか)み、世の中が幸せになるために、一天広布を目指して戦う上においては、やはり間違った思想、間違った考え、その根本にある邪義邪宗を破折する、破邪顕正の戦いを進めていくことが一番大切なのです。

皆さん方はもう、そのことは重々お解りのことと思いますけれども、今回の当寺の落慶法要を期して、またさらに一段と折伏に励んでいただきたいと思います。

教徳寺の住職は、皆さん方もよく知っておる通り、なかなか教学力もありますし、行動力もあります。しっかりと御住職の指導を受けきって、平成三十三年は全国一の講中になってください。そのようにして一丸となって頑張って、栃木布教区、そしてまた全国、世界の推進力となるよう御奉公に励んでいただきたいと心から思う次第であります。

また本日は、皆さん方の本当に尊い志によりまして、教徳寺がこのように立派になりましたことを、心からうれしく思います。皆様方のこれからの御健勝を心からお祈りし、本日の法話といたします。

（大日蓮　平成二十九年三月号）

立正安国論（十六）

平成二十八年十月二十日
直唱寺移転新築落慶法要
ならびに御会式の砌
於　札幌市厚別市

客の曰く、若し謗法の輩を断じ、若し仏禁の違を絶たんには、彼の経文の如く斬罪に行なふべきか。若し然らば殺害相加へ罪業何が為んや。則ち大集経に云はく「頭を剃り袈裟を著せば持戒及び毀戒をも、天人彼を供養すべし。則ち為れ我を供養するなり。是我が子なり。若し彼を撾打すること有れば則ち為れ我が子を打つなり。若し彼を罵辱せば則ち為れ我を毀辱するなり」と。料り知んぬ、善悪を論ぜず是非を択ぶこと無く、僧侶たらんに於ては供養を展ぶべし。何ぞ其の子を打辱して忝くも其の父を悲哀せしめん。彼の竹杖の目連尊者を害せしや永く無間の底に沈み、提婆達多の蓮華比丘尼を殺せしや久しく阿鼻の焔に咽ぶ。先証斯明らかなり、後昆最も恐れあり。謗法を誡むるに似て既に禁言を破る。此の事信じ難し、如何が意得んや。

主人の曰く、客明らかに経文を見て猶斯の言を成す。心の及ばざるか、理の通ぜざるか。全く仏子を禁むるに非ず、唯偏に謗法を悪むなり。夫釈迦の以前の仏教は其の罪を斬ると雖も、能仁の以後の経説は則ち其の施を止む。然れば則ち四海万邦一切の四衆、其の悪に施さずして皆此の善に帰せば、何なる難か並び起こり何なる災か競ひ来たらん。

（御書二四七㌻一三行目〜二四八㌻六行目）

本日は、当本法山直唱寺の移転新築に当たり当地にお伺いいたしまして、先程は落慶法要ならびに御会式（おえしき）を奉修した次第であります。

このたびの直唱寺の移転新築に当たりましては、当寺住職・杉山雄伝房をはじめ、御信徒各位ならびに関係者各位には、多大なる御協力・御支援をいただき、まことに有り難く、宗門といたしましても謹んで厚く御礼（おんれい）を申し上げるものでありま す。まことに有り難うございました。

また、皆様方の尊い志によりまして、直唱寺がこのように立派に移転新築され、盛大に落慶法要が奉修されましたことを心からお祝いするとともに、直唱寺がこれからも当地域における弘通の法城としてその役割を果たし、近くは平成三十三年・

宗祖日蓮大聖人御聖誕八百年、法華講員八十万人体勢構築、さらに遠くは一天広布を目標として、僧俗一致・異体同心して折伏に励み、もってさらなる御奉公に励まれますよう、心からお祈りいたします。

さて本日は、ただいま拝読申し上げました『立正安国論』の一節について、少々お話をしたいと思います。

そもそも宗門は今、平成三十三年の大聖人様御聖誕八百年を迎えるに当たり、すべからく僧俗一致・異体同心して前進すべき、まことに大事な時を迎えているのであります。そこで一同、この『立正安国論』の御聖意（しょうい）を拝して、必ず一人ひとりが誓願達成へ向けて前進すべきであると考えまして、『立正安国論』を親教のたびに奉読し、お話をしている次第であります。

この『立正安国論』につきましては、静岡県浜松市浜北区の妙重寺において初めて話をいたしまして、それ以来、今までに十五カ寺でお話をしてまいりました。本日はその続きで、言うなれば十六番目ということになります。十六という数字は、如来寿量品と同じですから縁起も良く、まことに結構なことだと思います。

既に御承知の方もたくさんいらっしゃると思いますが、『立正安国論』は、今を去る七百五十六年前の文応元（一二六〇）年七月十六日、宗祖日蓮大聖人様が三十九歳の時、宿屋左衛門入道を介して、時の最高権力者である北条時頼に提出したところの、国主への諫暁書であります。

『立正安国論』は、全体が客と主人との問答形式になっており、最後の十問目の問いは、そのまま答えになっていて、この形式を「十問九答」と言っているのであります。皆さん方も、最後のところはよく御承知のことと思いますけれども、あの問いは、そのまま答えになっているのであります。

これまでに第七問答までお話をしてまいりまして、ただいま拝読いたしましたのは第八問答の箇所であります。ですから、本日は第八問答から始めるわけでありますが、本文のお話に入る前に、ここまでの概要について少しお話をしたいと思います。

『立正安国論』は第一問答におきまして、客が近年より近日に至るまで様々な天変・地夭が、なぜ起きるのかということを尋ねるのです。それに対して、主人が

「それは、世の中の多くの人々が正しい法に背き、悪法に帰しているために、正法を護持すべきところの守護の善神が国を去ってしまって、全く守護の任に当たっていない。そして、今度は聖人も所を辞して還らず、そこに魔が来たり、あるいは鬼が来たり、災難が起きるのだ」と答えたのです。

この主人の答えに対しまして、客が「それではいったい、いかなるお経にそのようなことが出ているのか。そういったお経の証拠があるのか」と尋ねるわけです。この客の問いに対しまして、主人は、金光明経や大集経、あるいは仁王経、薬師経という四つのお経を出して、災難の由来について詳しく述べるのが第二問答であります。

次に第三問答に入りますと、客は主人の話を聞いて「今、世間の人々は仏様に対し、あるいは諸々のお経に対しても、捨て去る心など全くない。みんな、一生懸命に色々なお経を読み、信じているではないか」と反論するのです。

しかし、主人は「たしかに今、多くの僧侶がいて、それらの僧侶が皆、お経を読み、法を説いているけれども、実はその法を説いている僧侶達は、みんな権力に媚びてしまっており、そのために曲がった説法しかできない。しかも、その根本的な理由は元々のお経が間違っているからである。間違ったお経を講義しているのだから間違った説法になり、それを聞いた人達は、結局は正しい教えとは違う方向へ行ってしまう。そのために様々な難が起きてしまった」と説明するのです。

次に第四問答に入りますと、今度は客が「あなたは間違った教えを説いている悪侶に対して、きちんと対処していかなければならないと言うが、では、その中心はだれなのだ」と問うたのです。

すると、主人は「それはまさしく念仏の法然(ほうねん)である」と指摘し、法然が邪義を振りまいているのであり、正しい法を伝えるためには、この邪師を破折しなければならないとおっしゃるのであります。

ところが第五問答になりますと、主人の話を聞いた客が怒り出してしまうのです。それに対して、主人は「法然の邪義によって三災七難という様々な混乱が起こり、世の中を苦しめているのだ」と諄々(じゅんじゅん)と説いて、結局は「あなたは今、念仏を捨て去り、邪義邪宗の謗法を破折しなければだめだ」と諭(さと)されたのであります。

第六問答に入りますと、そのように主人から言われた客に、わずかながら心の動揺が出てくるのです。そこで主人は、念仏が邪義たる所以（ゆえん）、また邪義を信仰するとどうなるかということを、きちんと客に伝え、さらに念仏は過去において国法を犯して国を混乱に陥（おとしい）れた歴史があることを諄々とお説きになりまして、客は初めて邪義邪宗の怖さ、念仏の謗法の怖さを知るのであります。

そして第七問答では、客は主人から諄々たる話を聞いたので、今までの怒りを少し鎮（しず）めて和（やわ）らぎ、「では、天下泰平を願い、国土の安穏を願うためには、どういうことが一番いいのか」と主人に伺うわけです。これに対して、主人は涅槃経などのお経を引かれて、結局は謗法の施（せ）を止（とど）める、すなわち謗法に布施をしないことを説くのです。つまり、謗法である邪義邪宗に布施をすることによって、謗法の者どもは勢いを増してしまい、その勢いが盛んになれば、ますます国が乱れるのであるから、謗法の者に布施をしてはいけない、供養してはいけないということです。

だから、本宗では信心の上から、他の神社仏閣に行ってお賽銭（さいせん）を入れてはいけないと言うでしょう。それはなぜかというと、邪義邪宗に力を与えてしまうからです。これは正法正義の上から言うと、全く正反対のことになってしまいます。そのように主人は懇々と、この第七問答で説くのであります。

このように、本日拝読した第八問答の前には結構、長い内容があるのです。そしていよいよ、本日拝読した部分に入るということであります。

それでは、本文についてお話をしたいと思います。

まず**「客の曰く、若し謗法の輩を断じ、若し仏禁の違を絶たんには、彼の経文の如く斬罪に行なふべきか。若し然らば殺害相加へ罪業何が為んや」**と、斬罪の用否について質問されています。

たいへん厳しい内容ですね。「斬罪」というのは、首を斬ってしまうことです。もし仏の誡めに違背する者、逆らう者がいた場合、その者を断絶する、つまり命を断ってしまえと涅槃経に説かれているけれども、そのように厳しく対処すべきなのか。そして、もし、その通りであるとするならば、今度は仏教徒が殺生罪を犯すことになりはしないか、と聞いているのであります。

これは、皆さん方も仙予国王とか有徳王の話を聞いたことがあるでしょう。この二つの例を挙げて、謗法の者に対しては厳しく対処し、斬罪しなければいけないと言ったことについての質問であります。つまり、一方では、悪に対しては厳しく斬罪しろ、首を斬れとまでおっしゃっており、また一方で、仏教では殺生罪は絶対にいけないと言っているが、いったいどうなっているのだと聞いているのです。

仙予国王につきましては、この前の第七問答で詳しく出ているので略して言いますと、涅槃経にある話で、仙予国王は初め、五百人のバラモンに師事しておりましたけれども、十二年が過ぎた時に、大乗の教えによって阿耨多羅三藐三菩提(あのくたらさんみゃくさんぼだい)、つまり悟りを発(おこ)すべきであると、バラモン達に言ったのです。するとバラモン達は、かえって大乗経典を誹謗したのでありますが、王は誹謗したバラモンの首を全部、断ってしまったのです。

非常に厳しい処置ですが、正しい法を護るためにはそこまでやるということが、お経のなかにあるのであります。そして涅槃経には、仙予国王はバラモンの首を斬ったことで、仏様の法を護ったということから、地獄に堕(お)ちることはなかったと説かれているのです。

つまり、仙予国王がバラモンの首を断ったのは、いわゆる人殺しという概念ではなくして、あくまでも正しい法を護るために、その悪を断ち切ったということであります。その悪を断ち切ることによって、それ以後の人達が多く救われるのだから、それはいいのだと涅槃経には説かれているのです。

また、皆さん方も有徳王と覚徳比丘の話を知っているでしょう。覚徳比丘が、さんざんな目に遭った時に、有徳王は駆けつけて謗法の者と戦い、結局、その時の傷が元で命を落としたわけです。言うなれば、殉死です。有徳王が謗法と戦って、覚徳比丘をしっかりと守ったということが説かれているのであります。

このように、謗法の者には、きちんと対峙し破折して、ときによっては、その者を、力を用いても、やっつけなければいけないと言っているわけです。つまり涅槃経には、刀とか弓矢をもって正法を護ることの大事が説かれております。これは、たとえ、そのことによって相手を殺すようなことになったとしても、それはあくまでも法を護るためなのだと言っているのですが、客は、法を護るためと言いながら結局、人の命を断つことになり、その罪はまことに大きいのではないか、と詰問しているのであります。

結論的には、命は大事ですから、末法においては、そういうことはしてはいけないのです。有徳王、覚徳比丘の時代にそういうことがあったと、たしかに涅槃経に説かれているのですが、時が違います。やはり、お釈迦様が出現せられる以前と以後とでは違うのです。お釈迦様以前の時はそういうことであったけれども、お釈迦様が出現されて以降は、そのような殺生をしてはいけない、命を尊ばなければいけないということです。それを、時代を錯誤して昔に戻り、今でもそのようなことをしていいのかというと、これはまた大きな間違いになってしまいます。

次に、その説明があります。

「則ち大集経に云はく『頭を剃り袈裟を著せば持戒及び毀戒をも、天人彼を供養すべし。則ち為れ我を供養するなり。是我が子なり。若し彼を撾打すること有れば則ち為れ我が子を打つなり。若し彼を罵辱せば則ち為れ我を毀辱するなり』と。料り知んぬ、善悪を論ぜず是非を択ぶこと無く、僧侶たらんに於ては供養を展ぶべし。何ぞ其の子を打辱して忝くも其の父を悲哀せしめん」と仰せでありますが、これは大集経の法滅尽品の御文であります。つまり、人を殺害するようなことはあってはならないのではないかと、大集経を引いているのです。

これは、先程の涅槃経の教説とは逆なのです。涅槃経では、悪を懲(こ)らしめるために戦ってもいいとあるが、この大集経ではそうではないと言っている。この二つの矛盾について解答を出しているのが、本日お話ししている第八問答の内容です。

要するに、大集経の法滅尽品には「いやしくも、頭を剃り、袈裟を着けた僧侶は、たとえ持戒、つまり戒律を守っている者であっても、毀戒、戒律を破る者であっても、天人は彼を供養すべきである。それはなぜかというと、取りも直さず仏を供養することになるからである。なんとなれば、かの僧侶はすなわち仏の子であるから、もし僧侶を撾打、たたいたり打ったりするようなことをすれば、それは仏の子を打擲(ちょうちゃく)、打ち据えることになる。また、僧侶に対して罵(ののし)り辱(はずかし)めることは、そのまま仏様を毀辱、つまり毀(そし)り辱めることになる」と説かれているのです。

だから、先程のお経とは違うのです。片一方は、悪を滅ぼすためには戦闘をしてもいいと言っていましたが、ここではそうではなく、たとえそれがどんな者であっ

ても、そういった者に対して害を加えてはならないとおっしゃっているのでありま
す。

普通は持戒の者はいいけれども、破戒の者は懲らしめなければならないと思うところでしょうが、ここでは、持戒にしても、たとえ破戒の悪僧にしても、僧侶に対しては供養しなければならない。つまり、謗法の者だからといって、僧侶を殺すなどということは絶対にあってはならない、とおっしゃっているのであります。

次に**「彼の竹杖（ちくじょう）の目連尊者を害せしや永く無間（むけん）の底に沈み」**とあります。これは仏子、つまり仏の子供を殺すことには、地獄に堕ちるという明らかなる現証があると、その証拠を出しているのです。

ここに示される「竹杖」というのは竹杖外道のことでありまして、これは古代インドのバラモンの一派であります。常に骸骨で飾られた杖を持っており、非常に凶暴で、仏様とその弟子達を非常に憎（にく）んでいたのであります。言うならば、非法の集団です。

目連尊者というのは、皆さんもよく御承知の通り、盂蘭盆会の時に御住職から

色々な話を聞くでしょう。

簡略に申し上げれば、目連尊者が、自分の母親が餓鬼道に堕ちた姿を見た。目連尊者も神通力を持っている人でありましたが、それでも自分の母を救うことができなかった。どうしたらいいかということで仏様の所へ行くと、仏様から、十方の聖僧を集めて供養しなさいと言われ、そうすることで初めて自分の母を救うことができた。これが盂蘭盆会の起こりです。これは毎年、聞いているのではないでしょうか。

その目連尊者が羅閲城(らえつじょう)において、ある時、托鉢(たくはつ)をしていたのです。かねがね、仏教徒に対して憎しみを持っていた竹杖外道が目連尊者を見つけました。「この者は瞿曇沙門(くどんしゃもん)、すなわち釈尊の弟子である。この目連は、釈尊の弟子のなかでも気にくわない。なんとかして襲(おそ)おう」ということで、竹杖達は目連尊者を囲んで害を加えたのです。目連尊者は、一遍は逃げるのですけれども捕らえられ、結局は殺されてしまったのであります。

これには非常に大事な意味がありまして、目連尊者の死後、ある弟子が釈尊に

「目連尊者は仏道を信心したのに、どうしてそういう目に遭ったのか」と聞いたのです。その時に釈尊は「目連は元々、過去世において様々な宿業があり、その宿業によって神通第一という通力を得たのだけれども、過去世の宿業を消すために、この報いを受けたのである」と説かれております。

また、目連尊者を害した竹杖外道は、当然のことながら、永く無間の地獄に堕ちたことが明記されております。

さらに**「提婆達多の蓮華比丘尼を殺せしや久しく阿鼻の焔に咽ぶ」**とありますが、この蓮華比丘尼は提婆達多に殺されてしまうのです。

この話も聞いたことがあるかと思いますが、提婆達多というのは悪人中の極悪人で、三逆罪を犯した大悪人であります。この提婆達多につきましては『大智度論』に詳しく出ておりますが、斛飯王の子で、阿難尊者の兄に当たると言われており、釈尊の従兄弟になります。幼いころから釈尊に敵対して、釈尊がもらった白象を打ち殺してしまったり、あるいは耶輸陀羅姫を釈尊と争って敗れたりと、常に釈尊に対して敵愾心を持っていたのであります。

のちに出家して釈尊の弟子になるのですけれども、高慢な性格が災いしまして、結局、退転して、釈尊の教団のほかに別な教団を創って対抗し、ついには釈尊を殺そうとするのです。ところが、仏様は殺せません。山から大石を落として釈尊を殺そうとするのですけれども、途中でその岩が砕けて、石の破片が釈尊の足の指を傷つけ、血を流させた。この血を出させたということが、一般で言えば人殺しと同じなのです。だから、提婆達多は「悪逆の提婆達多」と言われております。それで結局どうなったかというと、提婆達多は生きながら地獄に堕ちたのです。

ところが、ここからが大事なのですが、法華経の提婆達多品を読んだことはなくても、提婆達多の話は聞いたことがあるでしょう。その悪逆の提婆達多でも、最後は妙法蓮華経によって成仏するのです。ということは、いかにこの妙法蓮華経の力がすばらしいかということが説かれているのです。先程も言ったように、様々な悪行をして、蓮華比丘尼を打ち殺したりした者が、結局、最後は妙法蓮華経によって本当に救われるのであります。

そもそも、提婆達多の三逆罪とは何かと言いますと、まず破和合僧、和合僧を破る。それから出仏身血、先程言ったように仏様は殺せないのです。でも、仏様の身体から血を流させたということは、もう一般には殺人と同じです。もう一つは殺阿羅漢、阿羅漢を殺すこと。この阿羅漢を殺したというのは何かと言いますと、今の蓮華比丘尼のことです。蓮華比丘尼が提婆達多に「それはいけない」と注意をしたのですが、そのことに腹を立てて、提婆達多は拳をもって蓮華比丘尼を打ち殺したのです。

提婆達多はこの三逆罪を犯して非常に厳しい罰を受けるわけでありますけれども、今言った通り、法華経に来て提婆達多品のなかで、悪逆の提婆達多でも妙法を信ずることによって成仏すると示されているのです。翻って言うならば、どんなに悪行を積んだ悪人であっても、この妙法蓮華経に縁し、妙法蓮華経を信ずることによって、必ず救われていくのだと説かれているのであります。

だからといって、悪いことはしてはだめですよ。仮りに、今までに、そういう悪行があったとしても、お題目をしっかり唱えていくことによって罪障消滅ができるのであります。それなら、少しぐらいはいいのかというような乱暴な考えは、日蓮正宗には存在しませんから、絶対にだめです。

ちなみに『乙御前御消息』には、

「提婆達多と申すは閻浮第一の大悪人なれども、法華経にして天王如来となりぬ。又阿闍世王と申せしは父をころせし悪王なれども、法華経の座に列なりて一偈一句の結縁衆となりぬ」（御書八九五ページ）

と仰せられております。つまり、提婆達多品で悪人成仏が示され、その例として、提婆達多ほどの悪逆の者であっても、妙法蓮華経に縁することによって必ず救われることが示されているのです。まさに、この妙法蓮華経の力が、どれだけすごいかということが明らかであります。

だから、私達も色々な人に接することがあるでしょう。そのうちの、どんな人にでも必ず仏性があるのであり、その仏性があるかぎり、私達の折伏によって、どんな人でも必ず救われるのです。だから我々自身が、そういう確信を持って折伏すればいいのです。そうすると、相手に伝わる波長が全然、違いますよ。

人間は不思議なもので、我々にだって、その人が真剣に話しているのか、嘘っぱちを言ってるのか、いい加減に言っているのか、そのぐらい判る能力はありますよね。だから、折伏の時もそうなのです。私達が本当に相手のことを思って、一生懸命に言葉を伝えていくと、それはきちんと通じるのです。

ところが、こちらがお題目を唱えてない、本気になって折伏しようとしていない、まあ言われるから、仕方がないからやっているというような気持ちでいると、相手にはみんな判ってしまいます。だから、やはり折伏の前に唱題をするのです。しっかりとお題目を唱えて、その唱題の功徳と歓喜をもって折伏に行ってごらんなさい。自然に私達の真心(まごころ)が相手に伝わります。相手がどんな人間であっても、そのように必ず伝わっていくのです。だから、折伏においても真心が非常に大事です。

提婆達多にも、この真心が通じたわけです。やはり、そのように一人ひとりが、まず自分が唱題する。お題目を唱えて、その唱題の功徳と歓喜をもって相手にお話をすればいいのです。難しい話は必要ありません。「この信心をしたら幸せになれますよ」と伝えればいいのです。

私の知っているある御信者さんは、今は亡くなってしまいましたけれども、折伏名人と言われたおばあさんでした。その人は、難しいことは一つも言わない。「この信心をしたら幸せになりますよ」「やらないの。あんた、度胸ないね」というような感じです。一見、稚拙（ちせつ）なような折伏なのだけれども、真心をもって行っているのです。言葉巧（たく）みに、演説っぽく、理論的に攻めていくのではなくても、真心があれば伝わるのです。

そのおばあさんは昔の人ですから、本当にスパッとそのような話をするのです。その人の折伏する相手には弁護士とか、そういう人もいたのですが、それらの人達がみんな感動するのです。だから、一生懸命に折伏する、真心込めて折伏するのが大事です。

人というのは、相手がどんな気持ちでお話をしてくれているか判るのです。相手にも感性があり、こちらにも感性があり、それがしっかりと合う。そのようにして、たくさんの人達を折伏し信心させた例が実際にあるのであります。

そのように考えると、信心というのはすごいのです。悪逆の提婆達多でさえも、この妙法蓮華経によって必ず救われるのですから、私達はもっと自信を持っていいし、もっと自信を持って折伏をすべきだと思います。「本当かなあ」などと思っている人はいないと思うけれども、本当に自信を持ってください。それが折伏で一番大事です。

次に**「先証斯明らかなり、後昆最も恐れあり。謗法を誡むるに似て既に禁言を破る。此の事信じ難し、如何が意得んや」**と仰せであります。

これは、僧侶を殺すようなことがあれば阿鼻地獄に堕ちることは明らかであり、「後昆」すなわち後世の者の最も恐れなければならないことである。されば、このことは一面、謗法の者を厳しく誡めるのに似ているけれども、他面においては大集経の誡めの言葉を破っていることになるのではないか。故に、涅槃経と大集経との仏説の矛盾を、どのように会通すべきかと問うているのであります。

つまり、初めに涅槃経においては、謗法を破折するためには武器をもって相手の命を奪ってもいいと言っていました。ところが、大集経では、謗法の者だからといって、人を殺すなどということは絶対に行ってはならないと説かれている。この違いについて、どう会釈したらいいのかということです。

次がその答えでありまして、**「主人の曰く、客明らかに経文を見て猶斯の言を成す。心の及ばざるか、理の通ぜざるか。全く仏子を禁むるに非ず、唯偏に謗法を悪むなり」**と仰せになっております。

仏教の心から言うと、相手の人の持っている考え方を誡め、これを厳しく破折しなければならないとおっしゃっているのであります。つまり、相手そのものを憎んでしまってはだめで、みんな尊い命を持っているのだから、それは大事にした上で、「あなたの考えは間違ってますよ」ということは、しっかり言わなければだめだと言っているのです。そのけじめがつかないと、涅槃経の心と大集経の心とがごちゃ混ぜになってしまって、極端に言えば、相手を懲らしめてもいいのだと思ってしまう。それでは全く慈悲に欠けてくるのであります。

この「謗法を悪む」ということが大事なのです。相手を憎むのではありません。相手の人格を傷つけたりはしないで、むしろ尊重するのです。命を尊重し、相手の人格は尊重するけれども、その持っている謗法の考え方はしっかりと破折をしなければだめだと、けじめをつけることが大切です。

折伏は相手を救う行為ですから、相手を傷つけてはいけません。しかし、間違った考え方については厳しく対処するのです。この辺の判断は難しいところではあるのですが、そのけじめを一人ひとりがきちんと持って折伏すると違ってきます。そのけじめがつかないで折伏をしてると、けんかのようになってしまって、折伏に行ったのだけれども、けんかをして帰ってくるなどというようなことになってしまいかねません。皆さんは、そういうことはないでしょうが、それではだめなのです。やはり慈悲の心を根本に持って折伏しなければならないのであります。

つまり、謗法を固く禁ずることが大事でありまして、大聖人様は『十法界明因果抄』に、

「法華経に云はく『若し人信ぜずして此の経を毀謗せば〇常に地獄に処すること園観に遊ぶが如く、余の悪道に在ること己が舎宅の如し』文。慳貪・偸盗等の罪に依って餓鬼道に堕することは世人知り易し。慳貪等無き諸の善人も謗法に依り亦謗法の人に親近し自然に其の義を信ずるに依って餓鬼道に堕することは、智者に非ざれば之を知らず。能く能く恐るべきか」（同二〇八ジペー）

と仰せであります。

何が恐ろしいかというと、謗法が恐ろしいのであって、相手が恐ろしいのではないのです。相手も人間性があるわけだから、その人格を否定するのではなく、その持っている考え方をきちんと破折しなければだめだということであります。

こういう意味からすると、謗法というのは本当に怖いのです。大聖人様は『曽谷殿御返事』に、

「何(いか)に法華経を信じ給ふとも、謗法あらば必ず地獄にをつ(堕)べし。うるし(漆)千ばい(杯)に蟹(かに)の足一つ入(い)れたらんが如し。『毒気深入(どっけじんにゅう)、失本心故』とは是(これ)なり」

（同一〇四〇ページ）

とおっしゃっております。漆のなかに、蟹の足を一つ入れただけで、その漆はみんなだめになってしまう。同じように、謗法があれば必ず地獄に堕ちるのだから、謗法は絶対に許してはいけないのです。謗法の恐ろしさを我々は知って、そのことを相手に伝えていくことが大事なのであります。

さて、このように謗法への対処の仕方には二通りが説かれていますけれども、そ

の次に**「夫釈迦の以前の仏教は其の罪を斬ると雖も、能仁の以後の経説は則ち其の施を止む」**と仰せです。

先程言った通り、一方では厳しく斬罪し、謗法の者の首を斬ってしまえと説かれ、片一方では、そういうことをしてはいけないと説かれている。これらは両方とも釈尊が説かれたものだけれども、どちらが本当なのかという疑問に対する答えがこれなのです。

つまり「釈迦の以前の仏教」というのは、今番出世の釈尊以前の仏教、すなわち涅槃経に述べられている過去の事柄を指しているのであります。例えば、仙予国王が大乗誹謗のバラモンを殺したことや、あるいは有徳王が覚徳比丘を守るために武器を持って戦ったことなどを言っているのであり、釈尊の御出現以前においては、謗法の者を斬罪するということがありました。

しかし「能仁の以後」、能仁とは仏様のことで、釈尊が出現して仏教が説かれて以後は「それはいけない」と言っているのです。ここにけじめがあります。お釈迦様以前の時には厳しい処断もやむをえなかったけれども、仏様が出現せられて、この教えを説かれたあとは、あくまで人を大事にし、生命を尊重していかなければいけないと言っているのです。

ここに「能仁」とありますが、これは「能忍」のことで、悪を能く忍び、慈悲を施すことから仏様のことをおっしゃっているのです。だから、能仁の以後と以前とでは違うと、ここに一つのけじめがあるのであります。

そうすると、涅槃経の話は能仁の以前の、言うならば野蛮な時代のことであり、仏様が御出現したあとは、大集経に説かれるように人を殺めるようなことをしてはいけない、その人を救うことが大事だと説かれているのです。

そして、釈尊が出現せられた以後の教説においては、今言った通り、仙予国王や有徳王のように武器を持って仏様を守ったりするのではなく、謗法の者に対しては「其の施を止む」、施とは布施のことで、言うなれば御供養をしないということです。

だから、本宗では他の神社仏閣に行ってはいけないと言っているでしょう。そこに行って、何がしかの供養をすれば、それは謗法に与同することになってしまいます。だから、能仁以後の教説としては、謗法に対して布施をしないことが大事だとおっしゃっているのです。

そして**「然れば則ち四海万邦一切の四衆、其の悪に施さずして皆此の善に帰せば、何なる難か並び起こり何なる災か競ひ来たらん」**と仰せになっております。

要するに、これは「四海万邦一切の四衆」すなわち、世界のあらゆる国の四衆、四衆というのは比丘・比丘尼・優婆塞・優婆夷のことで、比丘・比丘尼は出家の男女、優婆塞・優婆夷は在家信者の男女のことです。これらの四衆が、謗法の悪人への一切の布施を止め、供養することをやめて、みんながまさに正法たる法華経の一善に帰依するならば、いかなる難が並び起ころうか、いかなる災難が競い起ころうか。断じて、そのような災難が起こることはない、とおっしゃっているのであります。

悪の根源を断つためには、昔の仙予国王などの、いわゆる能仁以前の考え方のように、その人を滅するのではなく、きちんと正しい法を説いて、邪義邪宗に布施をしないことが大事なのであり、そこに「立正安国」、正を立てて国を安んずるという最も平和な仏法の思想が顕れているのです。私達は一人ひとりが、この御金言を拝して、自行化他の信心に励むことが最も肝要であります。

特に今、宗門は来たるべき平成三十三年に向かって僧俗一体となって精進しております。やはり、

「異体同心なれば万事を成ず」（同一三八九ページ）

とありますように、講中の人達が本当に心を一つにして戦うことが大事なのです。だから、もし講中で折伏が思うようにいってないというようなことがあれば、その第一の原因は、異体同心していないからです。「異体同心なれば万事を成ず」と、大聖人様ははっきりとおっしゃっております。「自分の支部は、どうもうまくいかない」などと頭を抱えていても問題は解決しませんから、まずは異体同心の団結を図ることです。

そして、邪義邪宗との戦いを展開していくところに、また大きな功徳が具わってくるのであり、ますます力が涌いてくるのです。これが大事です。「正を立てて国を安んずる」という原理を一人ひとりが認識して、これからの戦いに臨み、是非、

北海道の全支部が誓願を達成していただきたいと思います。

時間がなくなったものですから、最後のところは少し急いで話をしましたけれども、要は、異体同心して折伏を行い、大きな功徳をたくさん頂いて、大聖人様の御聖誕八百年を迎えようではありませんか。そして、一人ひとりが本当に幸せになっていただきたい。そのためには、今言ったことをお守りいただくことが大事です。みんなで幸せになりましょう。皆様方の御精進を、心からお祈りする次第であります。

御清聴、有り難うございました。

（大日蓮　平成二十九年四月号）

立正安国論（十七）

平成二十九年四月八日
本妙山法顕寺本堂・庫裡新築・
寺号公称板御本尊入仏法要の砌
於　三重県伊勢市

客則ち席を避け襟を刷ひて曰く、仏教斯区にして旨趣窮め難く、不審多端にして理非明らかならず。但し法然聖人の選択現在なり。諸仏・諸経・諸菩薩・諸天等を以て捨閉閣抛と載す。其の文顕然なり。茲に因って聖人国を去り善神所を捨て、天下飢渇し、世上疫病すと。今主人広く経文を引いて明らかに理非を示す。故に妄執既に飜り、耳目数朗らかなり。所詮国土泰平天下安穏は、一人より万民に至るまで好む所なり楽ふ所なり。早く一闡提の施を止め、永く衆僧尼の供を致し、仏海の白浪を収め、法山の緑林を截らば、世は羲農の世と成り国は唐虞の国と為らん。然して後法水の浅深を斟酌し、仏家の棟梁を崇重せん。

主人悦んで曰く、鳩化して鷹と為り、雀変じて蛤と為る。悦ばしいかな、汝蘭室の友に交はりて麻畝の性と成る。誠に其の難を顧みて専ら此の言を信ぜば、風和らぎ浪静かにして不日に豊年ならんのみ。但し人の心は時に随って移り、物の性は境に依って改まる。譬へば猶水中の月の波に動き、陳前の軍の剣に靡くがごとし。汝当座に信ずと雖も後定めて永く忘れん。若し先づ国土を安んじて現当を祈らんと欲せば、速やかに情慮を廻らし怱いで対治を加へよ。所以は何。薬師経の七難の内、五難忽ちに起こり二難猶残れり。所以他国侵逼の難・自界叛逆の難なり。大集経の三災の内、二災早く顕はれ一災未だ起こらず。所以兵革の災なり。金光明経の内、種々の災過一々に起こると雖も、他方の怨賊国内を侵掠する、此の災未だ露はれず、此の難未だ来たらず。仁王経の七難の内、六難今盛んにして一難未だ現ぜず。所以四方の賊来たりて国を侵すの難なり。加之国土乱れん時は先づ鬼神乱る、鬼神乱るゝが故に万民乱ると。今此の文に就いて具に事の情を案ずるに、百鬼早く乱れ万民多く亡ぶ。先難是明らかなり、後災何ぞ疑はん。若し残る所の難悪法の科に依って並び起こり競ひ来たらば其の時何が為んや。帝王は国家を基として天下を治め、人臣は田園を領して世上を保つ。而るに他方の賊来たりて其の国を侵逼し、自界叛逆して其の地を掠領せば、豈驚かざらんや豈騒がざらんや。国を失ひ家を滅せば何れの所にか世を遁れん。汝須く一身の安堵を思はゞ先づ四表の静謐を祈るべきものか。

（御書二四八ページ七行目～二四九ページ七行目）

本日は、本妙山法顕寺の本堂・庫裡新築・寺号公称板御本尊入仏法要に当たり、当寺にお伺いいたしまして、先程は法要を奉修した次第でございます。

このたびの法顕寺の新築に当たりましては、当寺住職・國井位道房をはじめ、御信徒ならびに関係各位には、多大な御協力・御支援をいただきまして、宗門といたしましても謹んで厚く御礼（おんれい）を申し上げるものであります。

特に、住職・國井位道房の寺院建立に尽くされた赤誠と、前住・宮野審道房の尽力、さらに皆様方の尊い志によって、法顕寺がこのように立派に新築され、盛大に法要が奉修されましたことを心からお祝い申し上げるとともに、法顕寺がこれからも地域における大法弘通の法城として、その役目を果たし、近くは平成三十三年・宗祖日蓮大聖人御聖誕八百年、法華講員八十万人体勢構築へ向けて、また遠くは一天広布を目指して、いよいよ僧俗一致・異体同心して折伏弘教に励み、もってさらなる御奉公に励まれますよう、心からお祈りを申し上げる次第であります。

さて本日は、ただいま拝読いたしました『立正安国論』について、少々お話を申し上げたいと思います。

これは、宗門が平成三十三年・宗祖日蓮大聖人御聖誕八百年、法華講員八十万人体勢構築へ向けて前進をするなか、現在、大事な時を迎えており、私達一同は改めて、この『立正安国論』の御聖意(しょうい)を拝し、誓願達成へ向けて前進をすべきであると思いまして、お話をさせていただいている次第であります。

この『立正安国論』につきましては、初めに初転法輪におきましてお話をさせていただきましたが、そのあと静岡県浜松市浜北区の妙重寺で拝読いたしました。そして、今までに十六カ寺でお話をしてまいりまして、本日はその続きをお話しさせていただきたいと思います。

既に皆さんも御承知のように、『立正安国論』は今を去る七百五十七年前の文応元（一二六〇）年七月十六日、宗祖日蓮大聖人様御年(おんとし)三十九歳の時に、宿屋左衛門入道を通して、時の最高権力者である北条時頼(ときより)に提出されたところの、国主への諫暁(かんぎょう)書であります。

『立正安国論』は、全体が客と主人との十問九答の形をもって構成されており、客の最後の問いである十問目は、そのまま主人の答えとなっているのであります。

そのなかで、本日拝読いたしました御文は、第九問答の一文であります。

そこで、まず本文に入る前に、これまでの概略について、少々申し上げたいと思います。

まず第一問答では、客が近年より近日に至るまで様々に起きる天変・地夭・飢饉・疫癘等の原因について尋ねたことに対して、主人は「世の中の人が、みんな正法に背き、悪法に帰しているために、正法を護持する者を守護すべき善神は国を捨てて相去り、守護の任に当たるべき聖人は所を辞して還らず、そこに魔が来たり、あるいは鬼が来たり、災が起こり、難が起こるのである」と、災難の由来について述べるのであります。

この主人の答えに対しまして、客が「それはいったい、いかなるお経に出ている話なのか。その証拠を示してほしい」と言うのであります。これに対し、主人は、金光明経あるいは大集経、仁王経、薬師経の四つのお経を挙げまして、災難の由来について詳しく述べておりますのが第二問答であります。

第三問答は、客は「今、世間の人々は仏様に対し、また諸々のお経に対しても、捨て去る気持ちなどはなく、盛んに拝み尊んでいる」と反論をするのでありますが、主人は「たしかに今、僧侶は大勢いるけれども、それらの僧侶は皆、間違った教えを説いている。そして、権力に対して媚び諂い、多くの人々を迷わせているのだ」と言って、

「悪侶を誡めずんば豈善事を成さんや」（御書二三九ジペー）

と、その悪の根源である、間違ったことを教えている僧侶達を誡めなければだめだとおっしゃるのであります。

次の第四問答に入ると、客は「あなたは『悪侶を誡めずんば豈善事を成さんや』と言うけれども、では、いったいだれが、その『悪侶』悪い僧侶なのか」と尋ねるのです。これに対しまして、主人は「それは念仏を称える法然である」と答えられるのであります。そして、その法然が著したところの『選択集』あるいは法然の邪義を「一凶」と断じて、厳しく破折されているのであります。

そして第五問答に入りますと、法然が悪の一凶だという話を聞いた客は怒り出してしまうのです。これに対して主人は、それを押し止めて「まさしく法然の邪義に

よって三災七難が起きるのであり、そのために民衆がみんな、塗炭の苦しみに喘いでいるのだ」と厳しく指摘して、速やかに念仏を捨てて正法に帰依しなければならないことを、諄々と諭されるのであります。

次の第六問答では、主人から諄々と諭されたことから、客は少し怒りを収めます。しかし、まだ充分ではないため、主人は念仏の邪義について、過去において国法の上からも弾劾された事実などを明らかにいたします。

それを受けて、第七問答に入りますと、客は和らぎ、「天下泰平・国土安穏を願い、災いを消すためには、いかなる方法があるのか」と、主人に伺うのであります。これに対しまして主人は、涅槃経等の経文を挙げて、謗法の施を止め、国中の謗法を断つことが、国土の安穏を図るためには最も必要であると諭されるのであります。

第八問答に入ると、釈尊御出現以前の仏教においては、例えば仙予国王とか有徳王の如く、武器をもって仏法を護られた、つまり謗法の者を断罪し、首を斬ってしまうということがありましたけれども、釈尊が御出現せられたあとにおいては、武器をもって仏様を護るのではなく、謗法の者に対しては施を止める、つまり布施をしないことが大事であると、お説きあそばされるのであります。

そして次の第九問答が、ただいま拝読したところの御文でありまして、この第九問答におきましては、まさしく破邪顕正によって初めて国を安んずることができる、つまり邪を破折して正を顕すことが最も大事であると、主人は言われるのであります。

まず第九問答の初めに**「客則ち席を避け襟を刷ひて曰く」**とあります。これは、客が主人の今までの話を聞いて、前非を悔いて主人の教えに信伏し、席を下がって襟を正し、言わば師弟の礼をもって申すには、という意味です。

次に**「仏教斯区にして旨趣窮め難く、不審多端にして理非明らかならず」**とありますが、まさしく仏教は広大無辺にして、その所説は大小、権実、まちまちでありますから、その「旨趣」帰するところは、まことに極め難い。したがって、不審も多く、甲論乙駁、議論がまちまちになって全くまとまらない。そのなかで、いずれが理であり、いずれが非であるかが明らかではない、と言うのであります。

そして**「但し法然聖人の選択現在なり。諸仏・諸経・諸菩薩・諸天等を以て捨閉閣抛と載す。其の文顕然なり」**というのは、ただし法然の『選択集』はまさに今、目の前にあり、そのなかで法然は、諸々の仏、諸々のお経、諸々の菩薩あるいは諸天等を「捨閉閣抛」すなわち、捨てよ、閉じよ、閣け、抛てと言っていることを仰せであります。

法然は、念仏の曇鸞・道綽・善導という中国浄土宗の三師を正しい師として尊んでおりますが、このように間違った者を師匠にして尊ぶことは妄執の極みであります。その妄執は、法然の著した『選択集』のなかに明らかであると言っているのです。

この『選択集』は、正式には『選択本願念仏集』と言いまして、日本浄土宗の立宗の書とも言われている書物であります。このなかには、浄土の三部経や善導の『観経疏』の文を引いて念仏の法門が述べられているのでありますけれども、言わんとするところは、要するに無量寿経・観無量寿経・阿弥陀経という浄土三部経以外の一代聖教は捨閉閣抛せよと言って、ただこの三部経に依らなければ成仏はできず、阿弥陀の名号(みょうごう)を称(とな)えることによってのみ極楽往生(おうじょう)ができるのだという妄説、邪説を述べているのであります。

しかし、釈尊は法華経の開経である無量義経において、

「四十余年。未顕真実(四十余年には未(いま)だ真実を顕さず)」(法華経二三㌻)

と、爾前経にはいまだ真実を顕していないと説かれております。

また、方便品には、

「正直捨方便　但説無上道(正直に方便を捨てて　但(ただ)無上道を説く)」(同一二四㌻)

とありまして、釈尊が五十年間に説法せられたうち、先の四十二年の教説は全部、法華経に導くための方便の教えであり、法華経のみが真実の教えであることを明かしておるのであります。要するに釈尊は、いまだ真実を顕していない方便経たる浄土の三部経を捨てよ、と説いているのです。

しかるに彼らは、この唯一真実の法華経をも捨閉閣抛せよと言い、さらには、法華経は「千中無一」千人のうち一人も成仏することがないという暴言を吐くに至る

のであります。まさに念仏の邪義が、そこに表れております。

したがって、浄土宗は釈尊の教えに背いているのであり、仏の教えに背く念仏こそが無間の業を積むことになるのだから、この念仏を捨て去らなければならないと言うのであります。

次には**「茲に因って聖人国を去り善神所を捨て、天下飢渇し、世上疫病すと」**とあります。このように邪法の勢力が旺盛なる故に、邪を忌み、正を好む聖人は国を去り、諸天善神は所を捨てて天界の本地に帰ってしまった。すると、その隙に乗じて悪魔・外道が侵入し、そのために天下は飢渇、飢えや渇きに苦しみ、さらにまた疫病に悩むのであると仰せです。

このことについては『立正安国論』の初めのほうに、

「倩微管を傾け聊経文を披きたるに、世皆正に背き人悉く悪に帰す。故に善神国を捨て丶相去り、聖人所を辞して還らず。是を以て魔来たり鬼来たり、災起こり難起こる。言はずんばあるべからず。恐れずんばあるべからず」

（御書二三四ページ）

とおっしゃっております。

続いて「**今主人広く経文を引いて明らかに理非を示す。故に妄執既に飜り、耳目数朗らかなり**」とありますが、これは今、主人が広く経文を引かれて、明らかに「理非」つまり道理にかなっているか、外れているかを示された。故に、法然とその『選択集』を信じた「妄執」つまり邪教への執着も既に翻って、法の正邪を聞き分ける耳、人の善悪を見分ける目も、ほぼ明らかになったということです。

そして「**所詮国土泰平天下安穏は、一人より万民に至るまで好む所なり楽ふ所なり**」とは、所詮、国土の泰平、天下の安穏は、上一人より下万民に至るまで好むところであり、願うところであると仰せです。これは当然で、みんな幸せを求めているということです。

そのためには「**早く一闡提の施を止め、永く衆僧尼の供を致し、仏海の白浪を収め、法山の緑林を截らば、世は羲農の世と成り国は唐虞の国と為らん。然して後法水の浅深を斟酌し、仏家の棟梁を崇重せん**」とおっしゃっております。

しかれば、一日も早く、また一時も早く、「一闡提」すなわち解脱の因を欠き成仏することのできない謗法の者に布施をすることを止め、正法の出家、正しい御僧侶に対して御供養し、さらに「仏海の白浪」を成敗しなければならないということです。この「仏海」というのは、仏法が広大で深いことを海に譬えており、次の「白浪」というのは盗賊のことです。

歌舞伎（かぶき）の演目に「白浪五人男（しらなみ）」というのがありますが、あれは盗賊の話なのであります。もともと中国の後漢の末に黄巾賊（こうきんぞく）という者達がおりまして、その残党が白（はく）波谷（はこく）という所に篭（こ）もって略奪を働いたので、世にこれを白波賊と呼んだのです。ですから、それ以後、白波というのが盗賊の異称となり、特に海や河で出没する水賊を、白波とか白浪と言うようになったのであります。ここでは、諸宗の人師達や正法誹謗の者のことを、このようにおっしゃっているのです。

　さらに「法山の緑林を截らば」とありますが、この「法山の緑林」というのは誤った宗教のことを言います。「法山」は釈尊の一代聖教を雄大な山に譬えたもので、「緑林」は昔、中国で盗賊が緑林山に隠れていたことから、盗賊のことを言うのであります。つまり、釈尊の経典から種々の法門を盗み、曲解する諸宗を指して、大聖人様は「法山の緑林」と言っているのであり、ここは、法山の緑林たる正法誹謗の諸宗や人師達を破折・成敗して邪義邪宗を断ち切れば「世は羲農の世と成」るとおっしゃっております。

「羲農」というのは中国古代の伝説上の皇帝である伏羲と神農のことで、伏羲の羲と、神農の農を取って「羲農の世」と言っているのであります。伏羲は特に網を作って民衆に漁猟、つまり魚を獲る技術を教えたとされます。そして神農は、畑を耕す鋤を発明して農耕を教え、また市場を設けて交易を始め、さらに医薬を作った人だと言われており、医薬や易、火の神様として人々に尊ばれております。したがって「羲農の世と成」ると言うのは、天地が平穏・平和で、理想的な世の中になるということを言っているのであります。

次に「国は唐虞の国と為らん」とありますが、「唐虞」の「唐」は陶唐氏の略で、堯のことを示し、「虞」は有虞氏の略で、舜のことであります。つまり、これは中国の伝説上の聖天子である堯と舜のことを言い、邪義邪宗の謗法を断ち切れば、堯や舜の時代のように天下泰平の理想的な世となるであろうとおっしゃっているのであります。

そして、かくしてのちは、仏法各宗の勝劣浅深を斟酌して、その「棟梁」つまり指導的な立場にある人、最善・最勝の行者を崇重すべきであると記されております。

この「仏家の棟梁」というのは、言うならば宗祖日蓮大聖人様のことであり、日本国一同が宗祖大聖人様を本当に崇め奉らなければならないということを言っているのであります。『撰時抄』には、

「日蓮は日本国の棟梁なり」（同八六七㌻）

という言葉がありますけれども、間違った者を師とするのではなく、大聖人様を師とすべきであるとおっしゃっているのであります。

続いて**「主人悦んで曰く、鳩化して鷹と為り、雀変じて蛤と為る。悦ばしいかな、汝蘭室の友に交はりて麻畝の性と成る」**とありますが、ここからは皆さん方も、毎年、末寺の御会式の時に、御住職が拝読するのを聞いたことがあるでしょう。

この「主人悦んで曰く」というのは、それまでずっと反対をしていた客が、主人の言葉を聞いて帰伏し、それを心から喜ばれた主人がさらに話を述べられるところで、客が素直になってきたことが解ります。

続く「鳩化して鷹と為り、雀変じて蛤と為る」ということについて、日寛上人は『立正安国論愚記』に、

「礼記(らいき)の月令(がつりょう)に出(い)ず。又珠林(じゅりん)の四十二二十に云わく『春分の日、鷹化して鳩と為る。秋分の日、鳩化して鷹と為る。時の化(け)なり』と。又云わく『百年の雀(すずめ)江に入りて蛤と為り、千歳の雉(きじ)海に入りて蜃(はまぐり)と為る』云云」（御書文段四六ページ）

とおっしゃっております。これは要するに、季節の移り変わりによる物事の変化を示す、昔のことわざ、話であります。ここでは、人は善き法に触れることで、より善い人間になる、つまり一般に「朱に交われば赤くなる」と言われますように、善き縁に触れることが、いかに大事であるかをおっしゃっているのであります。

次に「汝蘭室の友に交はりて麻畝の性と成る」とありますが、「蘭室」とは芳(かんば)しい部屋という意味で、立派な人のいる部屋のことです。つまり、高徳の方々に接す

れば、まさに「麻畝の性と成る」すなわち、麻のなかで育つ蓬のように、まっすぐな性分となると示されております。

これは今言った通り、正しいグループに入って正しい信心をしていけばいいのだけれども、間違ったグループ、例えば創価学会などに入ってしまうと、そこから悪影響を受けてしまい、己れ自身も間違ったことをしてしまうことになります。ですから、このことは私達の宗団としても、非常に大事なことであると思います。

続いて**「誠に其の難を顧みて専ら此の言を信ぜば、風和らぎ浪静かにして不日に豊年ならんのみ」**と仰せです。これは、まことに現前の災難を見て、専ら主人の言葉、すなわち災難の原因が邪義たる『選択集』にあることを確信し、謗法を破折して正法に帰依するならば、世の中の風は和らぎ、波も静かにして、「不日」すなわち日ならずして近いうちに、必ず「豊年」つまり穀物などの収穫が多く、豊かな年になるであろう、とおっしゃっております。まさに、正を立てて国を安んずるという立正安国の原理を、ここで示されているのであります。

次は**「但し人の心は時に随って移り、物の性は境に依って改まる。譬へば猶水中**

の月の波に動き、陣前の軍の剣に靡くがごとし。汝当座に信ずと雖も後定めて永く忘れん」とおっしゃっております。

ただし、善き縁に触れれば善くなるはずなのだけれども、「人の心」は時と共に移り変わり、「物の性」つまり人の性質は環境によって変わってしまう。例えば、水中の月が波のために揺れ動き、陣の前方において戦う兵士が敵軍の剣の強さになびいて退くように、その場その時は信じても、必ず忘れてしまうことになるだろう、と仰せであります。

『当体義抄』には、

「法性の妙理に染浄の二法有り。染法は薫じて迷ひと成り、浄法は薫じて悟りと成る。悟りは即ち仏界なり、迷ひは即ち衆生なり。此の迷悟の二法、二なりと雖も然も法性真如の一理なり。譬へば水精の玉の日輪に向かへば火を取り、月輪に向かへば水を取る、玉の体一なれども縁に随って其の功同じからざるが如し。真如の妙理も亦復是くの如し。一妙真如の理なりと雖も、悪縁に遇へば迷ひと成り、善縁に遇へば悟りと成る。悟りは即ち法性なり、迷ひは即ち無明

なり」（御書六九二ﾍﾟｰｼﾞ）

という有名なお言葉があり、要するに、正しい縁に触れなければ人々は幸せになれないことをお示しであります。

例えば、水晶の玉を日輪に向ければ火を取ることができるというのは解るでしょう。小さいころ、レンズの焦点を合わせて太陽の光を黒い紙などに当てて、火を出したことがあるのではないでしょうか。あれのことです。ところが、夜中に水晶を寒い所に出しておくと、表面に水滴が出来てきます。外が寒くて家の中が暖かいと、窓ガラスに水滴が付くのと同じことです。同じ水晶の玉だけれども、昼に太陽に向けるのと、夜に月に向けるのとでは、そのように変わってしまうのです。

我々も、そうなのです。正しい縁に触れれば、みんな成仏することができますが、悪縁に触れれば成仏できないのです。そこで「一妙真如の理なりと雖も、悪縁に遇へば迷ひと成り、善縁に遇へば悟りと成る」と、いかに正しい法、大聖人様の仏法に触れることが大事かをお示しなのであります。

やはり常々、朝夕（ちょうせき）の勤行をはじめ、しっかりと御本尊様を拝し、御本尊様のすばらしい縁に触れていくことが、我々の信心の上においては極めて大事であると、よく知るべきであります。

今日(こんにち)、創価学会などの間違った教えを信仰している人がたくさんいます。創価学会も、昔は正しい信心をしていたはずなのだけれども、悪縁によっておかしくなってしまいました。それに対し、我々は大聖人様の教えを正しく受持信仰しています。この差は歴然であり、まさに水精の譬えそのものです。だから、間違った教えに誑(たぶら)かされている方に対しては、私達は折伏をして、目覚めさせていかなければならないのであります。

次に**「若(も)し先づ国土を安んじて現当を祈らんと欲(ほっ)せば、速やかに情慮(じょうりょ)を廻(めぐ)らし忩(いそ)いで対治を加へよ」**とあります。

しかれば、もし、まず災難を払って国土の安全を図り、現当二世の安穏を祈らんと願うならば、速やかに「情慮」つまり考えを巡らして、「忩いで対治を加へよ」、謗法に対して対治を加えなければだめだ、ということです。

なぜ、謗法をそのままにしておくとだめなのかと言えば、必ず与同罪を受けるからです。謗法を見て、そのままにしておくと、相手だけでなく、自分の信心が無になってしまうのです。だから、謗法に対しては必ず破折しなければだめなのです。

これはまた、我々の普段の世間的なお付き合いや、様々な生活のなかで、心していかなければならないことであります。皆さん方の友人、知人、あるいは身内の方々、まだこの信心に付いていない方がいたら、

「一文一句なりともかたらせ給ふべし」(同六六八ジペー)

とありますように、必ず破折してあげなければいけません。知らん顔をして、済ましてしまってはだめなのです。ひとことでも「この信心をしませんか」「日蓮大聖人様の正しい教えは、ここにありますよ」「一緒に信心をしましょう」と言ってください。それを、何も言わないで過ごしてしまうということは、まさに無慈悲、慈悲なきに同じです。だから、どんな所であっても折伏することが大事です。

折伏は改まった形で、手ぐすね引いて行うものではありません。普段の生活のなかで、本当に折伏をしていくという信心の習慣をつけていくことが大事なのです。そこに人がいたら「大聖人様の教えに従って、一緒に信心しませんか」と言って差

し上げることが、今、一番大事なのです。法顕寺の方々は、いつも頑張って誓願を達成していらっしゃいますけれども、このことは絶対に忘れないで、これからもさらに頑張っていっていただきたいと思います。

次に、その理由をお述べになって、**「所以は何。薬師経の七難の内、五難忽ちに起こり二難猶残れり。所以他国侵逼の難・自界叛逆の難なり」**とおっしゃっております。

薬師経の七難のうち、第一の人衆疾疫難は、伝染病などがはやって、多くの人達が続々と亡くなっていく難であります。次が他国侵逼難で、これは他国から侵略されることです。それから、自界叛逆難は仲間同士の争いです。そして、星宿変怪難は天体の運行に異変が起きることです。また、日月薄蝕難は太陽や月の異変で、日蝕とか月蝕といった変化が起きることです。それから、非時風雨難は季節外れの暴風雨などの難です。そして最後が過時不雨難で、これは雨期に入っても雨が降らず、日照りが続くことを言います。

この七難のうち、五難は既に起こって、他国侵逼難と自界叛逆難の二難が残っているとおっしゃっているのです。たしかに『立正安国論』をお認めの時には、まだ起きていなかったのですけれども、これらは、このあとに実際に起きるのです。

まず、他国侵逼難は蒙古の来襲です。つまり、文永十一（一二七四）年の文永の役と、弘安四（一二八一）年の弘安の役の二つの大難が起きるのです。それから自界叛逆難も、この時にはまだ起きていなかったのですけれども、このあと文永九年に起きるのであります。

このように、たしかに『立正安国論』をお認めあそばされた時点では、薬師経の七難のうち、五難は既に起きて二難が残っていましたけれども、結局この二難も、のちに起きることになるのであります。

さらに**「大集経の三災の内、二災早く顕はれ一災未だ起こらず。所以兵革の災なり」**とおっしゃっております。

大集経の三災というのは、穀貴と兵革と疫病の三つを言います。

まず穀貴は、読んで字の如く、米とか麦といった穀物の収穫が減少して価が高くなってしまい、物価の高騰を呼ぶことです。

次は兵革ですが、「兵」は武器、「革」は鎧(よろい)や兜(かぶと)のことですから、戦(いくさ)道具のことを言い、それから転じて戦争を意味するのであります。

そして疫病というのは、皆さんも知っている通り、悪性の伝染病が起きることです。

このうち、穀貴と疫病の二災は既に現れて、この時はまだ兵革、つまり蒙古来襲は起きておりませんでしたけれども、これも、こののちに現れてくるのであります。

次に**「金光明経の内、種々の災過一々に起こると雖も、他方の怨賊(おんぞく)国内を侵掠(しんりょう)する、此の災未だ露(あら)はれず、此の難未だ来たらず」**とおっしゃっております。金光明経のなかには国王失位難、人間悪化難、悪病流行難、天体変化(へんげ)難、地震難、暴風難、悪風難等が示されており、色々な災難は起きたけれども、他方の怨賊が国内を侵掠する難は起きていない、とおっしゃっているのであります。

これも『立正安国論』をお書きになった時には、まだ起きておりませんでしたけれども、先程言った通り、蒙古の来襲が二度にわたってあり、まさしく「他方」すなわち外国の怨賊が日本の国内を侵略するような難が起きてきたのであります。

続いて**「仁王経の七難の内、六難今盛んにして一難未だ現ぜず。所以四方の賊来たりて国を侵すの難なり」**とありますのも、まだ蒙古の来襲がありませんでしたので、「四方の賊来たりて国を侵すの難」はなかったとおっしゃっているのであります。

そして**「加之国土乱れん時は先づ鬼神乱る、鬼神乱るゝが故に万民乱ると」**と、仁王経の七難を挙げましたけれども、それだけでなく、国土が乱れる時には、まず鬼神が乱れるとおっしゃっております。

鬼神というのは普通、超人的な能力とか威力を持つ者を指しますけれども、仏教では、仏法護持の梵天、帝釈、あるいは天、竜、夜叉等を善鬼神と言うのに対して、人の功徳や命を蝕むような用きをする羅刹などの者を悪鬼神と言います。つまり、同じ鬼でも、善鬼と悪鬼とがあるのでありますが、国土が乱れてくると鬼神も乱れ、鬼神が乱れるために万民も乱れることになると仰せであります。

鬼神については色々な解釈の仕方がありまして、鬼神を一つの思想と見る場合もあります。いずれにせよ、人間の考え方が狂ってくると、その国土は必ず滅びてしまうのです。ですから、私達は大聖人様の正しい思想を今、本当に多くの人達を折伏して、きちんと知らしめていかなければならないのであります。やはり、世の中の狂いの元はみんな、こういうところにあるのですから、一人ひとりが必ず折伏をする、多くの人達に大聖人様の仏法の正しさを伝えていくことが大事ではないかと思うのであります。

次は**「今此の文に就いて具に事の情を案ずるに、百鬼早く乱れ万民多く亡ぶ。先難是明らかなり、後災何ぞ疑はん」**との御文です。

今、この文について詳しく、ことの真相を考えてみると、「百鬼」すなわち、多くの鬼神が乱れて、それによって多くの人々が亡くなっているが、これまでの災難は、まさしく経文に予言をせられている通りであることは明らかである。さすれば、残るところの二難も、これから起きることは間違いない、という意味であります。事実、こののちに自界叛逆難と他国侵逼難は起きてしまうのであります。

されば、法然の謗法によって、このように思想が乱れ、その思想が乱れることによって種々の災難が起きるのであるから、もし、その謗法を対治しなければ、自他の叛逆が盛んになることは必定である。だから、正を立てて国を安んずる、特に正を立てるというところに大事な意義が存しているのであります。

そして**「若し残る所の難悪法の科に依って並び起こり競ひ来たらば其の時何が為んや」**というのは、もし残るところの難、つまり『立正安国論』をお認めの時には、まだ起きていなかった他国侵逼難と自界叛逆難が、邪義邪宗の「悪法の科」によって並び起こり、競い来たったならば、その時には一体どうすればいいのかと自問しておられるのであります。

続いて**「帝王は国家を基として天下を治め、人臣は田園を領して世上を保つ。而るに他方の賊来たりて其の国を侵逼し、自界叛逆して其の地を掠領せば、豈驚かざらんや豈騒がざらんや」**とは、そもそも主権者たる帝王は国を基本として政を行い、人民は田園を領して穏やかな生活をするはずである。しかるに「他方の賊」すなわち外国からの様々な侵略等があったり、あるいは「自界叛逆」つまり、内乱のようなものが起こって国土が略奪されたならば、どうして驚かずにいられようか、騒がないでいられようかと仰せられ、これは、その時になってあわててもだめですよという意味であります。

そして**「国を失ひ家を滅せば何れの所にか世を遁れん。汝須く一身の安堵を思はゞ先づ四表の静謐を祈るべきものか」**とおっしゃっております。つまり、もし国を失い、あるいは家を失えば、我々は一体どこへ逃れたらよいのか。あなたが「一身の安堵」つまり、安らかに落ち着いた生活を願うならば、まず「四表の静謐」、「四表」というのは東西南北の四方のことで、「静謐」は静かで穏やかになる、平和になるという意味ですから、世の中が平穏無事であることを、まず私達は祈らなければならないとおっしゃっているのであります。

今、世間を見ると、国内外の情勢は本当に混沌としておりまして、最近でも様々な変化があります。こういったなかで私達は、改めて立正安国、正を立てて国を安んずるという原理をしっかりと体して、自らがお題目を唱えるとともに、折伏をしていかなければなりません。我々一人ひとりが、今日の様々な環境を変えていく力を持っているのですから、仏法のために努力を惜しまず、私達は折伏をしていかなければならないと思います。

一切衆生救済の方途は、大聖人様の仏法以外にないことは明らかです。大聖人様

は、

「仏法やうやく顛倒しければ世間も又濁乱せり。仏法は体のごとし、世間はかげのごとし。体曲がれば影なゝめなり」（同一四六九ページ）

と御教示あそばされております。

要するに、世の中がなぜ乱れるかというと、仏法の正邪が判らなくなっているからです。この原理を一人ひとりが、もう一度しっかりと心腑に染めて折伏していくことが大事です。

特に、我々の一人ひとりの折伏は、小さなことに感じるかも知れません。しかし、みんなで折伏すれば、大きく変わるはずです。つまり、我々一人ひとりの折伏は、手を抜いてはだめなのです。この一人ひとりの折伏こそが、大きな力になっていくのです。

「私一人ぐらいやらなくてもいい」というような考えは、皆さん方にはないと思いますけれども、もし仮りにそのように考えていたならば間違いであり、逆なのです。「一文一句なりともかたらせ給ふべし」というのが、大聖人様のお言葉です。

たとえ一文一句なりとも、折伏をしていくことが大事なのです。

折伏は、けんかではなく相手を救いに行くのですから、お題目をしっかり唱えていないとだめです。お題目をしっかり唱えていると、言葉も態度も自然に、きちんと仏様が調えてくださるのです。

ところが、お題目をしっかり唱えていないと、途中でけんかになってしまうのです。「こんなに言ってるのに解らないか」などと言ったら、相手だって怒ってしまいますよね。これは、やはり慈悲がないからです。

普段から朝夕の勤行をし、お題目をしっかり唱えていくと、命が違ってくるのです。そのお題目を唱えた命で折伏してごらんなさい。言葉は柔らかくても、しっかりと御本尊様に祈ってする折伏は力があるのです。仏様のお力が具わるのであり、そのため相手もまた、納得してくださるのです。

やはり一人ひとりが、しっかりと「相手を本当に救っていこう」「幸せになってもらいたい」「一緒にお題目を唱えていこう」という慈悲の心を忘れずに、折伏することが大事ではないかと思います。

立正安国論（十七）（御書二四八ジペー七行目〜二四九ジペー七行目）

まさに「仏法は体のごとし、世間はかげのごとし。体曲がれば影なゝめなり」ですから、私達の信心がぐらついたりすると、そこから世の中が乱れてくるのです。家庭ひとつ取ってもそうであり、会社ひとつ取ってもそうです。みんなそうなのです。

この根本のところを我々は見つめ直して、しっかり朗々とお題目を唱えて、堂々と折伏をしていく、多くの人達に正しい仏法を教えていくことが、平成三十三年の私達の目標に全部つながっていくのです。

本日の法顕寺の新築は、本当に心からめでたいことであります。このめでたさを寿ぐためにも、皆さん方は常々しっかりと行っていらっしゃると思うけれども、さらに気を引き締めて、折伏に精進をしていただきたいと思います。そして晴れて平成三十三年には、みんなで御本尊様に、大聖人様に、お褒めいただこうではありませんか。これから皆さん方は、折伏をもって御本尊様にお褒めいただくことを心掛けて、頑張っていっていただきたいと思います。

以上をもちまして、本日のお話を終わります。

（大日蓮　平成三十年三月号）

立正安国論（十八）

平成二十九年五月十七日
中之坊本堂新築落慶法要の砌
於 香川県三豊市・本山本門寺客殿

就中人の世に在るや各後生を恐る。是を以て或は邪教を信じ、或は謗法を貴ぶ。各是非に迷ふことを悪むと雖も、而も猶仏法に帰することを哀しむ。何ぞ同じく信心の力を以て妄りに邪義の詞を宗めんや。若し執心翻らず、亦曲意猶存せば、早く有為の郷を辞して必ず無間の獄に堕ちなん。所以は何、大集経に云はく「若し国王有って無量世に於て施戒慧を修すとも、我が法の滅せんを見て捨てゝ擁護せずんば、是くの如く種うる所の無量の善根悉く皆滅失し、乃至其の王久しからずして当に重病に遇ひ、寿終の後大地獄に生ずべし。王の如く夫人・太子・大臣・城主・柱師・郡主・宰官も亦復是くの如くならん」と。仁王経に云はく「人仏教を壊らば復孝子無く、六親不和にして天神も祐けず、疾疫悪鬼日に来たりて侵害し、災怪首尾し、連禍縦横し、死して地獄・餓鬼・畜生に入らん。若し出でて人と為らば兵奴の果報ならん。響きの如く影の如く、人の夜書くに火は滅すれども字は存するが如く、三界の果報も亦復是くの如し」と。法華経第二に云はく「若し人信ぜずして此の経を毀謗せば、乃至其の人命終して阿鼻獄に入らん」と。又同第七巻不軽品に云はく「千劫阿鼻地獄に於て大苦悩を受く」と。涅槃経に云はく「善友を遠離し正法を聞かず悪法に住せば、是の因縁の故に沈没して阿鼻地獄に在って受くる所の身形縦横八万四千由延ならん」と。広く衆経を披きたるに専ら謗法を重んず。悲しいかな、皆正法の門を出でて深く邪法の獄に入る。愚かなるかな各悪教の綱に懸かりて鎮に謗教の網に纏はる。此の朦霧の迷ひ彼の盛焔の底に沈む。豈愁へざらんや、豈苦しまざらんや。汝早く信仰の寸心を改めて速やかに実乗の一善に帰せよ。然れば則ち三界は皆仏国なり、仏国其れ衰へんや。十方は悉く宝土なり、宝土何ぞ壊れんや。国に衰微無く土に破壊無くんば、身は是安全にして心は是禅定ならん。此の詞此の言信ずべく崇むべし。

客の曰く、今生後生誰か慎まざらん誰か和はざらん。此の経文を披きて具に仏語を承るに、誹謗の科至って重く毀法の罪誠に深し。我一仏を信じて諸仏を抛ち、三部経を仰ぎて諸経を閣きしは是私曲の思ひに非ず、則ち先達の詞に随ひしなり。十方の諸人も亦復是くの如くなるべし。今世には性心を労し来生には阿鼻に堕せんこと文明らかに理詳らかなり疑ふべからず。弥貴公の慈誨を仰ぎ、益愚客の癡心を開き、速やかに対治を廻らして早く泰平を致し、先づ生前を安んじ更に没後を扶けん。唯我が信ずるのみに非ず、又他の誤りをも誡めんのみ。

（御書二四九ジペー七行目～二五〇ジペー一一行目）

本日は、本山本門寺塔中・中之坊の本堂新築に当たり、当山にお伺いをいたしまして、先程は中之坊で落慶法要を奉修した次第であります。

本日は『立正安国論』の一節を拝読いたしまして、少々お話を申し上げたいと思います。

これは今、宗門が平成三十三年・宗祖日蓮大聖人御聖誕八百年、法華講員八十万人体勢構築へ向けて、僧俗一致・異体同心して前進すべき、まことに大事な時を迎えており、私ども一同、改めてこの『立正安国論』の御聖意(しょうい)を体し、誓願達成へ向けて前進すべきであると思量(しりょう)し、お話をさせていただいている次第であります。

『立正安国論』につきましては、まず初転法輪におきましてお話をさせていただきました。この初転法輪というのは、私が総本山に晋山したあと、一番最初の説法のことであります。そのあと、静岡県浜松市浜北区の妙重寺から始めまして、今までに十七カ寺においてお話をしてきた次第であります。そして、本日はその続き、全体の最後の部分についてお話をさせていただきたいと思います。

皆さんもよく御承知の通り、『立正安国論』は今を去る七百五十七年前の文応元

（一二六〇）年七月十六日、宗祖日蓮大聖人様が三十九歳の時に、宿屋左衛門入道を介して、時の最高権力者であった北条時頼に提出をしたところの、国主への諫暁書であります。

この『立正安国論』は、全体が客と主人の問答によって出来上がっておりまして、十問九答の形式であります。つまり、大聖人様のお話を聞いて、最後に客が納得して承知するのです。そのため、客の最後の問いである十番目の質問に対する答えはなく、この客の問いそのものが主人の答えになっているのであります。

そのなかで、本日拝読いたしましたのは、第九問答の後半部分から第十問、全体の終わりまでを拝読した次第であります。

本文に入る前に、まず『立正安国論』の概要について、ごくごく簡単にお話をしたいと思います。

最初に、相次いで起こるところの天変・地夭・飢饉・疫癘の原因は、世の人々が皆、正法を捨てて悪法を信じているからであり、これによって国土を守護すべきところの諸天善神が日本を去って、そこに今度は悪鬼、つまり悪鬼神あるいは魔神が住み着いて、難を起こしているのであると示されます。そして、金光明経や大集経、あるいは仁王経や薬師経の文を引いて、正法を信じずに謗法を犯すことによって三災七難が必ず起き、多くの人達の命が蝕（むしば）まれると述べられているのであります。

では、なぜそうなったのかと言うと、大聖人様は、その原因は法然（ほうねん）の念仏であると明かされ、この法然の念仏の一凶（いっきょう）を断（だん）じて正法を弘めることによって、初めて国を安（やす）んずることができると仰せになっているのであります。

つまり、みんなが正法に帰（き）するならば、必ず様々な難は消えて、仏国土が実現するとおっしゃっているのです。言うならば、謗法を破折して大聖人様の正しい仏法を立ててこそ、国を安んずることができ、世界も平和になってくるのであります。

そのような意味のことが説かれてございまして、ただいま拝読いたしました御文は全体の最後、言わば一番肝心なところであります。

それでは、本文の初めからお話をしていきたいと思います。

初めに**「就中（なかんずく）人の世に在るや各後生（おのおのごしょう）を恐る。是（ここ）を以（もっ）て或（あるい）は邪教を信じ、或は謗法**

を貴ぶ。各是非に迷ふことを悪むと雖も、而も猶仏法に帰することを哀しむ。何ぞ同じく信心の力を以て妄りに邪義の詞を宗めんや」と仰せであります。

人は、この世の中にある時は、だれでも後生を恐れるものである。それがために、どうしても思わず、知らず、あるいは深く考えもせずに、邪義邪教の謗法を信じたり、貴んだりしてしまう。つまり、教えの詳しいことが解りませんから、仏様や神様だと言えば区別がつかず、みんないいと思って、言われるままに間違ったものを拝んでしまう。その結果、どういうことになるかと言うと、謗法でありますから、結果的には必ず良くないことが起きるのであります。

したがって、是非に迷っていること、つまり解らないで間違った教えを信じて、一生懸命、間違った信心をしていることは憎むべきであるけれども、このような人達も仏法によって来世のことを願おうとしているところは、まことに哀れであるということです。

そして、同じ信心を持つならば、正しい信心を持つべきである。そうしなければ、その人の人生はめちゃくちゃになってしまう。だから、みだりに法然の『選択

集』の如き邪義邪法の教えを宗(むね)としてよかろうか、とおっしゃっているのでありま
す。

『選択集』というのは浄土宗の根本宗典で、念仏が成仏往生(おうじょう)の根本であるということを説いているのでありますけれども、これを少し分析しますと、全部で十六章に分かれているのです。そのなかで、何を言っているのかと言いますと、聖道門と浄土門の二つ、難行道と易行道の二つ、正行と雑(ぞう)行の二つ、このような対比をいたしまして、念仏の教えのみが浄土門であり、また易行道、易(やさ)しい行であり、さらに正行、正しい行であると言って、浄土三部経以外の一代聖教(しょうぎょう)を捨閉閣抛(しゃへいかくほう)せよと述べているのであります。

捨閉閣抛というのは、聖道門・難行道・雑行である念仏以外の教えは全部、捨てよ、閉じよ、閣(さしお)け、抛(なげう)てと言っているのです。そして、皆ことごとく称名(しょうみょう)念仏に帰さなければならないと説くのであります。

しかし、そもそも念仏で拝むところの阿弥陀仏は、実在の仏ではなく、架空の仏なのです。実際に、この世に出てきて衆生を教化したことは全くありません。した

がって、その説くところの内容も実在しないのです。

皆さん方も花咲(はなさか)じじいとか、桃太郎といった勧善懲悪を教えた色々な話を知っているでしょう。ああいう類(たぐ)いの話で、仏様が説法のなかでも、譬え話として説かれた教えに過ぎないのです。実在の仏でないのだから、我々衆生を本当に救うことはできません。実在しない架空の仏様をいくら拝んでも、功徳などありはしないのです。

これに対して釈尊は、実際にインドにお生まれになられて法を説き、一切衆生を救済されるところの真実の仏様です。だから、釈尊と阿弥陀仏を比べれば、天地雲泥の差があるのであります。本来の仏法の筋道から言っても、法華経を説かれた真実の仏様を捨てて、架空の仏である阿弥陀仏を、いくら拝んでも功徳はありませんよ、と破折しているのです。

次に**「若(も)し執心翻(しゅうしんひるがえ)らず、亦曲意(またきょくい)猶存(そん)せば、早く有為(うい)の郷(さと)を辞して必ず無間(むけん)の獄(ひとや)に堕(お)ちなん」**とおっしゃっております。

もし、邪教である念仏に執着してしまっている心が翻らず、また「曲意」つまり間違った謗法の意志がなお存在していたとするならば、早く「有為の郷」、有為の郷というのは生死を繰り返す人間の世界、すなわち娑婆世界を辞して、後生には必ず無間地獄に堕ちるであろう、とおっしゃっております。

つまり、念仏宗のように架空の仏、間違った教えをまことだと思って信じていくと、必ず大変なことになりますよ、だから謗法をしてはなりませんよと、大聖人様は警告しているのであります。

皆さん方も「四箇の格言」というのを知っていらっしゃるでしょう。念仏無間・禅天魔・真言亡国・律国賊というものですが、このなかで念仏は無間地獄に堕ちるとおっしゃっているのであります。それはなぜかと言うと、今言った通り、念仏の仏、またその説かれる内容自体が実在しない架空の話なのです。だから、これをいくら拝んでも、我々は成仏できません。その辺の認識をしっかりと固めていかないと、一生懸命に信心をしても地獄に堕ちてしまうことになると、厳しくおっしゃっているのであります。

次に**「所以（ゆえん）は何（いかん）、大集経に云はく『若し国王有って無量世に於て施戒慧（せかいえ）を修すと**

も、我が法の滅せんを見て捨てゝ擁護せずんば、是くの如く種うる所の無量の善根悉く皆滅失し、乃至其の王久しからずして当に重病に遇ひ、寿終の後大地獄に生ずべし。王の如く夫人・太子・大臣・城主・柱師・郡主・宰官も亦復是くの如くならん』と」とおっしゃっております。

先に、邪教に執着する心が翻らないと後生には必ず無間地獄に堕ちるとおっしゃいましたが、この段は、その理由について示されるのであります。

その一つの証拠として、大集経を挙げているのですが、「若し国王有って」つまり王様がいて、「無量世に於て施戒慧」、施戒慧とあるうちの施とは布施です。次の戒とは戒律で、慧とは智慧です。こういったものを修するとも「我が法の滅せんを見て捨てゝ擁護」しなければ、今まで植えてきたところの無量の善根が皆なくなってしまう、とおっしゃっているのであります。

そもそも、この大集経の御文は、釈尊の頻婆娑羅王に対する教訓の言葉であり、なぜ謗法により地獄に堕ちるのかについて述べられているところです。

頻婆娑羅王というのは、皆さんも御承知の阿闍世王の父親です。お釈迦様在世の時のインドの摩訶陀国の王様でありまして、十五歳で即位し、隣国のアンガを征服して大きな国を開いたのであります。その首都が王舎城で、釈尊を外護した王様であります。

しかし、子供に阿闍世がいまして、これが提婆達多と謀って、深く釈尊に帰依していた父の頻婆娑羅王を幽閉してしまうのです。のちに、阿闍世が病気にかかるや、頻婆娑羅王は深くこれを哀れみ、これを知った阿闍世も、結局、父親の幽閉を解いて、今までの罪を悔いるのでありますけれども、時既に遅く、頻婆娑羅王はおそらく自分の子供から厳しい刑がおりるのだと思って、自ら命を断ったと言われております。要するに、最後まで親不孝であったのであります。

この大集経には、先に言った通り、もし国王があって、無量世において施戒慧を修しても、我が正法が滅亡せんとするのを見て、これを捨てて何も護らなければ、長い間、植えてきたところの無量の善根も皆、失って、その王様は久しからずして重病に遇い、死んだのちは大地獄のなかに生ずるであろうとおっしゃっているのであります。

同時に、王様がそうであるならば、その国王と同じように、「夫人」つまり王様の奥さん、あるいは「太子」王様の子供、あるいは王様を支える「大臣・城主」、あるいは「柱師」これは村主や軍隊の将軍、あるいは「郡主」つまり郡の行政官、あるいは「宰官」これは官吏のことで、このような王様を取り巻くすべての人達もまた、王様と同じように大地獄に生まれるであろう、つまり謗法を犯してしまえば、その因縁果報を受けている者は運命共同体となって、みんな同じように地獄に堕ちるであろうと仰せられているのであります。

　これは非常に大事なことで、国土因縁を同じくする者は、まさに一蓮托生でありまして、みんながその謗法の毒気に当てられて大変なことになってしまうのです。だから、家族のなかでも謗法を犯している人がいると、どうしてもその家族全体に色々な影響を及ぼすのです。ですから、やはり謗法は、きちんと破折していかなければならないのであります。

　次は、仁王経を引いております。**「仁王経に云はく『人仏教を壊らば復孝子無く、六親不和にして天神も祐けず、疾疫悪鬼日に来たりて侵害し、災怪首尾し、連**

禍縦横し、死して地獄・餓鬼・畜生に入らん。若し出でて人と為らば兵奴の果報ならん。響きの如く影の如く、人の夜書くに火は滅すれども字は存するが如く、三界の果報も亦復是くの如し』と」とおっしゃっているのですが、これは仁王経の嘱累品の一文でありまして、仏教に背き、仏教を破る者は、いかなる果報を受けるかということを、この御文は示しているのであります。

すなわち、正しい信心を破る者の家には、親孝行な子は生まれないと示されております。そして、父親・母親・兄・弟・妻・子の六親が、みんな仲たがいして不幸になってしまう。つまり、謗法をすると、そういう影響が出てくるとおっしゃっているのです。そしてさらに、諸天善神の加護もなく、悪病とか悪鬼が日々に来たって、その家庭を侵害します。

これは私が言っているのではなく、お経のなかに、そう出ているのです。だから信心において、謗法は絶対にしてはいけないのであります。

謗法があると、まさに家庭が侵害されて災いや異変といったものが続き、それが終わったと思っても、また次の災難が生まれてくるのは、みんな謗法の結果なのです。また、自分一人が信心をしていても、周りの者が信心していないならば、どうしても与同罪の罰を受けることになるのですから、我々はこのことをよく知らなければいけません。

そして、至る所に害を及ぼし、しかも現在のみならず、死後には地獄・餓鬼・畜生の三悪道に堕ちて、無量の重苦を受けるであろう。さらに、もし三悪道を出て人として生まれたとしても「兵奴の果報」、兵奴の果報というのは兵隊で、これはどういうことかと言いますと、自由を奪われた上で、自分の意志とは関係なく、上官の命令で人を殺したり、物を破壊したりしなければならない果報となってしまうということです。

そして、因と果というのは音と響きとの如きものであり、謗法をすれば悪い結果が来るのです。

また、この因果の関係は体と影とのようなものだと仰せであります。

「体曲がれば影なゝめなり」（御書一四六九ページ）

という御妙判がありますように、信心する姿勢が狂っていたり、謗法を犯したりすると、必然的に悪い果報を受けてしまうとおっしゃっているのであります。

　この因果必然の事実というのは、まことに厳しいものでありまして、例えば、人が夜、字を書くと、灯りを消したならば暗くなって見えません。しかし、書いた字はずっと残っています。そのように、六道輪廻する三界において現世の悪業というものは、たとえ自分では解らなくとも、死んだのちまでも消えずに残っているのです。だから、その報いを受けなければなりません。

　しかし世間の人は、この道理を解っていないのです。自分が書いた字が、暗くて見えなくなっただけなのに、それを消えたと思っているようなものです。けれども、見えなくなっただけで、自分が書いた字は残っているのです。お経のなかには、このようにきちんと説かれているのですけれども、みんな、それが解らないのです。

「喉元過ぎれば熱さを忘れる」で、何か災難があったとしても、過ぎてしまえばそれでいいと思うかも知れませんが、謗法に関しては、そうはいかないのです。やはり、その業が残っていくのです。そのことを、譬えをもって仏様は私達に忠告くださっているのです。

だから、善いことをしていかなければいけません。最高の善いことは何かと言えば、信心です。南無妙法蓮華経と唱えて自行化他の信心に励むことが、我々にとって最高の善なのであります。その最高の善を修めていけば、自分自身も家庭も、あるいは世の中も良くなっていくのだけれども、これと反対のことをすると、死んだのちまでも大変なことになるということです。

三世の因縁ということがあります。六道の迷いの結果、果報が長く未来に続いていくから、今やるべきことをしっかりと行っていかないと、悪い結果、果報を受けることになると、大聖人様がおっしゃっているのです。

次は、法華経を引かれます。**「法華経第二に云はく『若し人信ぜずして此の経を毀謗せば、乃至其の人命終して阿鼻獄に入らん』と」**とありますが、これも厳しいお示しです。これは法華経譬喩品の御文であります。

法華経を信じないで誹謗する者は、「命終して」命が終わってのちに必ず阿鼻獄に堕ちる。この「阿鼻獄」というのは無間地獄のことで、この無間地獄に堕ちるであろうということであります。

同様に『阿仏房尼御前御返事』には、

「夫法華経の意は一切衆生皆成仏道の御経なり。然りといへども、信ずる者は成仏をとぐ、謗ずる者は無間大城に堕つ。『若し人信ぜずして斯の経を毀謗せば即ち一切世間の仏種を断ぜん。乃至其の人命終して阿鼻獄に入らん』とは是なり」（同九〇五ページ）

とおっしゃっております。

これは、法華経というのは、すべての人達を成仏へ導くお経であるけれども、ただし、それは信ずる者しか成仏できないと言っているのです。そして法華経のなかに、この法華経を、つまり御本尊を謗ずるような者は無間地獄に堕ちると、厳しく警告されているのです。だから、謗法があってはいけないのです。法華経を誹謗したりすると、「一切世間の仏種」つまり、仏に成る種を断じてしまうことになるのです。そして、命を終えたあとには阿鼻地獄に入ってしまうと、お経のなかにあるのです。だから、謗法は恐ろしいのです。謗法を厳誡しなければだめなのです。

ここに「謗ずる者は無間大城に堕つ」とありますが、現世で法華経誹謗の悪業を重ねていくと、その報いとして無間地獄に堕ちてしまい、様々な苦を受けるのであります。

地獄のなかには、八大地獄と言いまして、等活地獄とか黒縄(こくじょう)地獄など、熱によって苦しめられる地獄があったり、あるいは寒さによって苦しめられたりと、様々な地獄があり、その一番下に無間地獄があるのです。この地獄に堕ちないためには、ただ一つ、妙法蓮華経を受持していくことしかありません。これは、私が思いつきで皆さん方に言っているのではなく、お経のなかに明らかに説かれているのです。

さらに、このことについては『善無畏抄』に、

「設(たと)ひ八万聖教(しょうぎょう)を読み大地微塵の塔婆を立て、大小乗の戒行を尽くし、十方世界の衆生を一子(いっし)の如くに為(な)すとも、法華経謗法の罪はきゆ(消)べからず。我等過去現在未来の三世の間に仏に成らずして六道の苦を受くるは偏(ひとえ)に法華経誹謗の罪なるべし」（同五〇九ページ）

とおっしゃっております。

我々が、いくら頑張っても何をしても、どうしても幸せになれない。これだけ働いて、これだけ一生懸命やっているのに、なぜなのか。それはなぜかと言うと、この御文の最後のところにあるように、ひとえに法華経誹謗の罪によるのです。しかし、世の中の人はみんな、その原因が解らないから、どんどん、どんどん、さらにおかしな悪いほうへ転がっていってしまうのです。

これが、この苦しみは謗法によるものなのだと、はっきり解れば、正法正師に帰して正しい信心に励み、どんどん謗法を打ち破ることができるから、その人の罪は全部、消えていくのです。

しかし、間違った教えを一生懸命に信じていくと、いつの間にか悪い結果になってしまい、さらに悪が苦しみを呼び、また苦しみが悪を呼び、それがぐるぐると輪廻してしまうのです。

だから、折伏が大事なのです。そういった人達を見たら、まずひと声でもいいから「正しい信心をしましょう」「大聖人様の教えに帰依しましょう」「あなたも一緒に南無妙法蓮華経と唱えましょう」と言って差し上げるのです。

「縁なき衆生は度し難し」と言いますように、縁がないと本当に救われないのです。ならば、縁を付けて差し上げればいいのです。不幸な人、色々なことで悩んでいる人がいたら、「大聖人様の正しい信心をしてみませんか。必ず変わりますよ」と言う。そのひとことが、人を救うこともたくさんあるのです。

折伏と言うと、何か相手と口角沫(あわ)を飛ばして、やれ法華経がどうの、あなたは何をやっていると言い合いをすることと思っている人がいるかも知れません。しかし、そういうのが折伏ではないのです。まず私達が慈悲の心を持って「このお題目を唱えてみませんか」とお話しする。その慈悲の心が大事なのです。そうしませんと、相手はなかなか救えません。

なにしろ、謗法がいかに怖いかということを、我々はよく知らなければなりません。それと同時に、謗法があったら、私達は責めなければいけません。黙っていたのではだめなのです。

『曽谷殿御返事』のなかに、

「謗法を責めずして成仏を願はゞ、火の中に水を求め、水の中に火を尋(たず)ぬるが如くなるべし。はかなしはかなし。何(いか)に法華経を信じ給ふとも、謗法あらば必ず地獄にを(堕)つべし。う(漆)るし千ば(杯)いに蟹(かに)の足一つ入れたらんが如し」

（同一〇四〇ページ）

とおっしゃっております。聞いたことがあるでしょう。謗法与同を避けるためには、大事なことです。ひとことでもいいから「謗法は恐ろしいですよ」「あなたも正しい信心をしていきませんか」と言えば、与同罪は受けないのです。しかし、それを黙っていて成仏を願うことは、火の中に水を求めているようなものだとおっしゃっているのです。

　別に、折伏はけんかをするのではありません。皆さん方はそんなことはないだろうけれども、なかには勘違いをしている人がいて、たすきでもして敵地に乗り込むようなつもりで、怖い顔をして折伏に行く人もいる。そうすると、相手はどうなりますか。お経のなかに「和顔悦色施(わげんえつじきせ)」とありますように、折伏も和顔をもって、つまりにこやかにしなくてはなりません。相手が怒っても、にこやかに法を説くのです。それを、こちらが一緒になって目くじらを立て、鬼の形相で話してはだめなのです。

仏様の教えは慈悲を根本といたします。だから、我々も慈悲の心を持って、たとえ相手から罵倒されようが、穏やかな顔で法を説いていってごらんなさい。必ず変わりますよ。その時は、まだ相手が気がつかなかったとしても、うちに帰ったら「あれ、あんなに私が言ったのに、あの人は本当ににこやかな顔で答えてくれた」と、必ずそう気づきます。

イソップ物語にも「北風と太陽」の話があるでしょう。旅人のマントを脱がせようと、風の神様は風をいっぱい吹かせて、力ずくでマントを剥がそうとするけれども失敗する。しかし、太陽の日差しで暖かくなれば、自然にマントを脱いだということです。これは西洋の話でありますけれども、やはり我々の折伏とも一脈、通ずるものがあります。

要するに、根本に慈悲がなければだめだということです。この人を本当に救っていってあげたいなという気持ちが大切なのです。

次は、不軽品を引いております。**「又同第七巻不軽品に云はく『千劫阿鼻地獄に**

於て大苦悩を受く』と」とあります。不軽品のなかには、不軽菩薩を謗（そし）った衆生は、そのあと改心しましたけれども、前に不軽菩薩を謗った罪によって長い間「阿鼻地獄」つまり無間地獄において苦しまなければならなかったと説かれているのです。それほど、一度犯した謗法の罪は大きいのです。ですから、日蓮正宗の宗是として謗法厳誡ということを言うのです。

ちなみに、私どもの信心にとって大事なことが三つありまして、一つ目は「受持正行」、要するに南無妙法蓮華経を受け持（たも）つことです。受持・読・誦・解説・書写という五種の修行があるのですが、それらは全部、受持の一行に具わるのです。この受持というのは、

「信力の故に受け、念力の故に持つ」

と言うように、信念力によって御本尊をしっかりと受け持つことであります。

次が「謗法厳誡」で、これは謗法を絶対にしてはいけないということです。

三番目が「折伏正規」で、摂受（しょうじゅ）と折伏があるけれども、やはり折伏をしなければいけないということです。そして今言った通り、折伏は慈悲行ですから、けんか腰

になるのではなく、慈悲の心を持って、よく話してごらんなさい。そうすると必ず、いつか相手も気づくのです。けんかをしてしまうとだめです。だから、そのつもりで頑張ってもらいたいと思います。

要するに、謗法を恐れなければならないのです。正しい教えで幸せになった人はたくさんいるけれども、間違った教えで幸せになった人は一人もいないのです。この辺を我々は、よく認識しておかなければならないと思います。

今度は涅槃経で、**「涅槃経に云はく『善友を遠離し正法を聞かず悪法に住せば、是の因縁の故に沈没して阿鼻地獄に在って受くる所の身形縦横八万四千由延ならん』と」**とあります。

「善友」というのは善知識のことでありまして、人を仏道に導き入れる人のことを言います。これには、外から護るところの外護、行動を共にする同行、教え導く教授の三種があります。

涅槃経では、人を仏道に導き入れる善友、つまり善知識から遠く離れて、正しい教えも聞かず、悪法の謗法の者に執着するならば、この悪業の因縁の故に必ず無間地獄に沈没してしまい、その地獄で受けるところの身体は「縦横八万四千由延」という、まさに膨大なものとなり、その大きな身体いっぱいに苦しみを受けることになると言われているのであります。

つまり、これはどういうことかと言うと、善友を遠離して正しい法を聞こうとしない者は、どんどん境界が落ちていき、結果的に、その人は大きな不幸を味わわなければならないということです。

皆さん方にも講中の同志の方がいるでしょう。そのなかで、お互いに切磋琢磨して、座談会に誘う、折伏に誘うなど、常にそのようにしていけば、絶対に謗法に陥ることはありませんし、魔に負けることはないのです。油断するから謗法に陥ってしまい、魔に負けてしまうことがあるのです。

謗法といっても、皆さんが正法を誹謗したりすることはないでしょう。しかし、懈怠謗法などは時々あるのではないでしょうか。しかし「ああ、今日はだめだ」といった感じの時も、電話が掛かってきて「一緒に行きましょう」と言われれば、大いに助けになります。こういうことが、やはり大事なのです。

次には**「広く衆経を抜きたるに専ら謗法を重んず。悲しいかな、皆正法の門を出でて深く邪法の獄に入る。愚かなるかな各悪教の綱に懸かりて鎮に謗教の綱に纏はる。此の朦霧の迷ひ彼の盛焔の底に沈む。豈愁へざらんや、豈苦しまざらんや」**と仰せです。

この御文は、これまで大集経とか仁王経、法華経の譬喩品や不軽品、あるいは涅槃経を引いて、謗法の罪がいかに重いか、謗法を犯すとどういうことになるかということを説かれておりますけれども、皆「正法の門」すなわち、最勝の法華経を捨てて、小乗とか権大乗の邪法の牢獄に入っていることは、まことに悲しいことである。また、法然の『選択集』の「悪教の綱」に懸かって、いつまでも謗法邪見の網に絡みつかれて、邪法邪師のそういった考えから出ることができずにいる。その上、皆、謗法の「朦霧」、もうもうと立ち込める謗法の霧にかかって迷い、「盛焔の底」すなわち、無間地獄の底に沈んでいる。どうしてこれを愁えずにいられようか、どうしてこれを苦しまずにおられようか、とおっしゃっているのです。

次が大事なところです。**「汝早く信仰の寸心を改めて速やかに実乗の一善に帰せ**

よ。然れば則ち三界は皆仏国なり、仏国其れ衰へんや。十方は悉く宝土なり、宝土何ぞ壊れんや。国に衰微無く土に破壊無くんば、身は是安全にして心は是禅定ならん。此の詞此の言信ずべく崇むべし」とあります。

つまり「信仰の寸心を改め」るというのは破邪、邪を破しているのであり、次の「実乗の一善に帰せよ」というのは立正、正を立てる、そして「然れば則ち三界は皆仏国なり」の下は安国、国家の安泰についておっしゃっているのです。

ここにある「寸心」の寸は小さくわずかなことを言いますので、寸心というのは、小さくわずかな信仰という意味があるのであります。その小さくわずかな間違った信仰を改めて「速やかに実乗の一善に帰せよ」と仰せです。この「実乗」というのは、まさに実大乗のことでありまして、すなわち法華経であります。そして「一善」というのは、唯一最高の善を言うのであります。

ですから『上野殿御返事』には、

「末法に入りぬれば余経も法華経もせん(詮)なし。但南無妙法蓮華経なるべし」

(御書一二一九ジペー)

という有名なお言葉があります。まさに末法今時においては、法華経本門寿量品文底下種の南無妙法蓮華経、すなわち本門戒壇の大御本尊に帰依することが「実乗の一善に帰」することになるのです。

次に「然れば則ち三界は皆仏国なり、仏国其れ衰へんや。十方は悉く宝土なり、宝土何ぞ壊れんや」と仰せであります。「三界」というのは欲界・色界・無色界のことで、生死の迷いを流転する六道の凡夫の境界・住処を三種に分けたものでありますが、この迷いと苦しみの世界が実乗の一善に帰することによって、そのまま直ちに仏国になると、大聖人様は仰せあそばされているのです。

ここに、妙法蓮華経の最善・最高の力が存しているのであり、この妙法蓮華経の力が我々の人生を変える、つまり不幸を幸せにするのです。そこに、大聖人様の教えのすばらしさが存しているのであります。

また『当体義抄』には、

「正直に方便を捨て但法華経を信じ、南無妙法蓮華経と唱ふる人は、煩悩・業・苦の三道、法身・般若・解脱の三徳と転じて、三観・三諦即一心に顕はれ、其の人の所住の処は常寂光土なり。能居・所居、身土・色心、倶体倶用の無作三身、本門寿量の当体蓮華の仏とは、日蓮が弟子檀那等の中の事なり」

（同六九四ページ）

と甚深の御法門を仰せられております。

そのあと「国に衰微無く土に破壊無くんば、身は是安全にして心は是禅定ならん。此の詞此の言信ずべく崇むべし」とありますが、この御文は、国土と身の上に衰えや破壊がなければ「身は是安全にして心は是禅定ならん」すなわち現世安穏、後生善処になると仰せであります。

この立正の言葉、また安国の言葉、すなわち正を立てて国を安んずることができるということは、まさしく仏の金口、不妄語の言葉なればこそ、我々はこれを固く信じ、崇めていかなければならないということです。

このように、仏様の言葉を信じていくところに我々の信仰の出発点があるのでありますから、何かあればこのことを思い出して、一生懸命にお題目を唱えていくことが大事であります。

続いて**「客の曰く、今生後生誰か慎まざらん誰か和はざらん。此の経文を披きて具に仏語を承るに、誹謗の科至って重く毀法の罪誡に深し。我一仏を信じて諸仏を抛ち、三部経を仰ぎて諸経を閣きしは是私曲の思ひに非ず、則ち先達の詞に随ひしなり。十方の諸人も亦復是くの如くなるべし。今世には性心を労し来生には阿鼻に堕せんこと文明らかに理詳らかなり疑ふべからず」**と仰せであります。

ここからは最後の第十段であり、つまり一番最後の肝心なところであります。この最後の第十段は、先程言いました通り、客の言葉しかなく、主人の言葉は記されていないのです。これは、客は既に主人の言葉に信伏しておりまして、客の最後の問いは、そのまま主人の答えとなっているからであります。

すなわち、客は前のところで、

「汝当座に信ずと雖も後定めて永く忘れん」（同二四八ページ）

とも、あるいは「何ぞ同じく信心の力を以て妄りに邪義の詞を宗めんや」とも、「汝早く信仰の寸心を改めて速やかに実乗の一善に帰せよ」とも仰せられて厚く勧誡せられ、主人の懇切なる教訓を被って衷心より深く感銘敬服して、邪義邪法の謗法を捨てて承服し、三業相応して正法に帰依したのであります。

初めに「今生後生誰か慎まざらん誰か和はざらん」と仰せでありますけれども、これは謗法が、「今生」すなわち現世から、「後生」すなわち未来にわたっての不幸の原因であることを知るならば、誰人たりとも謗法を慎み恐れずにはいられないであろう、という意味です。だから、謗法の怖さを知ったら、しっかりと思いを馳せて、信心に励んでいくことが大事だとおっしゃっているのであります。

したがって『曽谷殿御返事』には「謗法を責めずして成仏を願はゞ、火の中に水を求め、水の中に火を尋ぬるが如くなるべし。はかなしはかなし。何に法華経を信じ給ふとも、謗法あらば必ず地獄にをつべし。うるし千ばいに蟹の足一つ入れたらんが如し。『毒気深入、失本心故』とは是なり」と仰せられています。信心をしっかり行っているつもりでも、謗法があると、今までの功徳が消えてしまうのです。だから、謗法は恐るべきだと、大聖人様は「蟹の足一つ」の譬えを引かれて、解りやすく私達に謗法厳誡ということを教えられているのであります。

宗門では昔から「よその神社仏閣の前では、たとえわらじの紐が切れても、そこでわらじの紐を結ぶな」と言うのです。どういうことかと言うと、昔の話だから、わらじを履(は)いているのですが、神社の前でわらじの紐を結ぼうとしてしゃがむと、形の上で邪義邪宗に頭を下げることになるから、神社仏閣の前では気をつけろと言われたのです。今はわらじを履きませんから、そういうことは言わないけれども、昔はそのようにして、謗法がいかに怖いかを教訓として教えていたのです。

次の「此の経文を抜きて具に仏語を承るに、誹謗の科至って重く毀法の罪誠に深し」とは、多くの経文を開いて詳細に仏の言葉を承ると、正法を誹謗する罪はまことに重く、正法を破る罪はまことに深いとおっしゃっているのです。

そして「我一仏を信じて諸仏を抛ち、三部経を仰ぎて諸経を閣きしは是私曲の思ひに非ず、則ち先達の詞に随ひしなり。十方の諸人も亦復是くの如くなるべし」というのは、今まで阿弥陀仏を信じて諸仏を抛ち、浄土の三部経を仰いでそのほかのお経を閣いてきたのは、自分で勝手にしたのではなく、法然あるいは法然の門弟の者達の言葉を信じてしまったからである、とおっしゃっているのです。また、邪義邪宗というものは悪い結果を招くのでありますから、破折しなければならないのでありますが、国中の不幸に喘（あえ）いでいる人達もみんな、このようなものだと仰せです。

つまり、例えば今の創価学会もそうだけれども、間違った教えがはびこってくると、だんだん世の中が悪化してくるのです。「立正安国」の原理というのは正を立てて国を安んずるということですから、大聖人様の三大秘法の仏法を立ててこそ、初めて国を安んずることができるのであり、邪義邪宗が広まったならば安国ではなく破国、つまり国を破る結果になるのでありますから、この辺のところを厳しく見つめて、けっして間違った教え、間違ったことに従ってはならないのであります。

そして「今世には性心を労し来生には阿鼻に堕せんこと文明らかに理詳らかなり疑ふべからず」とありますが、この念仏の邪義ばかりでなく、今の創価学会も含め、あらゆる邪義邪宗はみんな「今世には性心を労し」つまり、その害毒によって心の本性（ほんしょう）を疲労させてしまい、絶え間ない苦悩に身と心を悩ませて、来生には阿鼻地獄に堕ちるであろう。これは経文の上に明らかであり、道理においても詳らかになっていて、疑う余地のないことであると、大聖人様はお示しになっているのであります。まさしく、邪義邪法、恐るべしであります。

大聖人様は『十法界明因果抄』に、

「慳貪・偸盗等の罪に依って餓鬼道に堕することは世人知り易し。慳貪等無き諸の善人も謗法に依り亦謗法の人に親近し自然に其の義を信ずるに依って餓鬼道に堕することは、智者に非ざれば之を知らず。能く能く恐るべきか」

（同二〇八㌻）

とおっしゃっております。

「慳貪」とは、要するに欲張りであり、「偸盗」は他人の物を盗むことです。これらによって餓鬼道に堕ちるということは、世間の人もよく知っていることであります。けれども、こういった慳貪などのない者が、謗法によって、また謗法の人に親近して自然に、その義を信ずることによって餓鬼道に堕ちるということは、智者でなければ知らないでしょう。けれども、実はこちらが大事なのだと、忠告されているのです。

そして『立正安国論』の最後のお言葉として、**「弥貴公の慈誨を仰ぎ、益愚客の**

癡心を開き、速やかに対治を廻らして早く泰平を致し、先づ生前を安んじ更に没後を扶けん。唯我が信ずるのみに非ず、又他の誤りをも誡めんのみ」と仰せであります。

このなかの「慈誨」というのは、慈愛の篭もった教えという意味です。すなわち、いよいよ宗祖大聖人様の大慈大悲の教えを仰いで、愚かにして真実の道理に暗い心を開き、一刻も早く謗法対治に方策を巡らして天下泰平をいたし、まず現世の身心を安らかにして、さらにまた後世も救われたい。されば、ただ自分一人が信ずるのみにあらず、また他の人達の誤りを誡め諭すのみである、と言っているのです。

これはどういうことかと言えば、世の中に一人だけの幸せというのは存在しないのです。みんなが不幸ななかで、自分一人だけが幸せということはないのです。何かしらの影響を受けて、自分は幸せなつもりでいても、結局、泥沼に入ることになってしまうのです。それをきちんと整理整頓して法を立てていくところに、自分達の信心があるのです。

今の御文に「速やかに対治を廻らして早く泰平を致し、先づ生前を安んじ更に没後を扶けん」とありますが、これは、間違った法を信じている人に対して正しい法を教えていかなければだめだ、間違いを間違いであると厳しい決断を下して、それを相手に教えてあげなければだめだということです。

章安大師の、

「慈無くして詐り親しむは即ち是彼が怨なり」（同九〇六ページ等）

という言葉がありますが、慈悲の心を持たずに、上っ面だけ付き合っているというのでは折伏になりません。折伏は、やはり心から「この人を救ってあげたい」という慈悲の心の上から、きちんと「あなたの間違った信仰は不幸になりますよ」と言わなければだめなのです。

ただし、これは先程も言った通り、けんか腰であってはいけません。やはり、柔らかい言葉、柔らかい笑顔で、丁寧に言って差し上げることが大切です。たとえ、その時には反対しても、必ずそれが縁となって信心をするようになるのであります。だから、ただ自分一人が信ずるのみではなく、他の人達の誤りを正してあげて、救っていくことが大事なのだと仰せなのであります。

　つまり、この最後の第十段は、言葉は客のものではありますけれども、その義は主人のものでありまして、つまり客は既に信伏して領解（りょうげ）しているので、主人はこれを允許（いんきょ）せられており、その返答はない、よって客の言葉のみとなっているのであります。

　最後の「唯我が信ずるのみに非ず、又他の誤りをも誡めんのみ」との御文は、本当に大事なお言葉でありまして、私達が自行化他にわたる信心、すなわち自らが大御本尊様を信ずるとともに、他にもこれを勧めていくべきことが説かれており、これは多くの人達が間違った信仰に取り憑（つ）かれている姿を見て、黙って見ていてはだめだと言っているのです。その人達を一人ひとり、間違った教えを破折し、折伏して救っていくことが、大聖人様の大慈大悲のお心にかなう正しい信心の在り方であるのであります。

　されば、大聖人様は『持妙法華問答抄』に、

「須（すべから）く心を一にして南無妙法蓮華経と我も唱へ、他をも勧めんのみこそ、今生

人界の思出（おもいで）なるべき」（同三〇〇ページ）

とおっしゃっております。

この短い我々の一生のなかで、何が本当に今生人界の思い出になるかと言うと、多くの人達を救うことなのです。一人でも多くの人達を救っていくことこそが、人間に生を受けて今ここにいる、そして正しい信心をしている我々の、本当の思い出になるのです。人を救うのですから、これ以上のすごい話はないのです。このことを、大聖人様は「須く心を一にして南無妙法蓮華経と我も唱へ、他をも勧めんのみこそ、今生人界の思出なるべき」とおっしゃっているのであります。

さらに『御義口伝』には、

「勧（かん）とは化他、持（じ）とは自行なり。南無妙法蓮華経は自行化他に亘（わた）るなり。今日蓮等の類（たぐい）南無妙法蓮華経を勧めて持たしむるなり」（同一七六〇ページ）

と、南無妙法蓮華経を受持せしめるように折伏を行じていくことが大事であることをお示しであります。

特に今、宗門は、平成三十三年に向かって僧俗一致して前進しております。この時に、一人ひとりが本当に信心を強盛にし、一人でも多くの人達を救っていこうという慈悲の心を持っていただきたい。そして実際に、その言葉を掛けていただきたい。

その気持ちを持っていただけではだめなのです。実際に皆さん方の近所に、たくさん友人がいらっしゃるでしょう。親友と言われる人、大事な人、そういう人達にこそ、この信心を勧めていくべきなのです。

何回も言いますが、けんかをするのではありません。きちんと常識ある言葉をもって、常識ある行動をもって「この信心をしてみませんか」「大聖人様の教えに従ってみませんか」、そういう声を掛けていくことが大事です。そしてまたお寺という組織があるのですから、自分一人で無理ならば、組織の人に手伝ってもらうとか、あるいは直接その方を連れてお寺に来ればいいのです。時には、御僧侶に来てもらって、話をしてもらうことも結構です。そのようにして、わずかでもいい、本当に一分の心でもいいから、人を救おうという慈悲の心を持つことが大事です。

この慈悲の心がなくなったらだめですよね。仏法は慈悲であり、そこがキリスト教などの外道の教えとは違うのです。あくまでも慈悲によって救おうというのが大聖人様の教えでありますから、一人ひとりが慈悲の心を持って、できるだけ多くの人に声を掛けていただきたいと思います。

皆さんにも、かけがえのない親友がいらっしゃるでしょう。そういう人に下種折伏していますか。ここにいる人は、していらっしゃると思うけれども、もし仮りに、このなかにまだ声を掛けていないという人がいたら、是非、声を掛けて、この正しい信心に導いていっていただきたいと思う次第であります。

本日は『立正安国論』を通して色々なことを申し上げましたけれども、今日(こんにち)の世界情勢において、アメリカや北朝鮮、そのほかも色々な問題を抱えております。このなかで我々にできることは何かと言えば、この信心を勧めていくことだけではありませんか。広宣流布の戦いをしていくことではありませんか。それが必ず良い結果をもたらすことは間違いありません。皆さん方は、私が言うまでもなく、解っていらっしゃると思うけれども、本日を機にもう一度気を引き締めて、折伏に立ち上がって仏国土を実現していただきたいと思う次第であります。

長い間、御清聴、有り難うございました。

（大日蓮　平成三十年四月号）

御法主日如上人猊下御説法

立正安国論

令和二年十二月十五日　初版発行

編集
発行　株式会社 大日蓮出版
静岡県富士宮市上条五四六番地の一

印刷　株式会社きうちいんさつ

© Dainichiren Publishing Co., Ltd.　2020

ISBN 978-4-905522-72-0